本书由教育部人文社会科学研究青年基金项目（大数据环境下返贫风险动态预警机制设计与政策支持研究，项目编号：19YJCZH026）资助出版

大数据环境下返贫风险动态预警机制设计与政策支持研究

杜小艳 著

中国纺织出版社有限公司

图书在版编目（CIP）数据

大数据环境下返贫风险动态预警机制设计与政策支持研究／杜小艳著．--北京：中国纺织出版社有限公司，2022.11

ISBN 978-7-5229-0100-8

Ⅰ.①大… Ⅱ.①杜… Ⅲ.①扶贫－研究－中国 Ⅳ.①F126

中国版本图书馆CIP数据核字（2022）第223750号

责任编辑：郭 婷　　责任校对：江思飞　　责任印制：储志伟

中国纺织出版社有限公司出版发行
地址：北京市朝阳区百子湾东里A407号楼　邮政编码：100124
销售电话：010—67004422　传真：010—87155801
http://www.c-textilep.com
中国纺织出版社天猫旗舰店
官方微博 http://weibo.com/2119887771
天津千鹤文化传播有限公司印刷　各地新华书店经销
2022年11月第1版第1次印刷
开本：710×1000　1/16　印张：18.25
字数：280千字　定价：78.00元

凡购本书，如有缺页、倒页、脱页，由本社图书营销中心调换

前　言

2016年以来，笔者连续三年参与了地方的精准扶贫第三方评估工作，围绕精准识别全员信息核查、脱贫成效评估、扶贫资金专项检查等开展了系列实地调研和研究工作，先后获取贫困户样本数据1万余份、贫困村样本80余份，积累了大量扶贫工作及扶贫成效一手资料和数据。为深入了解我国贫困现状、致贫的主要原因以及探究帮扶的主要手段和措施，2017年笔者申报并获批了湖北省教育厅人文社科项目《精准脱贫视角下湖北秦巴山片区科技扶贫协同机制研究》，该项目以湖北秦巴山片区为对象，以科技扶贫为手段，从区域协同视角探讨精准脱贫的路径与措施。随着精准扶贫工作的深入推进，如何稳固脱贫、不返贫又成为一个新的课题。为此，2019年笔者申报并获批了教育部人文社科项目《大数据环境下返贫风险动态预警机制设计与政策支持研究》(项目编号：19YJCZH026)，项目基于大数据背景，拟从返贫预警视角探讨其机制设计和政策支持问题，本著作正是该项目的最终研究成果。

一、本书的内容安排

本书是一部系统研究精准扶贫成效、返贫风险识别、返贫风险预警以及稳固脱贫政策支持的专著。

本书共包括九章。第一章，绪论。主要介绍选题背景及研究意义、研究思路和研究方法等，同时对本研究涉及的重要概念进行界定。第二章，理论基础与文献综述。其中理论基础部分主要介绍与本研究相关的贫困代际传递理论、风险管理等理论，文献综述部分主要对国内外关于"返贫"研究的主要成果进行综述，并应用CiteSpace软件进行了可视化分析，以期为后续研究找到切入点。第三章，精准扶贫的提出与实践。首先回顾我国贫困治理工作历程，其次从历史使命、现实需求、经济基础三个方面分析了精准扶贫的提出背景，再次阐述了精准扶贫的组织保障与主要任务，最后结合实际介绍了精准扶贫第三方评估的原理、过程及具体实践。第四章，我国扶贫政策发文分析及精准扶贫政策研究进展。本章主要包括三个方面的内容，一是从发文单位、发文年度、政策类型等方面分析了我国扶贫政策发布情况；二是梳理了我国主要扶贫政策内容；三是综述了我国精准扶贫政策研究进展。第五章，我国精准扶贫成效评价及满意度影响因素实证。本章首先介绍了我国精准扶贫成效及典型做法，接着对我国精准扶贫成效评价进行理论分析，然后基于DEA模型对我国精准扶贫成效进行评价，并从贫困户满意度视角对我国精准扶贫成效进行评价，最后实证分析了精准扶贫农户满意度影响因素。第六章，大数据环境下返贫风险动态预警理论分析。本章首先分析了风险预警流程、方法及研究进展，其次探讨了返贫风险动态预警数据资源建设情况，最后分析了大数据环境下返贫风险动态预警体系。第七章，大数据环境下返贫风险识别。本章从返贫风险相关主体分析、返贫原因分析、返贫风险要素确定三个方面探讨了返贫风险识别的过程。第八章，大数据环境下返贫风险动态预警实践。结合风险识别情况，在充分调研的基础上系统分析返贫风险预警实践过程。第九章，研究结论与政策建议。在总结著作主要研究结论的基础上，提出相关政策建议。

二、本书的主要特点

（1）跨学科性。本书内容涉及统计学、经济学、管理学等多个学科。在通篇的实证分析中均应用到统计学相关知识，在扶贫成效及满意度评价上应用到经济学相关知识，在风险预警体系构建上应用到管理学知识。通过多学科知识的综合应用，多角度呈现了著作内容。

（2）系统性。围绕返贫风险预警这一核心内容，本书将理论基础与研究进展、扶贫历程回顾、扶贫政策分析、扶贫成效及满意度评价、返贫风险因素识别及预警体系构建、返贫风险预警实证、全面脱贫与乡村振兴有效衔接、政策建议等内容融为一体，全方位、系统性展示了研究主题。

（3）时代性。本书从选题到成稿，时间上经历了精准脱贫、全面小康和乡村振兴等多个战略规划期。内容安排上涉及精准脱贫、返贫风险预警到全面脱贫与乡村振兴有效衔接。相关政策建议可用于稳固脱贫和乡村振兴的具体实践，充分体现了著作的时代特征。

（4）理论与实践相结合。以精准扶贫第三方评估样本数据、风险因素调查数据、扶贫成效统计数据等为基础，在理论分析后均安排有实证分析内容，把理论分析、实证检验和政策建议等内容较好地结合起来，内容上实现理论与实践的统一，方法上实现了规范与实证的结合。

三、研读本书的建议

本书撰稿中采用了实证分析、比较分析、数理分析、案例分析等多种方法。在研读本书的过程中，建议读者随着研究方法的不同变换研读思路。为方便读者阅读，主要有以下建议：第一，加强对我国农村相关主要发展战略的研究。精准扶贫、全面小康及乡村振兴等是针对我国经济发展的特定时期提出的战略思想，而本书正是在此背景下完成的，因此全面系统了解写作背景有利于准确把握书中核心内容。第二，重视专业术语和基本理论。书中涉及许多专业术语和基本理论，为了保证本书的紧凑性和严密性，写作中并没有对所有概念和主要理论进行一一阐释，因此需要读者查阅其他相关资料。第三，区别对待实证研究结论。扶贫工作虽然是一项全国性的工作，但具体实践中不同地域、不同人群面临的问题各不相同，在实证分析数据中无法找到全国统一的标准，因此在具体分析中大都以某一区域的相关数据为例，实证结论往往只适用于特定区域，因此在研读中需要区别对待。

四、撰写感言

《大数据环境下返贫风险动态预警机制设计与政策支持研究》是作者近六年扶贫实践和研究工作的结晶，在本书撰写过程中，多次开展实地调研，召开座谈会、研讨会，广泛听取主管部门、相关专家和扶贫工作者的意见建议，搜集了不少案例，吸收了很多新思想、新建议，力争做到理论与实践的统一，力求达成基础性和前沿性的结合。

在本书即将付梓之际，我要感谢为本书出版付出艰辛劳作的各位领导、同事及朋友们。首先要感谢武汉商学院工商管理学院、科技处、教务处、财务处的各位领导同事，大家的支持与鼓励坚定了我完成著作的决心；感谢我原单位湖北汽车工业学院经济管理学院精准扶贫研究团队的同仁们，正是因为与他们一起参与精准扶贫第三方评估的具体实践让我萌发了要撰写该书的想法，同时也为研究积累了难得的一手数据和资料；最后，我还要感谢为本书出版付出辛勤劳动的中国纺织出版社有限公司的各位领导、编辑以及十堰市扶贫办等单位的朋友！

由于撰写此书时资料收集有一定的局限性，加上时间和能力有限，疏漏之处在所难免。在此，诚恳期待各界专家及读者提出宝贵意见，以便后期进行修改和进一步完善。

杜小艳
2022 年 10 月
于江城——湖北武汉

目 录

第一章 绪论 1
第一节 选题背景及研究意义 1
第二节 重要概念界定 4
第三节 研究思路和研究方法 7
第四节 创新和不足 10

第二章 理论基础与文献综述 12
第一节 理论基础 12
第二节 文献综述 17

第三章 精准扶贫的提出与实践 28
第一节 我国贫困治理工作历程回顾 28
第二节 精准扶贫的提出背景 32
第三节 精准扶贫的组织保障与主要任务 35
第四节 精准脱贫第三方评估 39

第四章 我国扶贫政策发文分析及精准扶贫政策研究进展 49
第一节 我国扶贫政策发文分析 49
第二节 我国扶贫政策主要内容梳理 52
第三节 我国精准扶贫政策研究进展 59

第五章 我国精准扶贫成效评价及满意度影响因素实证 65
第一节 我国精准扶贫成效及典型做法 65

第二节　我国精准扶贫成效评价理论分析 …………………… 70
　　第三节　基于 DEA 模型的我国精准扶贫成效评价——以湖北省为例 … 79
　　第四节　基于贫困户满意度的精准扶贫成效评价——以 D 市为例 …… 82
　　第五节　精准扶贫农户满意度影响因素实证——以湖北省十堰市为例 ·· 94

第六章　大数据环境下返贫风险动态预警理论分析 …………… 113
　　第一节　风险预警流程、方法及研究进展 …………………… 113
　　第二节　返贫风险动态预警数据资源建设 …………………… 118
　　第三节　大数据环境下返贫风险动态预警体系 ……………… 122

第七章　大数据环境下返贫风险识别 …………………………… 125
　　第一节　返贫风险相关主体 …………………………………… 125
　　第二节　返贫原因分析 ………………………………………… 127
　　第三节　基于大数据的返贫风险要素确定 …………………… 130

第八章　大数据环境下返贫风险动态预警实践 ………………… 146
　　第一节　返贫风险动态预警方法选择及关键流程 …………… 146
　　第二节　基于 ANP 法的返贫风险预警指标权重确定 ………… 148
　　第三节　基于模糊综合评价法的返贫风险预警评估 ………… 165
　　第四节　返贫风险评估结果分析及预警信号灯设置 ………… 172
　　第五节　返贫风险监测与防范 ………………………………… 175

第九章　研究结论与政策建议 …………………………………… 178
　　第一节　研究结论 ……………………………………………… 178
　　第二节　政策建议 ……………………………………………… 182

参考文献 …………………………………………………………… 192

附件1　脱贫成效第三方评估调查问卷 ………………………… 210

附件2　返贫风险要素识别调查问卷 …………………………… 229

第一章　绪论

第一节　选题背景及研究意义

一、选题背景

消除贫困、实现共同富裕是社会主义的本质要求。新中国成立以来，党中央、国务院高度重视贫困治理工作，扶贫工作先后经历了救济式扶贫、参与式扶贫、开发式扶贫、八七攻坚扶贫、整村推进式扶贫、集中连片和精准扶贫六个阶段。尤其是党的十八大以来，我国在扶贫工作上的人、财、物投入更是史无前例。2021年2月25日，习近平总书记在全国脱贫攻坚总结表彰大会上向全世界庄严宣告"我国脱贫攻坚战取得了全面胜利，现行标准下9899万农村贫困人口全部脱贫，832个贫困县全部摘帽，12.8万个贫困村全部出列，区域性整体贫困得到解决，完成了消除绝对贫困的艰巨任务"。❶至此，我国已全面进入小康社会。

脱贫不返贫才是真脱贫。2019年4月，习近平总书记在重庆考察时强调要把防止返贫摆在重要位置，适时组织对脱贫人口开展"回头看"。❷2020年3月，国务院扶贫办印发的《关于建立防止返贫监测和帮扶机制的指导意见》（国开发〔2020〕6号）指出"必须把防止返贫摆到更加重要的位置"。2021年2月，中央一号文件《关于全面推进乡村振兴　加快农业农村现代化的意见》中提出"要巩固拓展脱贫攻坚成果决不能出问题，要设立衔接过渡期，实现脱贫攻坚与乡村振兴的有效衔接，确保守住不发生规模性返贫底线"。由此可见，进一步巩

---

❶ 中国政府网．政务．http://www.gov.cn/xinwen/2021-02/25/content 55888669.htm,2021-02-25.
❷ 新华网．http://www.news.cn,2019-04-17.

固脱贫攻坚成果、防止规模性返贫是全面脱贫背景下我国扶贫工作的重中之重。面对返贫现象始终客观存在的现实，为巩固脱贫攻坚成果，实现稳固脱贫和乡村振兴，必须高度重视返贫现象，及时有效化解返贫风险(章文光，2019)。

现有针对返贫的研究多集中在返贫现象后期治理方面，鲜有关注返贫发生的前期干预(范和生，2018)。而从风险管理与贫困治理的成效来看，风险的事后干预相比提前预防付出的成本要高昂很多(李月玲，何增平，2018)。因此，从风险预警的角度探索返贫问题兼具理论上的新颖性和应用上的时效性。风险预警是指事先发出风险警报，在风险报警的基础上实施超前风险预防和控制的过程(董良雄，2012)。实施风险预警能够将预防关口前移，建立风险预警机制，可以帮助管理人员有效辨识、提取信息，及时进行预测报警，有针对性地采取预防预控措施，以降低风险水平(刘刚，2016)。就中国知网现有的文献来看，研究返贫风险预警的学者仅有10位左右，例如：章文光(2019)、盛德荣和何华征(2021)、陈裕(2021)、王睿和骆华松(2021)、彭玮和龚俊梅(2021)、赵爽和胡丽娜(2022)等。

有效的返贫风险预警需要翔实的数据支撑，对于返贫风险预警工作而言，大数据提供了一种新的思维方式。通过大数据挖掘发现不同数据间的关联关系（其核心是量化数据值之间的数理关系)，成为人们观察并分析事物的最新视角。而本书正是基于大数据背景，针对返贫风险动态预警的机制设计和政策支持开展研究。

二、课题研究意义

课题以海量的农业农村发展、乡村振兴、精准扶贫数据为基础，围绕"返贫风险"这一主线，探讨返贫风险动态预警机制构建和政策支持问题。结合作者参与精准扶贫第三方评估和乡村振兴研究的相关成果，在厘清我国扶贫治理历程、分析精准扶贫成效及满意度的基础上，构建返贫风险要素指标体系并进行返贫风险预警实证，然后结合实例探讨了全面脱贫与乡村振兴的有效衔接，最后提出相关政策支持建议。研究成果深化了相关理论，同时也强化了理论应用，因而具有较大的理论价值和现实意义。

(一) 理论价值

第一，为贫困治理研究提供了一个新的角度。反贫困是人类历史发展中面临的永恒话题，目前，以中国为代表的发展中国家率先实现了全面小康，更是将贫困治理工作推向了新的高度。但随之而来的返贫问题亦不容忽视，脱贫人口在面临因病、因灾等突发性收入减少或突然性支出增加时，人均可支配收入跌入标准线下，重新进入贫困状态的可能性会大幅增加。为进一步巩固脱贫成果、确保不返贫，需要树立全周期治理理念，即对重点对象从前期预防、中期监测到后期帮扶等进行全程跟踪，而现有的贫困治理更加注重返贫实际发生后的再次帮扶，围绕返贫实际发生之前的预测和监测工作相对滞后。现实情况是，围绕返贫风险的预测、监测和预警工作，需要有大量的、开放的、可持续获取的数据资料作为保障。在大数据应用广泛开展的今天，农业农村大数据、扶贫大数据已日渐形成，通过数据挖掘获取有效信息，进而对返贫风险进行有效预判，并提前采取措施，避免返贫实际发生成为可能。本研究正是基于这一思路展开的，进而为贫困治理研究提供了一个新的视角。

第二，为大数据应用开辟了一个新领域。大数据技术不仅能从海量脱贫和返贫数据中寻找隐藏其间的关系和联系，更能深层次地认识和挖掘从脱贫到返贫科学运行的内在规律，对脱贫后发生的事件做一定的预测尤其是对返贫风险做出预警，从而采取科学的控制机制，以降低返贫风险。借助大数据处理和关联分析方法，通过揭示返贫数据与返贫因素的耦合机理、脱贫到返贫的演变规律及返贫风险调控机制，实现稳定脱贫和返贫风险降低等效果，从而为返贫风险预警工作从主观判断向科学化、智能化奠定坚实的理论基础。因此，本研究成果必将推动精准脱贫、智能预警理论的新发展，丰富大数据理论与技术的应用研究。

(二) 现实意义

在大数据背景下，针对脱贫和返贫过程中所产生的海量、多源、高维、异构、实时和不确定性数据，研究处理和分析方法，并以此为基础支撑返贫风险动态预警机制设计与政策支持研究，具有较强的实际指导意义。

第一，为深入贯彻落实乡村振兴战略提供思路。消除贫困、改善民生、逐步实现共同富裕，是中国特色社会主义的本质要求。党的十九大报告指出，农业农村农民问题是关系国计民生的根本性问题，必须始终把解决好"三农"问题作为全党工作的重中之重，实施乡村振兴战略。确保脱贫户不返贫是乡村振兴工作的"底盘"，本研究结合大数据分析和实地调查结果，实事求是地呈现了我国当前防返贫工作现状，提出的政策建议为乡村振兴战略的实施提供思路。

第二，为返贫风险识别、分析、预警与防范提供依据。基于农村发展和扶贫工作海量数据，结合笔者参与精准扶贫第三方评估和乡村振兴研究的相关成果，本书详细呈现了我国扶贫治理历程、精准扶贫成效及满意度情况，并对返贫风险要素进行识别与分类。上述一手资料的获取，既利于各级主管部门实事求是地了解我国贫困治理工作现状，同时为返贫风险识别、分析、预警与防范提供依据。

第三，为巩固脱贫成果及后续政策制定提供参考。本书构建了返贫风险预警体系，并对返贫风险预警机制运行进行了实证分析，最后提出相关政策建议。研究成果为精准扶贫和脱贫管理部门提供一套返贫风险预警管理的方法体系，有利于扶贫工作相关管理部门协同联动，更好地化解返贫风险，同时相关建议为后续政策制定提供直接参考。

第二节　重要概念界定

一、大数据

大数据（big data），顾名思义，指大量的数据、巨量的资料。相较于"小数据"而言，当资料或数据规模巨大到无法通过常规方法在合理时间内进行处理并能为企业经营决策提供有效咨询时，即为大数据现象。提起大数据，容易出现一种误区，即认为大数据是一种技术，事实上大数据是信息爆炸时代的一种现象。大数据包含结构性数据、半结构性数据和非结构性数据，以"3V"，即Volume（大量）、Variety（多样）、Velocity（高速）为特征。大数据处理技术即是伴随大数据采集、传输、处理和应用的相关技术的集合，主要包括分析技术、内存数据库、Nasal数据库和分布式计算技术等。

2015年10月，中国共产党第十八届中央委员会第五次全体会议正式将"推进大数据发展和应用"确立为国家战略。随着《促进大数据发展行动纲要》（国发〔2015〕50号）、《国务院关于积极推进"互联网+"行动的指导意见》（国发〔2015〕40号）、《国家大数据产业发展规划（2016—2020年）》（工信部规〔2016

412号)等文件的出台,大数据在各专业领域的应用日渐广泛,例如工业大数据、医疗大数据、农业大数据、金融大数据等。具体到扶贫领域,多年的精准扶贫实践积累了大量的关于贫困户生存现状、农村产业发展、生产生活条件改善、帮扶措施落地等数据资料。借助大数据分析技术,从海量数据中提取有效信息,进而为返贫风险预警以及乡村振兴提供借鉴,已成为当务之急。

二、精准扶贫

2013年11月,习近平总书记到湖南湘西考察时首次提出"精准扶贫"重要思想。❶ 精准扶贫思想是我国经济发展特定时期的产物,也是对我国过去扶贫治理思想的深化和发展。精准扶贫的关键在"精准",精准识别、精准帮扶、精准管理、精准脱贫是其核心内容。精准扶贫是相对于"大水漫灌"式、集中连片整体推进式扶贫而言的。经过新中国成立以来70多年的持续扶贫,我国的农村贫困人口大幅度减少,贫困发生率也逐年下降。在全面建成小康社会的关键时期,深度贫困、脱贫后再次返贫等问题已经成为主要矛盾,以往的"大水漫灌"式扶贫已经不能从根本上解决问题。为此,必须要在"精准"上下功夫,在精准识别贫困户的基础上,详细分析其致贫原因并采取针对性措施,最终实现精准脱贫。可以说,精准扶贫是我国扶贫工作的最高阶段。

三、返贫风险

贫困是一种普遍存在的社会现象。从概念上看,贫困具有相对性,是相对一定的标准而言的。最初,贫困被定义为缺乏获得参与社会经济活动等方面资源的一种生存状态。之后,贫困又被定义为能力的被剥夺。贫困是一种福祉被剥夺的现象,其核心是能力的欠缺性(彭玮和龚俊梅,2021)。从内容来看,贫困具有广泛性,其包含的内容包括物质、精神等多个方面。由此决定了贫困的内涵丰富而复杂,不同群体在不同时期对贫困的理解和界定大不相同。人们最早更多地关注物质层面,把不能满足衣、食、住等基本需求的生活状况称为贫困;然后又把视野扩大到生产领域,认为缺乏进行再生产的条件和手段,也属于贫困的范畴;更为广泛的定义认为贫困还应包括文化生活、身心健康、权力

---

❶ 新华网. http://www.news.cn,2013-11-3.

和地位等方面（童星和林闽钢，1994）。学者童星和林闽钢（1994）对贫困的定义具有一定的代表性，即贫困是经济、社会、文化落后的总称，是由低收入造成的缺乏生活所需的基本物质和服务以及没有发展的机会和手段这样一种生活状况。由此可见，"低收入"是导致贫困的最主要的原因。考虑到社会、文化等缺乏统一的标准且衡量困难，本研究中围绕贫困的界定和研究更多的侧重于基本的物质保障方面。由于贫困是一个相对概念，不同的参考标准会导致不同的贫困状况。目前学术界主要有三种比较方法，即跟周围的其他人比较、跟自身比较以及跟特定的标准线比较，本研究中采用的是跟特定的标准线，即贫困线作比较。

厘清贫困的内涵以后，返贫就不难理解。所谓返贫，就是再次回到贫困状态，区别于初次致贫，是指原先已经脱离贫困的人口其收入再次回到贫困线之下的一种动态现象，具有区域性、突发性以及频繁性的特征（邓永超，2018）。狭义的返贫是指已脱贫的贫困人口因某种原因收入再次回到贫困线之下的一种动态现象，经历了由贫困—脱贫—贫困的发展过程（邓永超，2018）。广义的返贫既包括脱贫人口再次陷入贫困状态的现象，又包括非贫困人口因受各种因素影响而沦为贫困人口的现象（赵玺玉等，2003）。风险从字面而言，可以理解为因"风"而起的"危险"，原指航海过程中，起风会增加危险产生的可能性。因此，风险是指受损失、伤害、不利或毁灭的可能性。综合"返贫""风险"两个概念，返贫风险主要是指那些容易导致农民年收入大幅下降或年支出大幅上升的隐患问题，以致其人均年收入低于当年贫困线，从而造成返贫（李会琴和张婷，2020）。因此，返贫风险的研究对象是已经脱贫的人口，该人群之所以有再度回到贫困状态的可能性，就需要理清返贫的风险因素，例如收入不稳定、发展能力不足、突发自然灾害等。

四、风险预警

风险预警是指根据所研究对象外部环境与内部条件的变化，对其未来的风险进行预测和报警。具体而言，风险预警指事先多方位、详细地信息搜集以监控风险因素的变动趋势，采用恰当的方法对风险因素的强弱程度进行科学评价，并向决策层发出预警信号以便提前采取预控对策的过程。"早发现、早治理"是风险预警的典型特征，因而具有减少损失、降低成本的作用。具体实践中，其作用发挥依赖于风险预警系统，包括风险识别、风险分析、风险监控等环节。目前，风险预警已经在金融、交通、生产等领域得到广泛应用。

第三节 研究思路和研究方法

一、研究思路

根据既有的研究目标和研究方法，确定研究思路如下：文献资料准备→研究方案设计→理论基础及概念界定→实地调研与专家访谈→精准扶贫成效评价及满意度影响因素实证→返贫风险预警理论分析→返贫风险要素识别→返贫风险动态预警实践→研究结论与政策建议。总体技术路线如图1-1所示。

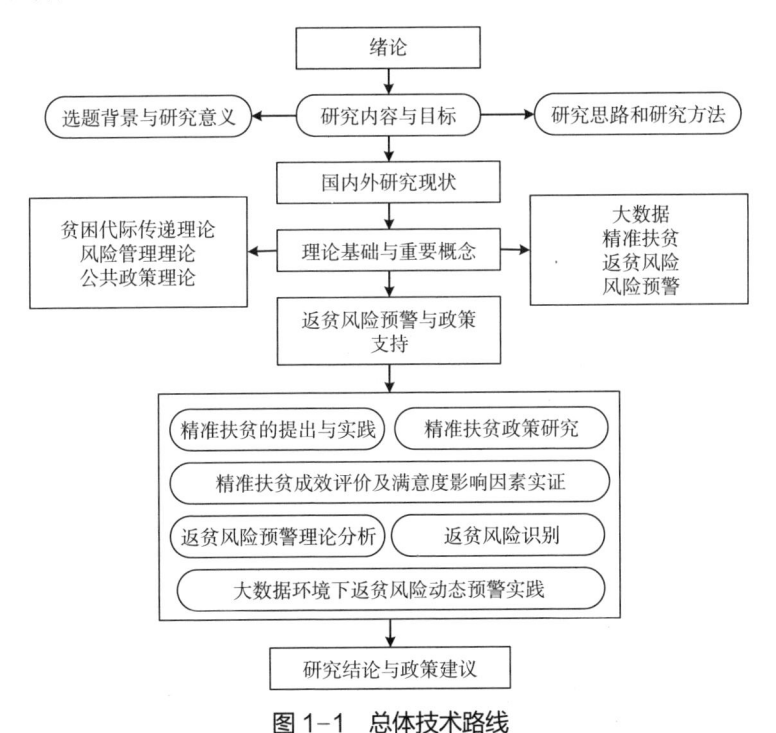

图1-1 总体技术路线

根据技术路线图，本书的章节内容安排如下：

第一章，绪论。基于我国全面脱贫与乡村振兴的事实，分析了选题背景与研究意义，界定了大数据、精准扶贫、返贫风险、风险预警等核心概念，介绍了著作的研究思路与方法，最后总结了可能的创新点和不足。

第二章，理论基础与文献综述。本章主要包括两个部分，一是系统阐述了贫困代际传递理论、风险管理理论、公共政策理论等相关理论；二是应用Citespace软件对全面脱贫背景下我国返贫问题研究进行可视化分析。为后续研究奠定理论基础，同时打开研究切入点。

第三章，精准扶贫的提出与实践。首先回顾了我国贫困治理工作历程，然后从历史使命、现实需求、经济基础三个方面分析了精准扶贫的提出背景，接着探究了精准扶贫的组织保障与主要任务，最后结合实例探讨了精准扶贫第三方评估。

第四章，我国扶贫政策发文分析及精准扶贫政策研究进展。首先从发文单位、发文年度、政策类型等方面分析了我国精准扶贫政策发文情况，然后对主要扶贫政策文件内容进行了梳理，接着从政策内涵、政策执行、政策影响、政策效果、政策审计等方面综述了扶贫政策研究进展，最后介绍了扶贫政策研究的数据来源和主要方法。

第五章，我国精准扶贫成效评价及满意度影响因素实证。本章首先介绍了我国精准扶贫在减少贫困人口数量、提升贫困农村地区居民收入等方面的成效以及贵州、湖北、四川、陕西等省份的典型做法，接着对我国精准扶贫成效评价进行理论分析，然后基于DEA模型，从贫困户满意度视角对我国精准扶贫成效进行评价，最后实证分析了我国精准扶贫农户满意度影响因素。

第六章，大数据环境下返贫风险动态预警理论分析。本章首先介绍了风险预警的流程、方法及研究进展，然后从返贫风险户基础数据提取、农业大数据资源建设、扶贫政策及帮扶情况三个方面探讨了返贫风险动态预警数据资源建设路径，最后从风险识别、风险评价、风险预警、风险防范、风险监控5个方面分析了返贫风险动态预警体系。

第七章，大数据环境下返贫风险识别。本章主要包括三个方面的内容：一是从返贫风险监测对象、返贫风险监测主体、返贫风险防范主体3个方面分析了返贫风险相关主体情况；二是结合作者参与精准扶贫第三方评估的实践经验，总结了返贫的主观原因和客观条件；三是按照初始风险要素选择、风险要素修正、最终风险要素确定路径，最终确定了包括收支型风险、发展型风险、环境型风险、保障型风险、政策型风险 5 个风险点和 24 个风险要素。

第八章，大数据环境下返贫风险动态预警实践。本章包括五个部分：一是在合理选择返贫风险动态预警方法的基础上，介绍了网络层次分析法（ANP）的实现和模糊综合评价法（Fuzzy）的步骤。二是基于 ANP 法的返贫风险预警指标权重确定，具体包括：建立返贫风险预警指标体系、构建各指标间的关联情况、建立网络层次结构、建立两两比较矩阵、判断矩阵权重的确定及问卷数据的录入、构建矩阵并输出结果、计算局部权重和全局权重。三是基于模糊综合评价法的返贫风险预警评估，具体包括：模糊综合评价指标构建、建立风险评价集、构造评判矩阵和确定权重、进行模糊合成。四是返贫风险评估结果分析及预警信号灯设置。五是介绍了返贫风险监测的原则以及返贫风险监测的程序及主要内容。

第九章，研究结论与政策建议。

二、研究方法

根据研究内容、研究目标和拟解决的关键科学问题，在广泛深入调查研究的基础上，采用定性研究和定量研究，规范研究和实证研究相结合的方法来完成，具体包括：

（1）文献分析和内容分析法。首先从中国知网等各大数据库搜索查询相关论文、研究报告等，对文献进行综述整理，厘清返贫风险预警相关领域的研究视角、主要观点及理论结论并发现其研究的不足；其次借助 Citespace 分析软件对"返贫"相关文献进行发文及研究领域情况分析、作者与机构合作网络分析、关键词共现分析、关键词聚类分析和关键词突现分析等可视化分析，全方位展现"返贫"领域研究现状；最后采用内容分析法对主要扶贫政策进行内容分析，找出主要政策的演变过程和发文脉络。

（2）实地调查和专家访谈法。研究中涉及的关于贫困户基本信息、产业发展、精准帮扶、满意度等一手资料大多来自作者参与的精准扶贫第三方评估项目实地调查数据；为准确全面获取返贫风险点及风险要素，通过半结构性访谈、问卷发放、电子邮件、电话沟通等方法，联系精准扶贫政策研究专家、精准扶贫主管部门人员以及村两委、帮扶干部等，了解精准扶贫政策执行情况以及具体帮扶情况等问题，为后续研究提供第一手资料。

（3）实证分析法。在精准扶贫成效评价、精准扶贫农户满意度影响因素分析、返贫风险预警实践等研究中，遵从模型设计、数据获取、数据分析、研究结论这一思路开展实证研究，其中主要涉及 DEA 模型、模糊评价、主成分分析等，主要应用 SPSS、STATA 等软件。

（4）案例分析法。由于各地的发展现状、致贫原因、帮扶措施、政策支持等情况各有差异，部分结论缺乏全国统一的数据支撑，为验证相关结论，较多采用某地的具体案例开展研究，以期达到以点带面、以小见大的效果。

第四节　创新和不足

一、可能的创新

本书可能的创新点如下：

（1）从理论上构建起返贫风险预警研究的逻辑框架。厘清致贫原因、返贫风险点及风险要素，是开展返贫风险预警的基础。现有的贫困治理研究多以贫困实际发生的后期治理为主，将治理环节前置开展风险预警的研究相对较少，因而也缺乏较为系统的理论研究框架。为此，本书在对相关理论、重要概念进行综述的基础上，分析了我国精准扶贫政策发布、绩效及满意度情况，在此基础上识别出返贫风险点和风险要素并对返贫风险预警进行实证。相关成果让返贫风险预警研究思路更加清晰化、内容更加系统化，因而从理论上构建起返贫风险预警的研究框架。

（2）注重理论与实践的结合。在对理论进行验证的过程中，大量数据资料均为作者参与精准扶贫第三方评估以及乡村振兴调研的一手资料，书中很多内容也是上述研究的主要成果，部分意见建议已经在扶贫工作实践中得到验证，进而实现了著作中理论研究有具体实践做支撑，具体实践有相关理论做指导，实现了理论与实践的有效结合。

（3）对策方面提出通过返贫风险要素识别、预警、防范进而降低返贫发生、促进稳固脱贫的政策建议。开展风险预警、注重前期预防是成本最低的扶贫手段，本书基于扶贫领域大数据资源，围绕返贫风险预警主线，提出的相关政策建议对各级主管部门后续政策制定和工作开展具有重要的指导意义。

二、不足之处

由于数据获取及文章篇幅的限制,本研究还存在以下不足:首先,现有关于返贫风险预警的研究中,由于缺乏统一标准,因而在最终返贫风险要素的确定中有一定的局限性和片面性;其次,返贫风险预警实践中,可供选择的方法有很多,限于篇幅限制,书中未能一一列举,因而导致研究结论存在一定的局限性;最后,返贫风险预警是一个综合性的社会问题,此问题涉及经济、政治、社会、文化等多个方面,因此跳出单一的"经济"框架,将更多要素纳入统一考虑应是未来的研究方向。

第二章　理论基础与文献综述

第一节　理论基础

贫困作为特定的社会经济现象一直长期存在，人类社会的发展史就是一部反贫困的历史，但对贫困问题进行深入细致的研究是从20世纪五六十年代开始的。本书研究过程中主要涉及贫困代际传递理论、风险管理理论以及公共政策理论等，对这些经典理论的归纳整理能为后续进一步理论分析和实证检验奠定基础。

一、贫困代际传递理论

贫困代际传递理论是近年来在西方反贫困理论研究和反贫困实践中具有较大影响的理论流派，主要针对贫困代际之间维持、延续原因进行探究。贫困代际传递概念是从社会学阶层继承和地位获得的研究范式中发展出来的（李晓明，2006）。所谓贫困代际传递是指贫困以及导致贫困的相关因素和条件，在贫困家庭内部由父辈传递给子女，使子女在成年后重复父辈贫困境遇的过程（张兵，2008）。围绕贫困代际传递问题的理论研究，最早可以追溯到马克思关于无产阶级贫困化的理论。该理论表明，资本主义私有制是贫困代际传递的根源，因为工人阶级及其子女与后代无法摆脱受剥削、受奴役的命运，致使贫困在工人阶级及其家庭中代代相传（李晓明，2006）。早在1877年，基尔坦通过代际之间的身高、教育年限、收入等个人特征的回归分析，获得代际收入的相关系数来度量代际之间的地位、收入变化之间的关系，从而引起了社会学对代际流动问题研究的广泛兴趣（张兵，2008）。

围绕贫困代际传递原因及影响因素的研究比较成熟。美国曼彻斯特大学

"持续性贫困研究中心"(The Chronic Poverty Research Centre, CPRC)将贫困代际传递的影响因素归纳为：人口与健康因素、社会关系网络因素、教育因素、生活环境因素等。关于贫困代际传递产生的原因，主要观点包括：①要素短缺。贫困地区之所以贫困，根本原因在于其原始的资源禀赋不足，例如资本、土地、劳动力的缺乏导致收入获取困难，在没有外界因素干扰的情况下，这种状况不会得到改变，进而导致贫困的代际传递。②受贫困文化的影响。有研究表明，穷人阶层之间往往会形成一种"亚文化"，例如对未来缺乏信心、发展动力不足、缺乏信任导致无法很好地融入社会等，上述文化会持续影响一代又一代年轻人，进而使贫困群体内缺乏改变现状的勇气和努力，进而导致贫困的代际传递。③素质和能力的影响。市场经济条件下，由于贫困人群资源禀赋少，能够用于市场交换的资源不多，因而会受到富裕阶层的排斥。与此同时，贫困人群获取新知识的机会较少。贫困人口唯一能用于交换的是劳动力，但他们所从事的以附加值偏低的简单工种为主。素质和能力的欠缺，导致贫困人群难以通过自身力量改变贫困现状，导致贫困在代际之间传递。④儿童贫困。越来越多的研究表明，儿童成长对摆脱贫困陷阱至关重要。由于贫困儿童在成长中缺乏与经济、社会、文化、物质、环境和制度等接近的机会，导致贫困儿童"输在起跑线上"。若干年后，成长起来的新一代，依然缺乏改变现状的能力，导致贫困的代际传递。

国内关于贫困代际传递的研究兴起于21世纪初。李晓明（2005）探究了我国山区少数民族农民贫困代际传递的基本特征。王瑾（2008）认为自然条件恶劣、思想观念落后、低素质以及疾病、年老等都是造成贫困代际传递的原因，通过教育提高贫困家庭子女的就业能力、通过医疗保障避免贫困家庭的返贫危险、通过改变赡养模式减轻贫困家庭的负担，是阻断贫困代际传递的有力武器。韩春（2010）从环境性因素、制度性因素、文化性因素、贫困家庭与贫困者个人等方面探究了贫困代际传递问题的复杂根源。张立冬（2013）利用CHNS数据，对1988年至2008年中国农村贫困代际传递进行了实证分析，并提出了相关对策。马文武等（2018）对城乡居民家庭贫困代际传递及动态趋势进行了研究。钱力和张轲（2022）通过分析劳动力在外流过程中能否阻断相对贫困的代际传递，以及研究提升人力资本在此过程中的影响。

综合来看，学术界关于贫困代际传递的理论研究已经形成了较为清晰的脉络，关于贫困代际传递的原因、影响因素等分析比较全面，相关实证研究也陆续展开。贫困代际传递的事实为各国的贫困治理工作以及相关政策制定提供了理论依据。

二、风险管理理论

风险管理产生于风险客观存在的事实。风险管理是社会组织或者个人用以降低风险消极结果的决策过程，其管理的对象是风险。20世纪30年代，随着资本主义经济史上最持久、最深刻、最严重的周期性世界经济危机全面爆发，现代风险管理活动逐渐引起理论和实践界的高度重视，风险管理理论也在这一时期开始萌芽。20世纪60年代，学者拉塞尔·格拉尔（Gallagher）在其作品《风险管理：成本控制的新时期》(*Risk Management: A New Phase of Cost Control*)中，首次使用"风险管理"一词。随后该领域的研究成果不断丰富完善，80年代末正式进入蓬勃发展阶段。风险管理理论的相关研究最早主要集中在金融保险领域，随后逐渐延伸到经济、社会、生活的方方面面。

纵观风险管理理论的发展历程，大致经历了传统风险管理理论（20世纪30—70年代）、整体化风险管理理论（20世纪70—90年代）和全面风险管理理论（21世纪初至今）三个发展阶段。

(一) 传统风险管理理论

该理论主要包括：①马柯维茨资产组合理论。资产组合理论，亦称现代证券投资组合理论、证券组合理论或投资分散理论，该理论是针对化解投资风险的可能性而提出的。其基本思想是风险分散原理，运用二次规划方法建立起一套模型，阐述如何通过有效的分散化来选择最优的投资组合。②哈洛资产配置理论。为了能得到更符合现实状况的风险度量方法和能更高效地获得投资回报的资产配置模型，学术界不断尝试进行理论和实践探索，其中，又以哈洛基于 LPMn 的资产配置模型最具代表性。③资本资产定价模型（CAPM）。该模型是在马柯维茨资产组合理论和资本市场理论的基础上发展起来的，并广泛应用于投资决策和公司理财领域。主要研究证券市场中资产的预期收益率与风险资产之间的关系。④期权定价理论。期权定价理论的研究工作开始于1900年，当时法国数学家路易·巴舍利耶（Louis Bachelier）在博士论文"The Theory of Speculation"中分析了期权定价问题。1973年美国学者 Black 和 Scholes 合作发表了关于期权定价的著名文章，提出了基于股票标的资产的看涨期权的定价公式，从此期权定价理论获得了重大突破（陈嘉智，2008）。

（二）整体风险管理理论

整体风险管理理论是20世纪90年代提出的企业风险管理新思想。所谓整体风险管理是指在整个企业范围内把所有风险统筹考虑，并将传统的风险管理方式整合在一起用以管理和控制这些风险，从而实现企业价值的最大化。1992年Kent D. Miller针对公司的国际业务领域提出了整合风险管理的思想，标志着风险管理正式进入整体风险管理理论新阶段。同时，与整合风险管理思想类似的还有完全风险管理和综合风险管理。

学者胡伟益和王波（2007）将整体风险管理定义为"为了提升企业价值，基于企业整体的风险偏好，各层级和部门通过评价、控制、研发、融资、监测等措施，对所有来源的风险共同构成的整体风险组合进行管理的过程"。与此同时，两位学者从五个方面解析了其内涵，即整体风险管理的目标是创造价值、态度更加积极、范畴是所有来源的风险因子、视角是风险组合、具体表现为一个过程。

（三）全面风险管理理论

全面风险管理是在风险管理与保险、衍生产品市场和金融工程的发展、公司风险管理三个理论与实践的基础上发展起来的，涉及保险、财务套期保值、投融资、杠杆管理、薪酬设计甚至税收管理等多个领域的内容（陈秉正和王珺译，2005）。全面风险管理的核心思想是：一个公司的风险来自很多方面，最终对公司产生影响的不是某一种风险，而是所有风险联合作用的结果，所以只有从公司整体角度进行的风险管理才是最有效的。目前关于全面风险管理的理论与方法主要有以下两大类：

一是COSO全面风险管理框架。COSO全面风险管理框架是美国反虚假财务报告委员会下属的发起人委员会（The Committee of Sponsoring Organizations of the Treadway Commission）发布的基于组织结构体系全面风险标准化度量的全面风险管理方法。该框架从三个维度探讨企业风险管理问题：首先是目标维度，具体包括战略目标、经营目标、报告目标和合规目标四个方面；其次是风险构成要素，主要包括内部环境、目标设定、事项识别、风险评估、风险应对、控制活动、信息与沟通、监控八个方面；最后是企业层级，包括整个企业、各职能部门、各条业务线及下属各子公司等；以上八个要素都是为企业的四个目标服务的，企业各个层级都要坚持同样的四个目标，每个层级都必须从以上八个方面开展风险管理活动（张琴和陈柳钦，2008）。

二是 GARP 全面风险管理框架。GARP 全面风险管理框架是全球风险专业人士协会（Global Association of Risk Professionals）提出的基于风险决策因素的全面风险管理理论。GARP 全面风险管理的核心思想是从系统决策的角度出发，引入风险管理策略的概率（Probability）、价格（Price）和偏好（Preference）三个因素，风险管理的目标是寻求三要素间的最优均衡。GARP 认为全面风险管理框架应该包括策略、程序、基础设施和环境四个模组以及它们之间的融合（张琴和陈柳钦，2008）。

三、公共政策理论

公共政策是指国家通过对资源的战略性运用，以协调经济社会活动及相互关系的一系列政策的总称。政策研究思想的源头可以追溯到古代文明，而作为一门相对独立的研究领域，政策科学及政策分析的出现则是第二次世界大战以后的事。1951 年，拉纳（Daniel Lerner）和拉斯韦尔（Harold D. Lasswell）合编的《政策科学：范围和方法的新近发展》一书正式出版，书中正式提出了"政策科学"（policy science）这一概念。该书的出版标志着现代政策科学的诞生。为此，拉斯韦尔本人则被誉为"现代政策科学的创立者"（陈振明，1996；王亚华和陈相凝，2020）。

当代政策学认为，公共政策总是在一定的时空条件下发挥其政治主导作用，因此具有很强的政治时效性与流变性。政策能否满足政策制定者、政策受益者以及与政策相关联的其他社会公众的公共利益需要，关系到政策的合理性、政策能否顺利制定执行，以及能否产生预期的社会效果（季元杰，2009）。不同的历史时期，社会面临的主要问题和主要矛盾各不相同，因此公共政策的逻辑起点也有差异性。物本政策强调物利、物效、物权为本的方式和物力为本的方法；人本政策的出现使公共政策更加关注改善民生，强调经济与社会的均衡发展以及惠及全民的公共政策。

卓晓宁和周海生（2010）系统总结了西方公共政策理论模型或分析框架：①阶段启发模型。将政策过程划分为各个阶段是政策研究领域占主导地位的研究方法之一，阶段启发模型致力于概括出政策中存在哪些阶段以及各阶段之间如何互相衔接。②多源流分析模型。该理论基于组织行为的"垃圾桶理论"，把政策过程看作由三组行为者和过程构成。在问题流、政策流、政治流三种源流中，每一种源流都涉及政策过程中各种各样的个人、集团、部门和机构，当三种源流汇集在一起时，政策窗口被打开。③倡导联盟模型。该理论关心倡导联盟的互动，认为每一个联盟都包括来自政策子系统里不同机构的行动者，他们有共同的政策信念。④间断性均衡模型。该模型关注政策议程如何变化。核心点在于，从长期来看，利益集团政治权力的平衡相对稳定。⑤政策网络模型。此模型所建构的范式试图解决结构与行动者、网络与社会背景、政策网络与政策结果之间的辩证关系，全面透视行动者如何在一定的制度、文化中改变政策制定和治理的格局。

新中国成立后，为满足经济社会发展需要，内容涉及方方面面的公共政策陆续出台；尤其是改革开放以来，为了进一步解放和发展生产力，我国陆续出台了多项公共政策；进入21世纪，伴随着全球化步伐的加快，基于国际视角的公共政策制定日益增多。与此同时，围绕公共政策的理论研究也日趋成熟。例如：公共政策制定（王雁红，2011；魏娜和袁博，2009；王建军和唐娟，2006）、公共政策扩散（王浦劬和赖先进，2013；张剑等，2016；杨建国和周君颖，2021）、公共政策执行（钱再见和金太军，2002；贺东航和孔繁斌，2011；陈丽君和傅衍，2016）、公共政策工具（顾建光和吴明华，2007；臧雷振和徐湘林，2014）、公共政策绩效（江静，2011；鲁靖和嵇欣欣，2018）、公共政策优化（刘雪明和沈志军，2013；阮博，2011）等研究。目前，我国正处于全面脱贫与乡村振兴的历史交汇期，如何确保稳固脱贫、不返贫，如何保障乡村振兴战略的顺利实施，这些问题都为现时期公共政策的制定提出了挑战。

第二节 文献综述

脱贫攻坚战的全面胜利标志着我国已经消除绝对贫困并达成全面脱贫目标，进一步巩固脱贫攻坚成果，确保稳定脱贫、不返贫成为新时代的重要课题。基于中国知网返贫问题相关研究成果，运用CiteSpace可视化分析软件，系统梳理我国返贫问题研究的脉络、进展并对研究趋势进行展望，能够为后期返贫相关理论研究以及乡村振兴实践提供参考。

一、研究方法和数据来源

(一) 研究方法

本书主要采用的研究方法包括：第一，统计分析法。对近年来返贫研究领域发文数量、发文趋势、研究领域分布等进行统计分析。第二，基于CiteSpace软件的可视化呈现与分析。该软件是由美国德雷塞尔大学信息科学与技术学院陈超美教授用Java语言开发的、基于引文分析理论的信息可视化软件，能够清晰呈现相关领域的知识结构、研究规律和分布情况，软件分析结果以知识图谱的形式展示（李杰和陈超美，2016）。第三，文献分析法。基于前两种方法的研究成果，进一步对重要文献内容进行详细梳理，厘清返贫问题研究动态，并对研究趋势进行展望。

(二) 数据来源

在中国知网"高级检索"模式下选择"学术期刊"类别，在主题栏输入"返贫"，文献来源类别选择"北大核心"和"CSSCI"，操作时间为2021年6月1日，手动删除无效文献后，共获得401篇核心期刊论文。梳理发现，关于返贫的研究最早始于1992年，按发表年份统计结果如图2-1所示。

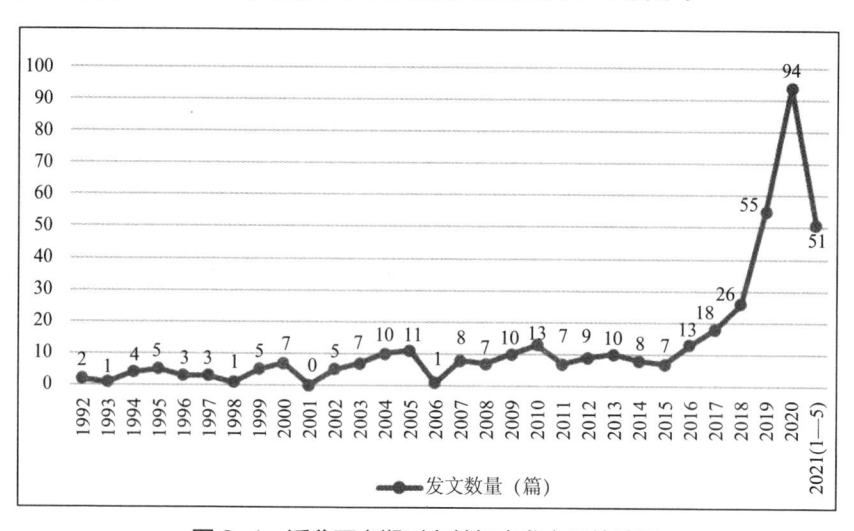

图2-1 返贫研究期刊文献年度发文量统计图

从图2-1发文数量看，关于返贫的研究大致分为两个阶段：第一阶段为1992—2015年，期间累计发文量为144篇，年均发文量为6篇，表明这一时期返贫的研究尚未引起学界的普遍关注；第二阶段为2016年至今，期间累计发文量为257篇，年均发文量为43篇，尤其是在2020年研究文献数量达94篇，2021年前5个月发文量占2020年全年的54%，表明现阶段返贫研究已经引起学界的广泛关注。从发文学科分布来看，401篇文献总共涉及10多个学科，其中排在前三的为农业经济（占比68.41%）、经济体制改革（占比10%）、医药卫生政策与法规（占比7.73%）。这表明，返贫研究学科领域分布比较集中，主要在农业经济领域，这与研究主题性质本身高度一致。从发文期刊分布来看，数量排在前十的刊物分别为：农业经济问题（6篇）、贵州社会科学（4篇）、统计研究（4篇）、中国农村经济（3篇）、中国人口科学（3篇）、农业现代化研究（3篇）、农业技术经济（2篇）、新疆师范大学学报（哲学社会科学版）（2篇）、财经研究（2篇）、经济地理（2篇）。排名前十的刊物发文数量占到发文总量的7.73%，可见返贫研究的发文刊物集中度不高，发文涉及的刊物类别较为广泛。

二、作者与机构合作网络分析

在CiteSpace软件中，将时间切片（Time Slice）设置为1992年至2021年，时间跨度（Years Per Slice）设置为1，Node Types分别选择作者（Author）和机构（Institution），其他为系统默认选项。运行CiteSpace软件得出作者和机构合作网络图谱分别如图2-2、图2-3所示。从图2-2中可以看出，发文量排在前列的作者分别是王志刚、封起帆、冯丹萌、刘玉森、庄天慧、范黎光等。从图2-3中可以看出，发文量排在前列的机构分别是中国人民大学农业与农村发展学院、农业农村部农村经济研究中心、南京林业大学、四川大学经济学院、中南民族大学经济学院等。从作者与机构合作网络分析可以看出，目前关于返贫问题的相关研究呈散点分布状态，尚未形成稳定的研究团队和良好的研究合作关系。可能的原因是相关研究成果偏少，研究的时间跨度较短，成果推广普及程度不够等。

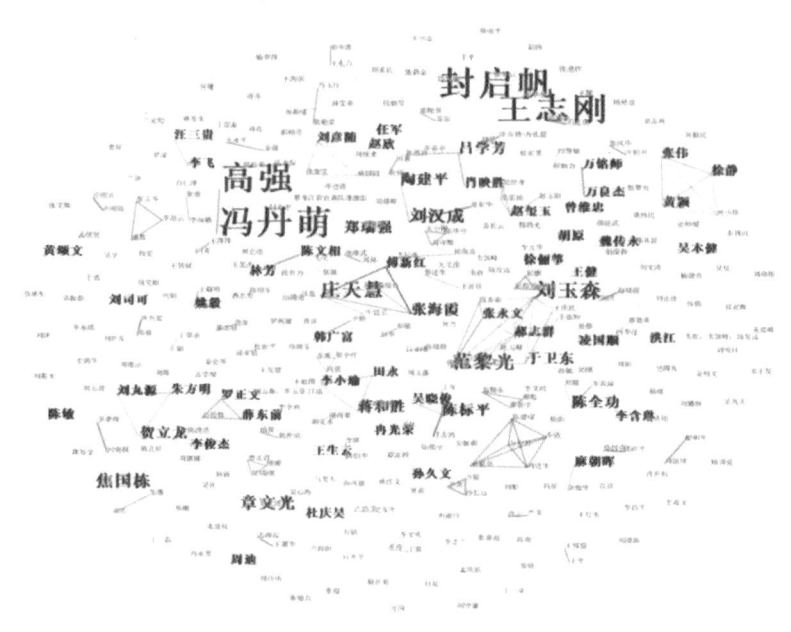

图 2-2　返贫研究作者合作网络图谱

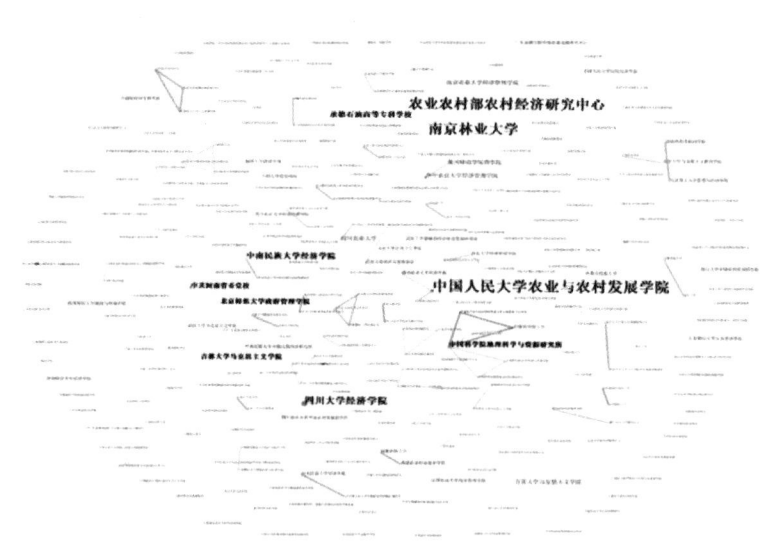

图 2-3　返贫研究机构合作网络图谱

三、关键词共现、聚类与突现分析

关键词是揭示文献主题内容的关键，是论文核心思想的体现，对关键词进行分析有助于了解相关领域的研究热点和动态，进而明确研究的动向和趋势。

(一) 关键词共现分析

在 CiteSpace 中，将 Time Slicing 设置为 From 1992 To 2021，year Per Slice=1，Node types 勾选 Keyword，Links 算法选择 cosine，阈值设定为 TOP50，Pruning 勾选 Pathfinder 和 Pruning sliced networks，其他选择系统默认标准。运行程序后，得到513个节点、1057条连线，关键词共现结果如图2-4所示。结合共现频次统计，排名前十的关键词分别为：精准扶贫（98）、乡村振兴（82）、返贫（45）、贫困治理（45）、脱贫攻坚（41）、防返贫（31）、全面脱贫（31）、扶贫开发（27）、相对贫困（22）、反贫困（17）。当前，在党中央的坚强领导和全国人民的共同努力下，我国圆满完成了为期5年的精准扶贫脱贫任务，正在全面实施乡村振兴战略，正处于全面脱贫与乡村振兴有效衔接的重要时期。上述关键词的高频出现，尤其是精准扶贫和乡村振兴的出现频次分别高达98和82，充分表明国内关于返贫的研究紧贴实际，与国家的战略方针路线保持高度一致。

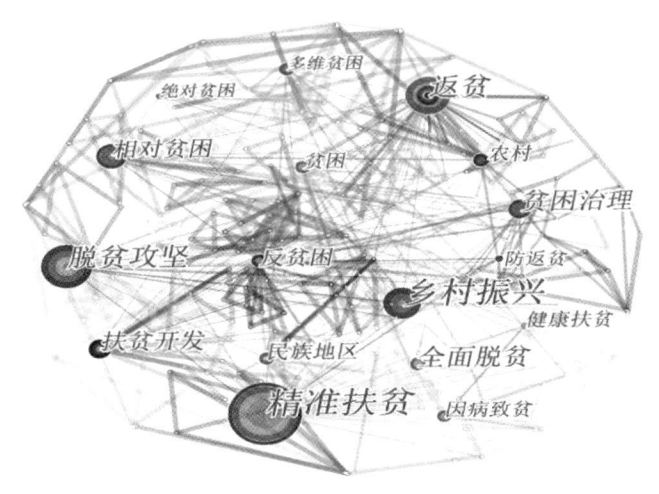

图 2-4 关键词共现图谱

(二) 关键词聚类分析

选取排名前十的集群进行聚类分析，所得结果如图2-5所示。聚类分析结果显示，10个集群中的节点数量（Size）均在20以上，紧密性（Sihouette）均高于0.9，表明聚类的结果是可信的。由图2-5可以看出，国内关于返贫的研究主要包括乡村振兴、反贫困、返贫、农村贫困人口、扶贫开发、扶贫攻坚、长效机制、健康扶贫、农村贫困、贫困脆弱性等集群。在#0集群中，研究的关键词包括乡村振兴、精准扶贫、贫困治理；在#1集群中，研究的关键词包括精准扶贫、贫困治理、全面脱贫等；在#2集群中，研究的关键词包括扶贫开发战略、人力资源开发、民族地区、制约因素等；在#3集群中，研究的关键词包括绝对贫困、绝对贫困人口、桂东南、桂西北等；在#4集群中，研究的关键词包括反贫困战略、相对贫困、甘肃省、贵州等；在#5集群中，研究的关键词包括救济式扶贫、开发式扶贫、可持续脱贫等；在#6集群中，研究的关键词包括农村、欠发达地区、精神贫困等；在#7集群中，研究的关键词包括多维贫困、因病致贫、精准脱贫等；在#8集群中，研究的关键词包括减贫、可持续性、对策等；在#9集群中，研究的关键词包括长期贫困、可持续生计等。以上聚类基本涵盖了我国返贫领域相关研究的主要方面，同时从关键词时区分布（图2-6）可以看出，研究主题与我国救济式扶贫、开发式扶贫、整村推进式扶贫、精准扶贫以及乡村振兴等国家战略保持一致。可见，国内学术界围绕返贫问题的研究紧贴国家战略，确保了研究成果及政策建议的时效性。

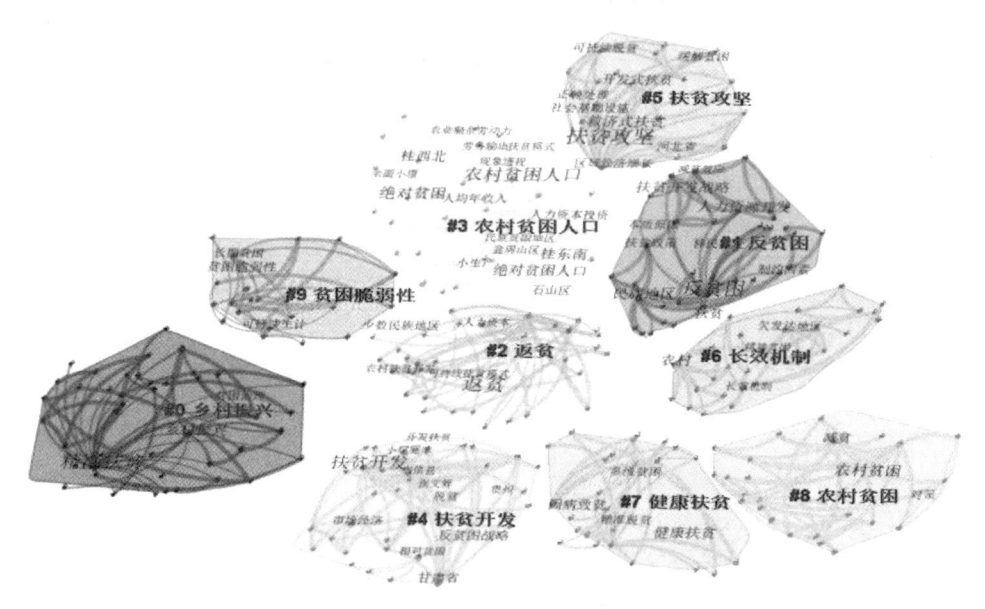

图 2-5　关键词聚类图谱

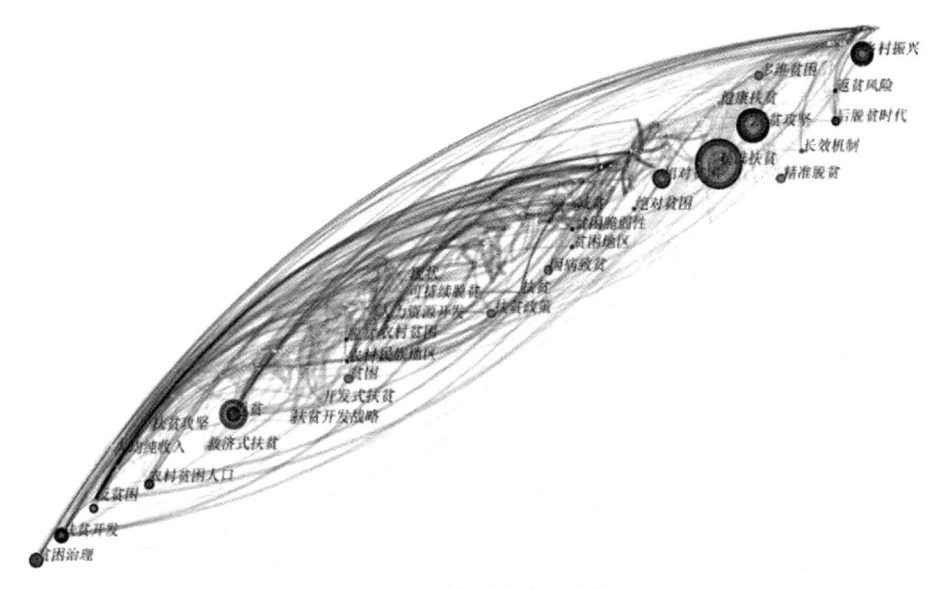

图 2-6　关键词时区图谱

(三) 关键词突现分析

关键词突现反应的是研究热点的变化趋势，关键词包含的突发性节点越多，代表该领域的研究越活跃。通过 CiteSpace 对关键词进行突现分析，结果如图 2-7 所示。可以看到，在返贫研究方面共有 13 个关键词突现，根据时间线轴，可以分为三个阶段。第一阶段是 1992—2008 年，研究的重点主要包括乡村振兴、网络体系、制度防返贫、多维、全面脱贫、防返贫。较长时间跨度的关键词突现表明，该时期关于返贫的研究范围较广，学者们注重从多维视角对返贫内涵进行界定、对扶贫现象进行分析并尝试提出防返贫对策。第二阶段是 2008—2016 年，研究的关键词主要包括扶贫开发、扶贫攻坚、返贫和反贫困，此阶段学者们的关注点主要是从扶贫视角解决返贫问题或开展反贫困研究，研究的着眼点更为具体。值得注意的是，"返贫"作为一个独立关键词也正是在这一阶段的 2000 年首次出现，但 2001 年以后不再突现。这表明此时"返贫"作为一个关键要素引起了部分关注，但围绕返贫的研究并未持续下去，可能与我国当时并未实现全面脱贫有关。第三阶段是 2016 年至今，突现的关键词数量大幅度减少，主要为精准扶贫、脱贫攻坚和健康扶贫，但这一时期关键词突现强度大幅提高，其中"精准扶贫"和"脱贫攻坚"的词汇强度达到 9.93 和 7.77，远高于历史时段其他关键词的强度，这表明学者们此阶段关于返贫的研究更加聚焦，研究着力点从广度向深度转变。基于关键词突现的分析表明，国内关于返贫的研究呈现出由宏观到微观，由抽象到具体，由广度到深度的研究过程。

关键词	突现强度	起始年份	结束年份	突现区间（1992—2021）
乡村振兴	4.58	1992	2002	
网格体系	4.31	1992	2008	
制度防返贫	4.31	1992	2008	
多维	4.31	1992	2008	
全面脱贫	4.05	1992	2008	
防返贫	4.05	1992	2008	
扶贫开发	3.5	1993	2015	
扶贫攻坚	5.63	1996	2005	
返贫	3.89	2000	2011	
反贫困	5.19	2004	2013	
精准扶贫	9.93	2016	2019	
健康扶贫	3.6	2016	2019	
脱贫攻坚	7.77	2019	2021	

图 2-7　关键词突现分析

四、研究动态分析

基于 CiteSpace 软件对现有研究进行作者和机构合作网络分析、关键词共现、聚类、突现等可视化分析发现，学者们关于返贫的相关研究主要聚焦于返贫的内涵及影响因素、贫困治理、返贫风险预警等方面，以下将详细分析这三方面的研究动态。

(一) 返贫的内涵及影响因素研究

张忠良和饶岌（2009）认为返贫是指已经脱离贫困又重新陷入贫困，是已经在贫困线以上的人口或家庭又重新回到贫困线以下，其本质就是贫困的一种动态现象。返贫问题在欠发达地区具有很大的消极作用，应积极应对。凌国顺（2000）认为返贫是在一定的社会经济环境下，由于人的素质、生存环境等的个体差异导致在长时期内不足以获得足够的收入来维持一种生理上要求的、社会文化可接受的、社会公认的基本生活水准的状态。赵玺玉等（2003）指出返贫是农村扶贫开发及其反贫困战略实施过程中出现的经济社会现象，导致返贫的因素主要包括农业自然灾害、家庭成员的重大疾病、市场风险、农业生态环境恶化等方面。董春宇等（2008）从经济脆弱性视角对贫困与返贫问题进行了分析，发现资源环境差、基础设施不足、人力资本投资不足、收入稳定性差等经济脆弱性因素会导致"扶贫、脱贫、再返贫"现象产生。李长亮（2019）基于 Logit 回归模型分析了深度贫困地区贫困人口返贫因素，发现文化程度较低、患有各类疾病、缺少技术和劳动力以及自身发展动力不足等因素会导致较高的返贫率。吴晓俊（2010）研究发现，导致农村脱贫人口返贫的因素主要包括主体素质的不可持续性、供体扶持的不可持续性、载体循环的不可持续性，提出通过建立和推行"主体—供体—载体"三位一体、三体均衡的扶贫模式，实现农村扶贫开发的可持续发展，进而遏制脱贫人口返贫。耿新（2020）从贫困脆弱性视角提出，返贫人口的最大特点表现在经济、社会关系和自然环境资源等方面脆弱性。综合来看，返贫是扶贫工作中的一种动态现象，对返贫原因进行预判和对返贫风险进行预警有利于降低返贫现象的发生，对确保稳定脱贫和实现乡村振兴具有积极意义。

（二）贫困治理研究

冯丹萌和高强（2021）认为防返贫需要兼顾短期与长期、局部与整体、外在与内在多重空间因素，应通过确立返贫人口边界空间、构建基础设施支撑面、完善防返贫多元要素传输网、稳固社会保障兜底线、建立防返贫实时监测点等方面搭建防返贫立体网格体系。宋彦峰（2021）从贫困脆弱性视角研究了普惠金融防止返贫的响应机理及长效机制，提出完善普惠金融返贫治理的机制、丰富普惠金融返贫治理的工具、提高普惠金融返贫治理的针对性、提高普惠金融返贫治理的效能等具体措施。杜庆昊（2021）基于贫困治理的视角，提出要建立保障相对贫困人口生活的基础性机制，做好防止返贫和临时帮扶各项政策的有效衔接，建立帮助相对贫困人口发展的内生性机制，建立严格的贫困人口退出、返贫、致贫的治理机制，加大脱贫人口返贫监测，确保及时掌握脱贫户返贫信息并制定应对措施。四川大学经济学院蒋和胜等（2020）认为阻断返贫是一项长期的动态的反贫困思路、措施、路径和体系，应将阻断返贫与国家长期、中期、短期常态化战略、乡村振兴战略、西部大开发战略、东北振兴战略等区域战略联动起来，建立阻断返贫的长效机制。王志刚和封启帆（2021）从精准扶贫到乡村振兴的视角提出通过加强返贫风险监控、强化相对贫困治理、做好政策过渡顶层设计、着力帮扶流动困难群体等一系列贫困治理措施。综合发现，贫困治理是一个复杂的系统工程，需要国家及地方政府、金融保险机构、产业发展主体等多方协同发力,需要在国家总体战略的指导下稳步推进。

(三)返贫风险预警研究

章文光等(2019,2020)基于全国25省(市、区)的贫困户调研数据,建立了返贫风险评估与预测的逻辑回归模型,分析发现:家庭人口数、劳动力人口数是贫困家庭面临返贫风险的重要因素;提出通过推进返贫风险监测机制的模型化和智能化、构建"预警+救助+赋能"帮扶机制、积极探索人员分类管理和政策有序退出等方式建立返贫风险预警机制,进而化解返贫风险。郑瑞强和曹国庆(2016)从脱贫人口返贫的影响因素、作用机制视角分析发现,在扶贫开发的进程中脱贫人口面临着政策性、能力缺失、环境等方面的返贫风险,提出创新扶贫新模式、健全脱贫人口返贫风险预警、优化扶贫开发条件保障等扶持措施。杨龙等(2021)建立了"返贫风险暴露—返贫风险应对—生计恢复能力"的返贫风险管理模型,提出要建立以降低返贫风险暴露水平、提高返贫风险应对水平、减轻返贫风险负面影响、提升生计恢复能力等为一体的民族地区返贫风险管理体系。吴本健等(2021)基于全国人口较少民族脱贫家庭数据的研究发现,人力资本、自然资本、物质资本和社会资本等生计资本是影响其返贫风险的重要因素,其中,自然资本对返贫风险防控的作用最大。

五、研究结论及展望

改革开放以来,扶贫一直是党和国家各项工作中的重中之重,国家先后实施了救济式扶贫、开发式扶贫、精准扶贫等扶贫战略,探索出了一条具有中国特色的反贫困之路。在对国内返贫研究领域进行了文献计量分析及知识图谱绘制,研究发现:第一,国内返贫研究自20世纪90年代开始就逐渐受到学术界的关注,关于返贫的研究始于国家八七扶贫攻坚计划,贴合于国家精准扶贫计划,紧跟于国家乡村振兴战略,尤其是近年来学者们研究兴趣浓厚,未来该领域将成为研究的热点。第二,返贫研究涉及领域较广,但总体上以农业经济领域的为主,这与返贫本身所处的领域也较为吻合。研究主体也以农业经济领域的科研机构和人员为主,其中中国人民大学农业与农村发展学院、农业农村部农村经济研究中心、南京林业大学等机构对该领域研究成果贡献较多,王志刚、封起帆、冯丹萌等学者研究成果较为丰富。第三,对关键词的可视化分析发现,"反贫困""返贫""扶贫开发""精准扶贫""脱贫攻坚""乡村振兴"等呈现出较高的频次和热度,这是由于一系列国家政策的出台,驱动了国内学者围绕返贫问题开展持续研究,这也是近年来返贫研究成果增长明显的原因。第四,目前国内学者们关于返贫的相关研究主要聚焦于内涵界定及影响因素研究、贫困治理研究、返贫风险预警研究等方面,呈现出由宏观到微观、由抽象到具体、由广度到深度的研究过程。

由于国家长期重视扶贫问题,学者们也更加注重于从扶贫视角对相关问题展开研究,而关于返贫本身的研究略显不足。首先,从研究成果数量上看,虽然近年来国内返贫研究的文献数量增长迅速,但纵观过去30年来该领域研究的高水平文献总体数量偏少,可见这一领域的研究仍然较为薄弱。其次,作者和机构合作网络分析表明,返贫问题仅仅引起了少部分学者的关注,相关的研究机构与研究者们也是单打独斗,研究的领域和范围较窄,尚未形成稳定的研究团队和合作关系,未来有必要在跨机构和跨学科研究方面进一步加强。最后,前期国内关于返贫的研究更多是紧跟国家八七扶贫攻坚计划、国家农村扶贫开发、精准扶贫等国家战略,当前我国已经实现全面脱贫,消除了绝对贫困,正在迈向乡村振兴的新时代。在新时代相对贫困依旧存在,返贫因素仍然多变,全面脱贫之后返贫问题呈现出的新特点是什么,怎样应对精准扶贫与乡村振兴衔接时期的返贫问题,如何在乡村振兴的新时代建立长效的返贫应对机制,这些将是未来需要思考和研究的新方向。

第三章　精准扶贫的提出与实践

精准扶贫是对我国过去扶贫治理思想的深化和发展，是实现"两个一百年"奋斗目标的关键举措，其核心在于"精准识别、精准帮扶、精准管理"。本章在理清我国贫困治理工作历程的基础上，分析精准扶贫提出的背景，总结精准扶贫的主要方式和任务，最后以 H 地区为例向读者展示精准扶贫成效第三方评估的实施过程并提出相关建议。

第一节　我国贫困治理工作历程回顾

消除贫困、实现共同富裕是社会主义的本质要求。新中国成立以来，党中央、国务院高度重视贫困治理工作，尤其是党的十八大以来，我国在扶贫工作上的人、财、物投入更是史无前例。2021 年 2 月 25 日，习近平总书记在全国脱贫攻坚总结表彰大会上向全世界庄严宣告"我国脱贫攻坚战取得了全面胜利"，标志着我国已经消除绝对贫困，全面进入小康社会。上述成绩的取得，是党中央、国务院正确决策的结果，也是对各级政府长期扶贫治理工作的检阅。

目前，学术界对我国的扶贫工作实践进行了不同的阶段划分，笔者在前人研究的基础上，将新中国成立以来的扶贫工作划分为：救济式扶贫、参与式扶贫、开发式扶贫、八七扶贫攻坚、整村推进式扶贫、集中连片和精准扶贫六个阶段。

一、救济式扶贫阶段（1949—1978）

救济式扶贫又称输血式扶贫，是中国几千年来"赈济灾荒"等社会福利思想的延续，是以财政补贴、低息或无息贷款、实物救济为主要手段的政策体系。新中国成立之初，全国百废待兴，各地基础设施薄弱，水灾、旱灾时有发生，为最大限度地降低灾情对生产生活的影响,国家财政投入了大量的救济经费和物资。同时,党和政府对农村中的"五保户"及贫困户采取救济政策(王爱云,2017)。1964年2月,内务部党组向中共中央提交的《关于在社会主义教育运动中加强农村社会保险工作,帮助贫下中农困难户克服困难的报告》中,第一次正式提出农村扶贫问题(李志铭,2015)。《当代中国》丛书编辑委员会主编的《当代中国的民政》(下)中的数据显示,1950—1954年,由民政部门统筹,各级政府向农民发放的救灾、救济费近10亿元;1955—1978年,国家用于救济农村贫困户的拨款达22亿元。除直接的资金投入外,提供低息或无息贷款、发放生产生活资料也是重要的扶贫手段。这一阶段的扶贫虽然在形式上具有突发性、偶然性,但在解决贫困户的生活困难、夯实新中国农业地盘、维护社会稳定等方面起到了积极作用。

二、参与式扶贫阶段(1979—1985)

改革开放以前,由于农业经营体制的限制,农民生产积极性不足,大面积贫困成为常态。有资料显示,1978年,按照当时的标准统计,我国贫困人口达到2.5亿人,占农村总人口的30.7%(李志铭,2015)。通过制度变革解放和发展生产力成为缓解贫困的主要路径。从1978年开始,农村土地制度改革与经济体制改革稳步推进,一方面农村土地制度实现了人民公社制度到家庭联产承包制的转变,极大地调动起了农民的生产积极性;另一方面经济体制由计划经济体制向市场经济体制转变,为富余农产品销售和剩余劳动力转移奠定了基础。1982—1985年,中央一号文件重点关注农业问题,大力推进包工、包产到户,鼓励富裕农产品交易和富裕劳动力进城务工。相较于前一阶段无偿的"输血式"扶贫,这一阶段的扶贫更加注重"造血",农民的积极性与参与性更高,对国家财政资金的依赖更小,其影响力和扶贫效果也更大。这一期间,我国农村地区的贫困人口急剧下降,从2.5亿人减少到1.25亿人,贫困发生率由30.7%下降到14.8%(李志铭,2015)。

三、开发式扶贫阶段(1986—1993)

随着土地制度和经济体制改革的深入推进,我国的生产关系得到优化、生产力进一步解放。一系列的改革促使我国20世纪80年代中后期的经济快速发展，与此同时，由于思想观念、资源禀赋、交通区位等差异导致的区域发展不平衡、收入差距加大的趋势日益明显，尤其是农村地区相对贫困人口数量占比较大。扶助发展相对滞后的地区和生产生活条件相对落后的个体成为这一时期的重要任务。1986年5月，国务院批准成立了专门的议事协调机构——国务院贫困地区经济发展领导小组（后改名为国务院扶贫开发领导小组），领导小组下设办公室，具体承担日常工作。与之相对应，省区市县级政府，也成立了各行政层级的扶贫开发领导小组和扶贫办，负责本地的扶贫开发工作。围绕扶贫的专门议事协调机构的成立，标志着我国的扶贫开发工作和政策制定有了统筹协调单位，为后续的开发式专项扶贫提供了组织保障。为最大限度地确保扶贫成效，结合我国县级行政组织在机构、公共管理职能、预算编制方面的优势，国家首次对贫困县进行分类界定，并将贫困县作为扶贫的主要单位。这一期间，按照当时的标准，有331个县被认定为贫困县。与此同时，扶贫工作被列入"七五"计划（1986—1990年国民经济和社会发展第七个五年计划），从此，我国开发式扶贫工作进入了一个全新的阶段。

四、八七扶贫攻坚阶段（1994—2000）

经过了前期救济式、参与式、开发式三个阶段的扶贫工作，我国的贫困问题得到有效缓解，贫困人口由1978年的2.5亿人减少到1993年的8000万人。虽然从数量上看，贫困人口数量大幅度减少，但这8000万贫困人口主要集中在国家级贫困县，地域上主要分布在中西部山区、库区以及革命老区和少数民族地区，针对上述贫困人口的扶贫工作难度较大。为进一步解决农村深层次的贫困问题、缩小地区间以及个体间的贫富差距，促成共同富裕目标的达成，我国的扶贫工作正式进入攻坚阶段。

1994年4月，国务院发布《国家八七扶贫攻坚计划（1994—2000年）》（国发〔1994〕30号）（以下简称《八七计划》），《八七计划》是新中国历史上第一次有明确目标、明确对象、明确措施和明确期限的扶贫开发行动纲领，旨在用7年左右的时间，基本解决8000万农村贫困人口的温饱问题。《八七计划》的主要目标任务侧重于解决贫困人口的温饱问题、加强基础设施建设、改变贫困地区教育文化卫生的落后状况等方面。这一阶段的扶贫资金投入去向以分布在中西部地区新认定的592个贫困县为主，除专项资金外，各相关部门根据中央部署分别与国家确定的贫困县进行结对帮扶，在资金、技术、人才等方面提供支持。例如，1994年，120个中央机关被分配到国定330个贫困县；1996年，国务院扶贫开发领导小组已组织东部15个经济较发达的省市和西部11个省（区、市）开展东西部扶贫协作。经过7年坚苦卓绝的攻坚，到2000年底，《八七计划》目标基本实现，农村贫困人口减少到3000万人，贫困发生率下降到3%左右（范小建，2013）。

五、整村推进式扶贫阶段（2001—2010）

《八七计划》以县为单位的扶贫攻坚取得了明显成效，初步解决了绝对贫困问题，缩小发展差距、调节收入不平等、提高发展能力成为这一时期面临的新问题。2001年6月，国务院印发《中国农村扶贫开发纲要（2001—2010年）》（国发〔2001〕23号）（以下简称《纲要》），《纲要》是这一时期我国农村扶贫开发工作的纲领性文件，确立了"尽快解决少数贫困人口温饱问题，进一步改善贫困地区的基本生产生活条件，巩固温饱成果，提高贫困人口的生活质量和综合素质，加强贫困乡村的基础设施建设，改善生态环境，逐步改变贫困地区经济、社会、文化的落后状况，为达到小康水平创造条件"的奋斗目标。

《纲要》确定以整村推进扶贫开发，规定扶贫项目立项时要以贫困村为单位。为配合《纲要》的实施，2001年国家在国定贫困县内确定了14.8万个贫困村，逐村制定包括基本生产生活条件、贫困农户收入等内容在内的详细扶贫规划。2011年11月16日，国务院新闻办发布的《中国农村扶贫开发的新进展》白皮书显示，截至2010年底，全国已在12.6万个贫困村实施整村推进；2001—2010年十年间，中央和地方各级政府逐步加大对扶贫的财政投入，累计投入扶贫资金2043.8亿元。

六、集中连片扶贫和精准扶贫阶段（2011—2020）

这一时期的扶贫工作又可以细分为两个阶段，即集中连片扶贫阶段（2011—2013）和精准扶贫阶段（2014—2020）。2011年12月，党中央、国务院发布了《中国农村扶贫开发纲要（2011—2020年）》（中发〔2011〕10号）（以下简称《纲要2》）。在经历了由片区到县，由县再到村的变迁后，《纲要2》明确将六盘山区、秦巴山区、武陵山区等11个集中连片特困地区作为扶贫攻坚主战场，扶贫工作进入中央和地方共同支持、跨省合作的新阶段。

《纲要2》虽没有提出"精准扶贫"的概念，但已经明确了"建立健全扶贫对象识别机制，做好建档立卡工作，实行动态管理，确保扶贫对象得到有效扶持"等相关内容，从而为后期的精准扶贫工作奠定了基础（张涛，姚慧芹，2020）。2013年11月，习近平总书记到湖南湘西考察时首次做出了"实事求是、因地制宜、分类指导、精准扶贫"的重要指示。随后，中共中央办公厅、国务院办公厅先后围绕顶层设计、工作机制等出台相关文件，推动"精准扶贫"思想落地。2014年1月，中共中央办公厅、国务院办公厅印发了《关于创新机制扎实推进农村扶贫开发工作的意见》（中办发〔2013〕25号）（以下简称《意见》）。《意见》指出要"建立精准扶贫工作机制。国家制定统一的扶贫对象识别办法。……按照县为单位、规模控制、分级负责、精准识别、动态管理的原则，对每个贫困村、贫困户建档立卡，建设全国扶贫信息网络系统"。至此，我国的扶贫开发工作全面进入"精准扶贫"阶段。2021年2月25日，习近平总书记向全世界庄严宣告"我国脱贫攻坚战取得了全面胜利"，标志着我国的精准扶贫工作取得了决定性胜利。❶

第二节 精准扶贫的提出背景

2007年1月，时任浙江省委书记的习近平在基层调研时强调，要坚持"真扶贫、扶真贫"，实施"进村入户、抓低促面"的帮扶机制，切实把帮扶工作做到村、做到户、做到人。❷ 2012年12月底，习近平总书记在考察河北省阜平县的扶贫开发工作时强调"推进扶贫开发、推动经济社会发展，首先要有一个好思路、好路子。要坚持从实际出发，因地制宜，厘清思路、完善规划、找准突破口。"❸ 2013年11月，习近平总书记在湖南湘西土家族苗族自治州花垣县十八洞村考察时再次强调"我们在抓扶贫的时候，切忌喊大口号，也不要定那些好高骛远的目标。把工作做细，实事求是、因地制宜、分类指导、精准

---

❶ 中国政府网. 政务. http://www.gov.cn,2021-02-25.
❷ 习近平. 坚持真扶贫 把帮扶做到村做到户做到人 [N]. 浙江时报，2007-1-24.
❸ 中国政府网. 政务. http://www.gov.cn,2021-02-15.

扶贫。"❶2015年11月，习近平总书记在中央扶贫开发工作会议上发表重要讲话，围绕"扶持谁""谁来扶""怎么扶""如何退"等问题系统阐述精准扶贫、精准脱贫方略。❷习近平精准扶贫思想从萌芽、提出到完善的过程，也是我国扶贫开发工作实践不断深入推进的过程，习近平精准扶贫思想的实践，标志着我国的扶贫工作由大水漫灌式的项目扶贫转向精准扶贫（罗平汉，2021）。精准扶贫思想不是凭空而来的，其产生、发展一方面是在中国特色社会主义理论体系中进行的，另一方面也是针对当前经济社会特征等现实状况提出的（唐任伍，2015）。

一、历史使命

1997年9月，党的十五大报告首次提出"两个一百年"的奋斗目标，即在中国共产党成立一百年时全面建成小康社会，在新中国成立一百年时建成富强民主文明和谐美丽的社会主义现代化强国。此后，党的十六大、十七大均对两个一百年奋斗目标作了强调和安排。小康社会是中国人民对美好生活的渴望，是中国特色社会主义的本质体现，同时也是中国共产党为之奋斗的目标。我国过去历年推进的扶贫工作虽然在消除大面积集中连片绝对贫困、减少贫困人口方面发挥了积极作用，但更多深层次的贫困问题依然存在。鉴于中国贫困地区和贫困人口现状，全面建成小康社会的重点仍然是消除国家现行标准下的绝对贫困人口。2012年11月，党的十八大描绘了全面建成小康社会、加快推进社会主义现代化的宏伟蓝图，此时距离2021年全面建成小康社会不到10年时间，因此在扶贫上需要有更加精准务实的举措。2014年10月17日（中国首个"扶贫日"），习近平总书记在全国社会扶贫开发工作电视电话会议上强调"全面建成小康社会，最艰巨最繁重的任务在贫困地区"。❸与此同时，习近平总书记将扶贫工作纳入"四个全面"战略布局，强调"没有农村的小康，特别是没有贫困地区的小康，就没有全面建成小康社会"。在全面建成小康社会最为关键的时期，扶贫工作需要更加科学的思想予以指导，需要更加务实的行动予以保障，精准扶贫思想在这一特殊背景下不断发展完善，成为习近平新时代中国特色社

---

❶ 新华网. http://www.news.cn,2013-11-3.
❷ 中共中央党史和文献研究院. 习近平扶贫论述摘编[M]. 北京：中央文献出版社，2018.
❸ 新华网. http://www.news.cn,2014-10-17.

会主义思想的重要组成部分。

二、现实需求

长期以来，我国的扶贫开发多以区域为单元、以项目为手段，这些做法在减贫方面发挥了积极作用，为我国全面建成小康社会打下了较好的基础。但同时也暴露出一些问题，例如：贫困人口识别方面存在底数不清、原因不明情况；扶贫措施精准度不够导致减贫效率不高；大水漫灌式的扶贫资金投入导致贫困户增收甚微等。与此同时，长期的扶贫开发促使贫困人口大幅度减少的同时，区域性、综合性和复杂性"三性叠加"的深度贫困问题仍然比较突出。现存的贫困人口分布相对分散，致贫原因复杂，返贫现象多发，部分困难群众减贫难度大。如何尽快补齐贫困地区贫困人口这块"短板"，事关能否全面建成小康社会的全局（罗平汉，2021）。因此，推动我国扶贫开发领域改革创新迫在眉睫，从源头上精准识别、从致贫原因上精准分析、从帮扶措施上精准施策成为当务之急。

三、经济基础

扶贫工作的有效推进，需要有充足的资金保障，越是到了攻坚阶段，深层次的贫困问题越发突出，对资源保障的要求就越高。2022年3月31日，财政部、国务院发展研究中心与世界银行共同发布的《中国减贫四十年：驱动力量、借鉴意义和未来政策方向》报告显示：脱贫攻坚8年期间，中央、省市县财政专项扶贫资金累计投入近1.6万亿元，其中中央财政累计投入6601亿元。体量巨大的扶贫资金投入，需要有稳定的经济发展作为保障。国家统计局相关资料显示，2010年，我国GDP、人均GDP以及全国财政收入分别为：412119.3亿元、3.0808万元和83101.51亿元；2020年，我国GDP、人均GDP以及全国财政收入分别为：1013567.0亿元、7.1828万元和182913.88亿元。由此可见，10年间各项指标均实现了翻番。良好的经济基础和稳定的财政收入为精准扶贫的实施提供了物质保障。

第三节 精准扶贫的组织保障与主要任务

一、精准扶贫的组织保障

(一) 领导机构

精准扶贫的实施除了需要强大的资源保障外，组织保障也至关重要。扶贫开发领导小组办公室(以下简称"扶贫办")是各级政府议事协调机构"扶贫开发领导小组"的日常工作部门(全面脱贫以后，已经撤销建制)。国务院扶贫开发领导小组对应国务院扶贫办，主要负责拟定扶贫开发的法律法规、方针政策和规划；审定中央扶贫资金分配计划；组织调查研究和工作考核；协调解决扶贫开发工作中的重要问题；调查、指导全国的扶贫开发工作；做好扶贫开发重大战略政策措施的顶层设计。省扶贫开发领导小组对应省扶贫办。2015年11月29日出台的《中共中央 国务院关于打赢脱贫攻坚战的决定》(中发〔2015〕34号)中指出，要强化脱贫攻坚领导责任制，实行中央统筹、省(自治区、直辖市)负总责、市(地)县抓落实的工作机制。同时，要充分发挥各级党委统揽全局、协调各方的领导作用，严格落实省、市、县、乡、村五级书记抓脱贫攻坚的制度。各级部门的主要职责如图3-1、图3-2所示。

(二) 参与主体

精准扶贫是一个多方参与的系统工程，人、财、物投入方面虽以政府部门为主，但也离不开社会力量的参与。各级相关部门各司其职、共同发力。为了充实基层扶贫工作力量，增进上级部门与贫困村、贫困户的联系，促进各项扶贫政策落地，各省(区、市)建立了干部驻村工作制度，确保每个贫困村都有驻村帮扶工作队，每个贫困户都有帮扶责任人。驻村工作队协助村两委制订帮扶计划、统筹帮扶资源、协调帮扶资金使用等，同时督促帮扶项目实施。

精准扶贫各级部门职责组织脉络

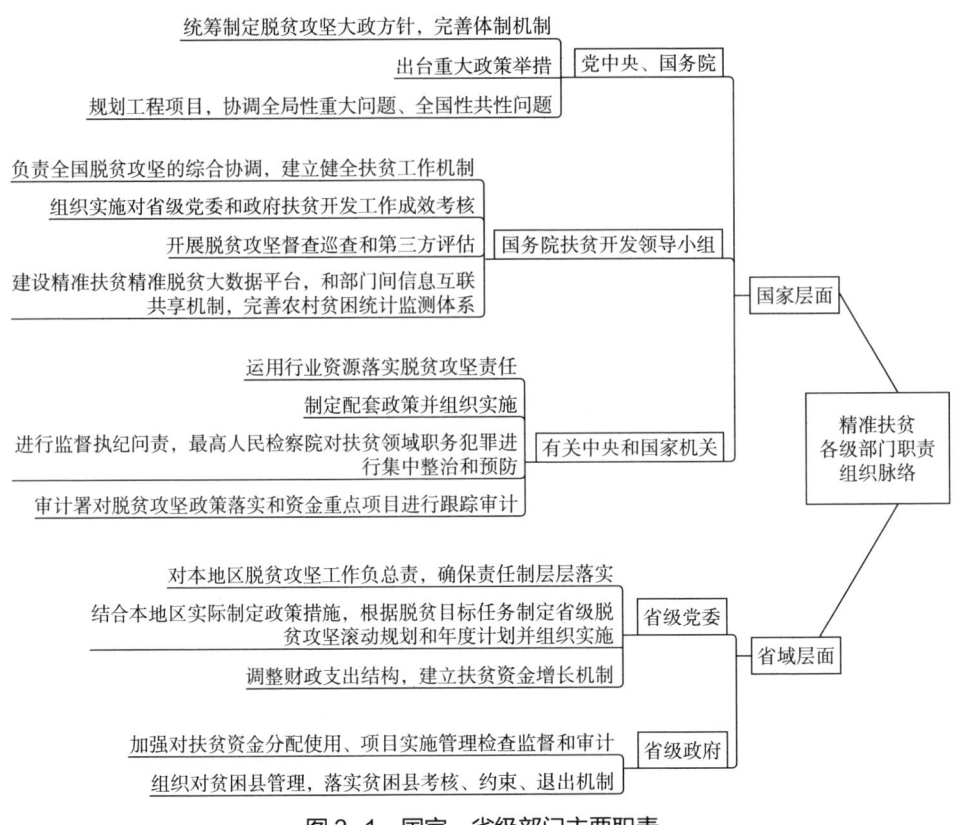

国家层面

党中央、国务院
- 统筹制定脱贫攻坚大政方针，完善体制机制
- 出台重大政策举措
- 规划工程项目，协调全局性重大问题、全国性共性问题

国务院扶贫开发领导小组
- 负责全国脱贫攻坚的综合协调，建立健全扶贫工作机制
- 组织实施对省级党委和政府扶贫开发工作成效考核
- 开展脱贫攻坚督查巡查和第三方评估
- 建设精准扶贫精准脱贫大数据平台，和部门间信息互联共享机制，完善农村贫困统计监测体系

有关中央和国家机关
- 运用行业资源落实脱贫攻坚责任
- 制定配套政策并组织实施
- 进行监督执纪问责，最高人民检察院对扶贫领域职务犯罪进行集中整治和预防
- 审计署对脱贫攻坚政策落实和资金重点项目进行跟踪审计

省域层面

省级党委
- 对本地区脱贫攻坚工作负总责，确保责任制层层落实
- 结合本地区实际制定政策措施，根据脱贫目标任务制定省级脱贫攻坚滚动规划和年度计划并组织实施
- 调整财政支出结构，建立扶贫资金增长机制

省级政府
- 加强对扶贫资金分配使用、项目实施管理检查监督和审计
- 组织对贫困县管理，落实贫困县考核、约束、退出机制

图 3-1 国家、省级部门主要职责

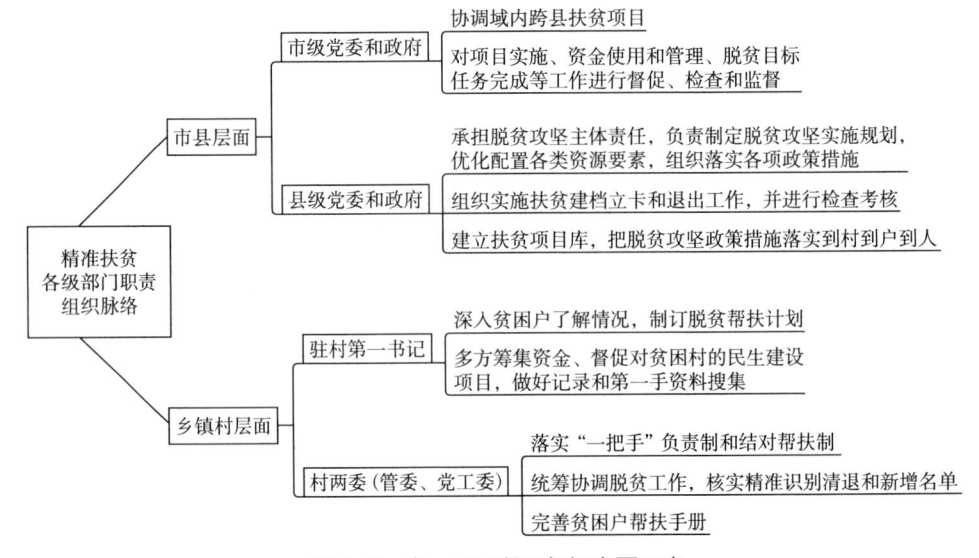

市县层面

市级党委和政府
- 协调域内跨县扶贫项目
- 对项目实施、资金使用和管理、脱贫目标任务完成等工作进行督促、检查和监督

县级党委和政府
- 承担脱贫攻坚主体责任，负责制定脱贫攻坚实施规划，优化配置各类资源要素，组织落实各项政策措施
- 组织实施扶贫建档立卡和退出工作，并进行检查考核
- 建立扶贫项目库，把脱贫攻坚政策措施落实到村到户到人

乡镇村层面

驻村第一书记
- 深入贫困户了解情况，制订脱贫帮扶计划
- 多方筹集资金、督促对贫困村的民生建设项目，做好记录和第一手资料搜集

村两委（管委、党工委）
- 落实"一把手"负责制和结对帮扶制
- 统筹协调脱贫工作，核实精准识别清退和新增名单
- 完善贫困户帮扶手册

图 3-2 市、县及以下部门主要职责

二、精准扶贫的主要任务

2015年11月，习近平总书记在中央扶贫开发工作会议的重要讲话中系统阐述了精准扶贫、精准脱贫方略，并进一步明确了精准扶贫的主要任务，即要解决好"扶持谁""谁来扶""怎么扶""如何退"的问题。❶

(一) 解决好"扶持谁"的问题，就是要把精准识别工作做好

弄清扶贫的目标对象是做好精准扶贫工作的第一步，精准识别就是要把贫困人口分布的区域、贫困人口数量、具体致贫原因弄清楚，通过建档立卡工作实现对贫困人口的动态管理。建档立卡是指在全国范围内建立贫困户、贫困村镇、特困地区的电子信息档案。为了做好该项工作，国务院扶贫办制定了《扶贫开发建档立卡工作方案》(国开办发〔2014〕24号)，明确贫困户、贫困村的识别标准、方法和程序，并负责省级培训、监督检查和考核评估工作。同时，国务院制定并组织实施全国扶贫开发信息化规划和建设方案，在整合扶贫办原有信息系统的基础上，建立全国统一的"全国扶贫开发信息系统"(又称"贫困户建档立卡信息系统"，全面脱贫后，该系统升级为"全国巩固脱贫攻坚成果和防返贫监测信息系统")。为确保相关信息的准确性，各地向贫困地区发放《扶贫手册》，通过实地查考、入户算账等各种方法对贫困户和贫困村进行精准识别。

精准识别是一个复杂的系统性工作，需要调查了解的信息包括家庭成员情况、收入情况、生产生活条件等方面。以收入核算为例，家庭种植经济作物产出、养殖家禽的产出是一个动态的过程，数量和价格都在不断变化，从而给入户算账增加了难度。同时，如果家里有外出务工人员，尤其是临时用工，其月收入如何计算，也是个难题。因此，在实际操作中也会采用推算、比照等方法，为此国家扶贫开发信息系统也允许各地在特定的时期对贫困信息进行动态调整。

各地为了做好精准识别工作也做出了积极努力。笔者所在的团队，先后参与了多个贫困村的全员信息核查工作，其目的就是确保基础信息的准确性。结合信息核查中的所见所闻，在总结相关经验的基础上，笔者对做好精准识别工作提出以下建议：一是要进一步厘清贫困户的基本信息，剔除错评的贫困户，完善程序有瑕疵的贫困户，新增应当纳入的贫困户，做到贫困户的识别精准。二是要深刻领会"内源扶贫"的重要思想，改变干部帮扶主要以送钱送物等慰

---

❶ 中共中央党史和文献研究院. 习近平扶贫论述摘编[M]. 北京：中央文献出版社，2018.

问的方式，坚持"扶贫先扶志""扶贫必扶智"，化解贫困户与贫困户之间、贫困户与非贫困户之间、贫困户与村两委之间的矛盾，激发贫困户自我发展的内生动力，摆脱"等靠要"思想，切实进一步提高干部帮扶效果和满意度。三是要进一步加强村档和户档的建设工作。贫困户一户一档、扶贫手册、村级档案、乡镇级档案等也是精准扶贫工作的重要内容。为此，建议进一步做好村级档案的建设工作，按照"五个一批"完善村级档案建设；高度重视贫困户一户一档的建设工作，贫困户家里要有《扶贫手册》，《扶贫手册》信息填写要清楚、准确和详细，做到档案齐全、归类明晰，记录详细、清楚。四是进一步加强对精准扶贫政策的宣传和贯彻落实工作。重点加强对脱贫户和非贫困户精准扶贫政策的宣传工作，重点解答农户提出的政策性问题，及时兑现精准扶贫政策的内容，避免因政策兑现不及时导致的贫困户对党和国家精准扶贫政策的不理解、不信任。

（二）解决好"谁来扶"的问题，就是要把工作机制理顺

《中共中央 国务院关于打赢脱贫攻坚战的决定》中明确要实行中央统筹、省（自治区、直辖市）负总责、市（地）县抓落实的工作机制。同时，为确保相关工作推进扎实有效，就需要有相关的制度保障，具体实施中要分工明确、责任清晰、任务到人、考核到位。一是建立干部驻村工作制度。通过制度，确保每个贫困村都有对应的驻村帮扶工作队，每个贫困户都有帮扶责任人。同时在驻村干部选拔、培训、管理、考核方面进行详细规定，实现驻村干部帮扶工作长期化、制度化、规范化。二是开展驻村干部选拔工作。通过个人报名、组织推荐等各种方式，选拔工作责任心强、基层工作经验丰富的中青年干部充实到扶贫干部队伍中。三是落实帮扶职责。驻村工作队负责协助村两委摸清贫困底数，分析致贫原因，制订帮扶计划，统筹帮扶资源，协调帮扶资金使用，督促帮扶项目实施；帮扶干部在村两委和驻村工作队的指导和协助下，与贫困户"结对认亲"，深入一线了解贫困户基本情况，并采取针对性措施助力贫困户脱贫致富。

（三）解决好"怎么扶"的问题，就是要理清致贫原因做到精准施策

弄清致贫原因是做好精准帮扶的前提条件，因此要结合贫困地区和贫困人口的具体情况，精准施策、分类施策。致贫原因包括内部因素和外部因素两个方面。其中，内部因素主要包括受教育程度低、致富手段缺乏、劳动能力缺乏、内生动力不足等；外部因素包括自然条件恶劣、生产生活条件保障不足、交通不够便利、当地总体经济落后等。

在厘清致贫原因以后，针对贫困地区和个人的需求，实施"五个一批"工程，即发展生产脱贫一批、易地搬迁脱贫一批、生态补偿脱贫一批、发展教育脱贫一批、社会保障兜底一批。一是鼓励有条件有能力的贫困户充分利用当地资源优势，积极发展生产，通过自己的双手就地实现脱贫。二是对自然条件恶劣的地区（例如石漠化、缺水等），因为无法从事农业生产，无法就地实现脱贫，通过搬迁到其他适宜生产生活的地区，进而实现脱贫。三是加大对低收入地区的生态保护和修复力度，增加对重点生态功能区的转移支付，扩大政策实施范围，使有劳动能力的贫困人口迅速转化到护林员等公益性岗位。四是资助贫困地区发展基础教育和职业教育，支持贫困社区改善教育环境，通过教育提高贫困户家庭的文化水平，进而通过子女进城就业等带动贫困户脱贫。五是将缺乏生活保障的孤寡老人、残障人士、孤儿等统一纳入社会保障范围，由政府每年发放补助金，保障其基本生活和基本医疗需求。

（四）解决好"如何退"的问题，就是要做好脱贫验收工作

扶贫的最终目的是要帮助贫困户脱贫，实现全面建成小康社会的宏伟目标。为确保精准脱贫，需要制定详细的时间表、路线图，实行逐户销号，稳步有序退出，最终实现"不落一人"的目标。为此，国家确定了采用第三方评估的方式开展脱贫验收工作。

第四节　精准脱贫第三方评估

一、第三方评估工作流程及考核内容

（一）第三方评估工作流程

精准扶贫是我国新时代贫困治理的重要举措，是我国全面建成小康社会的关键一步，同时也是我国扶贫开发理论与实践的重大转型。为最大限度地避免人为干扰，客观、公正地评价扶贫开发工作成效，党中央提出实行"最严格的考核评估"制度，并由国务院扶贫开发领导小组委托有关科研机构和社会组织，

自2016年起开展扶贫开发工作成效第三方评估（刘彦随，2020）。我国精准扶贫成效第三方评估是一项复杂的系统工程，其规模、难度、影响等在全球贫困治理历程中史无前例。第三方评估工作中的三方，具体而言：第二方为上一级政府扶贫开发领导小组（以下简称"领导小组"），由领导小组公开发布评估任务；第三方为受第二方委托独立开展评估工作的高校、科研院所等；第一方为下一级地方党委和政府。

第三方受第二方的委托，对第一方执行扶贫开发政策情况进行评估，主要工作流程包括：①任务发布。第二方根据年度脱贫攻坚目标公开发布评估工作任务。②任务承接。接到第二方公开发布的任务后，高校或科研院所制订详细的评估方案和实施细则，通常通过公开竞标的方式获取参与评估的机会，承接具体评估任务。③签订合同。任务发布方与第三方签订委托合同，约定评估任务、明确具体要求，并向第三方支付费用。④项目实施。第三方根据评估任务量的大小、完成时限长短、提交成果要求等，组建评估专班、研制评估标准、开展评估培训、组织入户调查、撰写评估报告等。⑤成果发布与应用。第三方在第二方的指导下，反复完善评估报告，经上级主管部门认可后予以发布，参考评估结果奖励先进、激励后进，并为下一年的精准扶贫工作提供借鉴。

（二）第三方评估的考核内容

国家层面的第三方评估主要考核"两率一度""两不愁、三保障"等方面，其中，"两率一度"具体指贫困人口识别准确率、贫困人口退出准确率、帮扶工作群众满意度三个指标；"两不愁"指稳定实现农村贫困人口不愁吃、不愁穿；"三保障"指保障其义务教育、基本医疗和住房安全。据中国网报道，截至2021年2月25日，中国现行标准下9899万农村贫困人口全部脱贫，832个贫困县全部摘帽，12.8万个贫困村全部出列，区域性整体贫困得到解决，完成了消除绝对贫困的艰巨任务，"两不愁、三保障"全面实现。

二、第三方评估的实施——以H地区为例

（一）评估指标及访谈提纲设计

从2016年国家启动精准扶贫第三方评估以来，为有效检阅扶贫成效、促成全面脱贫目标的达成，国家和地方各级政府先后开展了多层级的第三方评估工作。国家和省级层面每年开展一次，有些地方结合实际尝试进行年度、半年和

季度考评。评估流程、标准、方式在具体的评估工作中不断完善。多层级、多频次的第三方评估工作虽然有利于总结经验、促进扶贫工作,但也给地方政府和各级基层组织带来了较大的负担,后来仅仅保留了国家和省级层面的评估工作。

2016—2018年,笔者所在的团队先后承担了H地各级(包含:市、县、乡镇、村等多个层面)精准扶贫第三方评估任务20余项,为地方政府提供了近100万字的评估报告和咨询报告,再现了精准扶贫一线的工作历程,总结了扶贫一线的工作经验,为当下的乡村振兴工作奠定了基础。以下评估指标的设计以H地区开展的第三方评估为依据。

1. 贫困村出列第三方评估主要指标

贫困村出列主要考核"四确保""九有"和"出列管理"三个方面。其中,"四确保"包括贫困户脱贫和村集体经济收入两个二级指标,具体考核:贫困户脱贫情况、居民人均可支配收入、集体经济收入以及基础设施和生产生活条件、基本公共服务等内容。该项为否决指标,不达标则该村不能出列。"九有"包括:产业、饮水、农村电网、通村公路、广电宽带网络、教育文化活动阵地、医疗保障、党员群众服务中心、住房保障9个方面,评估小组根据各项目实施难度及当年的考核重点,分别确定具体分值,完成的计满分,没完成的不得分。"出列管理"包括:脱贫验收程序、脱贫档案资料两个二级指标,重点考查程序合规性以及档案资料的完整性、规范性。综合得分在90分以上(含90分)认定为村出列。具体指标情况参见附件相关内容。

2. 贫困户脱贫第三方评估主要指标

贫困户脱贫主要考核"一有""两不愁""七保障""知晓率""满意度""规范性"六个方面。其中,"一有"侧重于经济收入方面,包括:收入来源、人均纯收入两个二级指标。"两不愁"包括"吃"和"穿"两个方面,具体考查点为:家庭成员一日三餐是否有保障,是否能定期补充一定的肉、蛋、豆制品等必需营养物质,是否能自主购买或通过家属购买衣物,是否有换季衣物、有过冬棉被。"七保障"包括:义务教育、医疗、安全住房、安全饮水、用电保障、养老和残疾人员保障、低保五保保障等,其中最后两项主要由政府兜底,重点考查政策落实情况。"知晓率"主要考查精准扶贫政策宣传执行情况。"满意度"主要考查帮扶成效群众是否满意。"规范性"主要考查退出程序合规性和档案管理规范性两个方面。综合得分90分以上(含90分)为脱贫,一票否决单项否全部。

具体指标情况参见附件。

3. 贫困户和非贫困户入户调查主要指标

为获得真实具体的一线调查数据,在入户调查中,需要设计更加具体准确的考查指标。限于篇幅,本部分不再赘述,具体指标情况参见附件。为进一步验证贫困户脱贫和贫困村出列情况,评估中增加了对非贫困户的调查内容,通过对调查结果的横向和纵向比较,有利于了解该村的扶贫工作全貌,为制定更具针对性的后续帮扶措施提供参考。

4. 访谈提纲设计

除了针对村、贫困户、非贫困户的调查外,笔者另外对县、乡镇分管领导以及驻村干部进行一对一访谈。内容包括基本情况知晓、具体措施和意见建议等方面。详细指标参见附件相关内容。

(二) H 地区精准扶贫第三方评估实例

为了原汁原味地展示精准扶贫第三方评估工作,本部分以笔者团队在 H 地区开展精准扶贫第三方评估工作为例来进行详细介绍。2017 年年底,笔者团队受 H 地区人民政府扶贫开发办公室的委托,按照国家、省、市脱贫出列标准对该地区 9 个贫困村 12 个一般村贫困人口退出、贫困村出列情况进行了第三方评估。2020 年年底,H 地区已实现全部脱贫,扶贫工作顺利通过国家验收。以下数据仅仅是 H 地区当年扶贫工作的部分体现(考虑到调查条件局限、问题回答的主观性等),在本著作中仅仅作为研究所用,不作为其他任何部门考核、评价的依据。

1. 评估的总体情况

①贫困人口退出评估情况。本次共随机抽取 2017 年脱贫户 221 户入户进行核查验收,占该地区 2017 年脱贫总户数 1101 户的 20%。②贫困村退出评估情况。对 H 区 2017 年 9 个出列村通过访谈、入户核查、现场查看等形式,对照村出列"四有九确保"进行了脱贫出列综合评估。9 个村共随机抽取脱贫户 330 户进行入户核查,其中 2017 年脱贫户 221 户,2014—2016 年脱贫户 109 户。③卡外户走访评估情况。本次评估同时对卡外户进行了随机走访访谈,通过了解卡外户对精准扶贫政策知晓和满意度情况,对全区户脱贫、村出列脱贫成效进行综合评判,共随机抽取非贫困户 76 户。

2. 评估结果分析

(1) 贫困户基本情况。在本次调查的 330 户贫困户中，家庭常住人口与贫困户档案信息、户籍信息不一致的有 58 户，其中 2017 年预脱贫贫困户 40 户，已脱贫贫困户 18 户。经调查，获得产业奖补的贫困户有 151 户，占调查贫困户总户数的 45.75%，平均奖补金额为 1588 元，奖补的类别主要有：养猪、养鸡、务工、种植等补贴。在调查的 330 户贫困户中，享受易地扶贫搬迁的户数有 221 户 713 人，其中集中安置 188 户，分散安置 32 户，货币化安置 1 户。在调查的 330 户贫困户中，有轿车的 3 户，占比 0.9%；有空调的 12 户，占比 3.63%；有冰箱的 130 户，占比 39.39%；有电视机的 200 户，占比 60.6%。在调查的 330 户贫困户中，有小产权房的 12 户，占比 3.63%。

(2) 生产生活条件。在调查的 330 贫困户中，有 213 户加入了农民合作社，占比 63.6%。通生产用电的 298 户，占比 90.3%，全部通生活用电。全年用电量平均为 645.9 度，全年电费平均为 375 元。有小额贷款的 26 户，占比 7.88%。家中通固定宽带的 237 户，占比 71.81%。家中通电视的 308 户，占比 93.33%；家中有无线网络信号的 251 户，占比 76.06%。入户道路为沥青路 1 户，占比 0.3%；水泥路的 285 户，占比 86.36%；泥土路的 36 户，占比 10.9%；砂石路的 8 户，占比 2.42%。自己认为饮水有困难的有 4 户，占比 1.21%。广大农户主要燃料情况是：柴草 246 户，占比 74.54%；清洁能源 56 户，占比 16.96%；煤炭 18 户，占比 5.45%，其他 10 户，占比 3.03%。

(3) 减贫成效及满意度。在调查的 330 户贫困户中，有 302 户认为 2017 年人均纯收入增加了，占比 91.51%，有 17 户认为没有增加，占比 5.15%，有 11 户不清楚，占比 3.33%。贫困户对年收入的满意情况如下：很满意的 153 户，占比 46.36%，比较满意的 171 户，占比 51.81%，不满意的 3 户，占比 0.9%，说不清的 3 户，占比 0.9%。

(4) "两不愁三保障"情况。在调查的 330 户贫困户中，"两不愁"率为 100%。贫困户中家庭成员中没有因贫辍学现象发生，教育保障率为 100%。贫困户家庭成员医保参保率为 100%。有 3 户反映存在符合条件的家庭成员没有全部参加养老保险的情形，养老保险参加率 99.09%。有 70 户反映因重大疾病住院，70 户反映享受了大病救助政策，享受大病救助的比率为 100%。8 户反映现居住房屋有跑风漏雨、水淹开裂等情形，6 户反映目前没有保障住房或住房人均面积在20平方米以下，目前安全住房保障率为98.18%。

（5）精准识别分析。经调查，在330户贫困户中，发现有4户贫困户疑似识别不精准，精准识别率为98.78%。在调查的330户贫困户中，均制订了脱贫方案，在调查中没有发现符合贫困户条件但未纳入贫困户的，也没有发现不符合贫困户条件但却被纳入贫困户的。

（6）精准退出分析。在调查的109户2014—2016年已脱贫困户中，没有退出不精准的，贫困户退出精准率为100%。

（7）帮扶措施分析。在调查的330户贫困户中，入户后对贫困户开展帮扶的有326户，有3户反映入户后对贫困户没有开展帮扶，入户开展帮扶的比率为99.09%。帮扶的主要措施是：产业帮扶（20.4%）、易地扶贫搬迁（16.3%）、医疗政策帮扶（14.3%）、外出务工帮扶（13.2%）、生活资助（8.3%）、饮水帮扶（8.0%）、教育扶持（5.1%）、五保低保（4.9%）、心理帮扶（4.1%）、其他帮扶（2.7%）、小额信贷（1.7%）、技术帮扶（1.0%），详见图3-3。入户后反映帮扶措施不精准的有1户，措施精准率为99.69%。

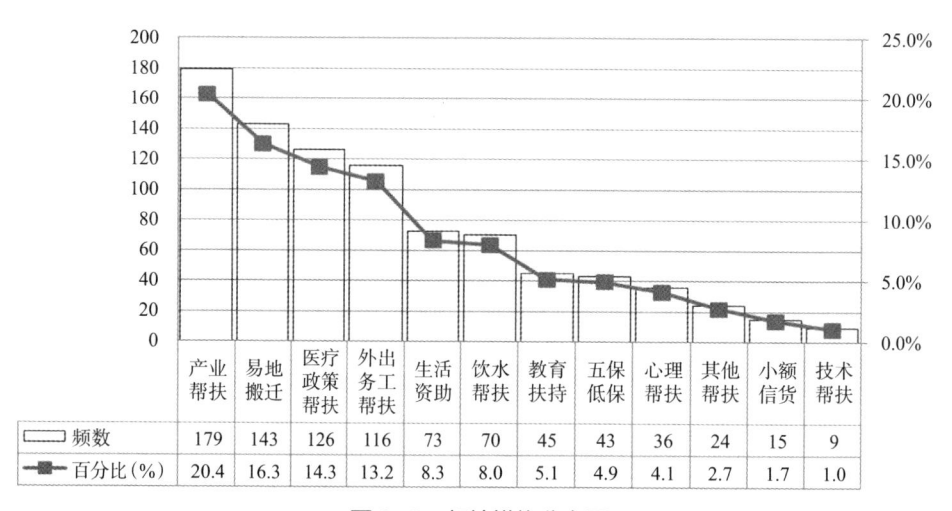

	产业帮扶	易地搬迁	医疗政策帮扶	外出务工帮扶	生活资助	饮水帮扶	教育扶持	五保低保	心理帮扶	其他帮扶	小额信贷	技术帮扶
频数	179	143	126	116	73	70	45	43	36	24	15	9
百分比(%)	20.4	16.3	14.3	13.2	8.3	8.0	5.1	4.9	4.1	2.7	1.7	1.0

图3-3　帮扶措施分布图

此外，对帮扶措施不认可的有1户，帮扶措施认可率为99.69%，对帮扶成效不满意的0户，帮扶成效满意度为100%。

（8）三留守人员关爱分析。在调查的406户农户（330户贫困户与76户非贫户）中，家里有留守老人的61户，占比15.02%，有留守妇女的6户，占比

1.47%，有留守儿童的5户，占比1.23%。家里的留守老人得到政府的救助的有56户，占比91.8%。家里的留守妇女获得生产生活方面帮扶的6户，占比为100%；家里的留守儿童参与"希望公益项目"（希望家园、希望小学、希望之星、圆梦行动、希望书屋）的有5户，占比100%。

（9）群众满意度分析。在调查的406户农户（含330户贫困户与76户非贫困户）中，均知道有扶贫工作队，知晓率为100%，对工作队满意的有399户，有5户不满意，对驻村工作队的满意度为98.27%。在调查的330户贫困户中，均知道有帮扶干部，2017年帮扶干部平均入户6.7次，入户较少的帮扶干部有7人（指入户次数不足3次的），占比2.12%；干部帮扶满意度为100%；群众对驻村工作队和帮扶干部的综合满意度为99.13%。

（10）政策知晓情况分析。在调查的406户农户中（330户贫困户与76户非贫困户），均知晓精准扶贫，知晓率为100%；有405户知晓精准扶贫政策，有1户不知晓，政策知晓率为99.75%；对脱贫攻坚政策认可的403户，不认可的有2户，对脱贫攻坚政策认可率为99.26%。知晓贫困户的评选、退出组织召开了会议的比率为100%。认为评选结果公平的有403户，有3户认为评选结果不公平，认为评选结果公平的比率为99.26%。在调查的330户贫困户中，均知晓自己是贫困户，知晓率为100%。有329户知晓自己何时脱贫，有1户不知晓，脱贫知晓率为99.69%。

（11）群众认可度分析。经初步统计，对脱贫攻坚政策认可度为99.26%，帮扶措施认可度为99.69%，对帮扶成效认可度为100%，对脱贫退出的认可度为98.48%。综合对脱贫攻坚政策不认可的3户、对帮扶措施不认可的1户、对脱贫退出不认可的5户，累计有9户群众不认可的，因此群众认可度为97.27%。

3. 主要成绩及问题

H地区领导高度重视精准扶贫工作，区精准扶贫作战指挥部和各乡镇街道努力工作，积极整改，取得了明显的成绩：①9个出列村均可以出列；②全区和各乡镇街道的贫困发生率均在2%以内；③一些数据指标完成得较好，如"两不愁"率为100%，教育保障率为100%，医保参保率为100%，大病救助率为100%，脱贫措施落实率为100%，对帮扶成效认可度为100%，对留守妇女和儿童的关爱率为100%，对干部帮扶满意度为100%，贫困户知晓自己是贫困户的比率为100%。

虽然，H地区的减贫脱贫工作取得了很大的成绩，但也存在一些不足和问题，主要如下：第一，仍然有 7 户贫困户在 2017 年不能脱贫。不能脱贫的主要原因是收入和住房问题。第二，仍然有 60 户贫困户的家庭常住人口信息与贫困户档案信息、户籍信息不一致，主要原因是贫困户建档立卡信息更新不及时。第三，一些指标仍然不太理想。如精准识别率、精准退出率、帮扶措施精准率、对驻村工作队的满意度、对脱贫攻坚政策认可度、帮扶措施认可度、对脱贫退出的认可度、群众认可度等均没有达到 100%，对留守老人关爱和救助的比率相对较低。

（三）关于精准扶贫第三方评估工作的思考

为进一步巩固脱贫成效、助力全面脱贫，笔者结合工作实际，从思想认识、迎评执行、成效巩固三个方面建议如下：

1. 思想认识层面

第一，要正确看待第三方评估工作。第三方评估的首要属性是政治性，虽然各级、各界对第三方评估有部分诟病，但就现实情况而言，尚没有比第三方评估更好的检阅脱贫成效的方法，因此在新的替代方案没出现之前，就需要习惯和适应第三方评估。如果带着怨气开展工作、接受评估，结果是可想而知的。第二，要正确理解第三方评估结论。第三方评估既有科学性（例如入户算账、两不愁、三保障等），又有艺术性和主观性（例如，认可度、知晓率等），加上评估抽样的随机性、评估时间的有限性、评估人员的知识储备以及兴趣点的差异性等，导致评估结果与现实有一定差距，甚至会出现自评成绩好、第三方评估成绩差以及各地心知肚明的问题却没有发现等问题，上述是无法避免的。因此，唯有夯实基础、下足"绣花"功夫，方能以不变应万变。第三，要合理运用第三方评估结果。第三方评估的主观性和调查样本的随机性决定了考核结果的不完整性，有很多基础工作、典型做法在评估指标中无法体现，加上各地各村贫困户的体量、贫困程度的深浅均有差异。因此，建议将第三方评估结果作为一个重要的考核指标，但不能作为唯一指标，其权重可根据各地考核需要自行调整。除此之外，各乡镇中贫困户的数量越多，扶贫工作难度越大，暴露的问题也越多，考核中可以单独设置一个"有效脱贫数量"指标，以脱贫户数（或人口数）最大的乡镇作为参照（计满分），其他乡镇的得分权重为该乡镇脱贫数量与参照乡镇的比值。

2. 迎评执行层面

第一，乡镇及村干部迎评配合"度"的把握。对于迎评工作的准备，不能不管不问，也不能如临大敌。笔者发现，评估中有的地方准备不足、配合不够，但少数地方出现了极端现象，例如乡镇领导班子成员全部出马、一个调查员有5人以上陪同，有的村干部直接帮贫困户回答问题等，上述现象都是不适应第三方评估的表现，需要进一步改进。第二，贫困户迎评配合"度"的把握。少数地方抽到的贫困户回答问题格式化程度高，极个别贫困户回答前后不一致，"演练"迹象明显。例如，某贫困户在接受调查时一涉及核心问题就借故自己脑子做过手术记不清楚、回答支支吾吾，在调查结束后，调查员发现该贫困户思路清晰、侃侃而谈。还有的贫困户在某些问题拿不准时，就观察带队村干部的脸色等。第三，对于争议问题解释"度"的把握。例如：据调查员判断某贫困户易地搬迁房年底无法如期完工，但得到的解释是保证年底交钥匙；有的家庭收入不达标，给出的解释中有一些不切实际的收入。造成"过度"解释的主因是：缺乏对贫困户现状的深入了解和缺少对潜在风险点的分析与关注。尤其需要提醒的是，市、省及国家验收中时间紧、任务重，因此需要在扶贫工作过程中注重各种"误解风险点"的梳理，提前做好预案。

3. 成效巩固层面

第一，继续做好资料的完善工作。相较之前的评估，户档资料的归档、整理等得到大幅度改善，之前出现的初级错误、逻辑错误在后续评估中很少发现，在时间紧、任务重的情况下，取得如此成效，充分体现了各级扶贫干部及帮扶干部的责任担当与执行力。但同时要注意：少数资料签名、手印不全的要补齐，少数因贫困户长期不在家等原因导致的代签名要让贫困户知情、认可，最好让贫困户亲自按手印。少数入户算账填错了年份、少数支出出现明显的归口问题等，上述这些均有继续完善的空间。第二，重点关注易迁房的交钥匙进度。前期的雨灾、沙子水泥等原材料价格的上涨，对易迁房的进度造成了较大影响，建议在严格保障质量的条件下，加快建设进度。但也要兼顾实际情况，避免因赶工期造成的质量隐患。第三，重点关注因病、因灾等原因导致的特殊困难群体。及时分析该群体"一有、两不愁、三保障"异动情况，切实微调和完善脱贫方案，做到盯户、盯人。另外，集中供养或分散供养的五保户，虽然不是评估的重点，但在兜底政策的兑现方面要及时。第四，构建群众诉求快速响应机制。基层工作的繁重往往致使村干部无力对群众诉求及时回应，但"滞后反馈"

会让群众因缺乏关注而倍增不满,成为影响干群关系、降低认可度的风险点。因此,各级干部尤其是基层干部须让"群众利益无小事"落地生根。第五,探索建立贫困户与非贫困户的利益共享机制。非贫困户发展动力足、发展思路宽,对其发展的辐射能力强、带动作用大的产业可考虑重点支持,通过在两者之间建立利益共享机制,发挥非贫困户对贫困户的带动作用,让非贫困户间接从扶贫政策中获益,从而有效缓解干部与非贫困户之间、贫困户与非贫困户之间的矛盾,最大限度地降低扶贫工作中的不平衡发展问题。第六,妥善处理举报事项、善待举报人。举报现象的产生有的因人、有的因事,有的为公、有的因私,有的合理、有的无理,这些都是不可避免的现象。各级领导对举报现象不宜草木皆兵、人人喊打,也不宜无底线地迁就纵容,建议各地进一步完善举报应对机制、建立举报"人""事"数据库,定期梳理归类,最终实现对精准扶贫领域举报事项的预测与防范。

第四章　我国扶贫政策发文分析及精准扶贫政策研究进展

第一节　我国扶贫政策发文分析

新中国成立以来，我国的扶贫工作得到了各级党委和政府的高度重视。改革开放以后，扶贫工作更是被提上了新的高度，与之相关的政策发布也日益增多。为突出研究重点，本章政策搜集的时间范围确定在1980—2020年。考虑到地方政策的制定都是以中央政策为依据，因此发文单位仅限于国家层面，主要包括国务院办公厅、国务院扶贫办、中央组织部、中央农办、农业农村部、国家发展改革委、民政部、财政部、教育部、工业和信息化部、人力资源和社会保障部等单独或者联合发布的各类关于扶贫政策的文件。在政策文本选择上主要遵循权威性、公开性原则，并且搜索主要渠道为国家乡村振兴局和上述各部门机构官方网站以及中国政府网国务院政策文件库等。以"精准扶贫""扶贫开发""精准脱贫"等为关键词进行全文搜索，并且在国家乡村振兴局发布的各项政策新闻报道中采集文本政策数据，尽可能地收集全面。研究对象包括国家中央文件、相关指导意见以及实施办法等。在对政策进行仔细筛选以及解读后，剔除了与扶贫关联程度较弱以及相关性不高的政策，最终收录了54份政策文件。

一、发文单位分析

对所收集到的54份政策文件进行梳理发现，在这些政策中，由一个部门或机构单独制定发文的政策有34份，占比62.9%；由两个部门或机构联合制定发文的政策有 13 份，占比 24.1%；由三个及以上部门或机构联合制定发文的政策有 7 份，占比 13.0%。

从发文机构或部门看，一共有 35 个部门或机构参与了扶贫政策的制定和发布工作，主要包括：国务院、国务院扶贫办、中共中央办公厅、国家发展改革委员会、人力资源和社会保障部、教育部等，详细如表 4-1 所示。其中，国务院、国务院办公厅、国务院扶贫办、中共中央办公厅等在扶贫政策制定中起主导作用，参与制定的政策数量分别为：9 份、10 份、20 份和 10 份。由此可见，国家对扶贫工作的重视程度可见一斑，同时也体现了党中央、国务院坚决打赢脱贫攻坚战的决心。

表 4-1 扶贫政策发文单位情况统计表

发文单位	参与次数	发文单位	参与次数
国务院	9	工业和信息化部	3
国务院办公厅	10	中央网信办	1
国务院扶贫办	20	中宣部	1
中共中央办公厅	10	农业农村部	2
全国工商联	2	商务部	2
中国光彩事业促进会	1	文化和旅游部	1
中国残联	1	中央军委政治工作部	1
财政部	2	全国总工会	1
住房和城乡建设部	1	共青团中央	1
国家发展和改革委员会	3	全国妇联	1
国家林业局	1	人力资源和社会保障部	2
水利部	1	教育部	2

（资料来源：作者整理）

二、发文年度分析

图 4-1 为政策文件发文年度统计情况。由图 4-1 可知，政策文件发布在时间上有明显的阶段性特征：2013 年以前相关政策文件发布量较少，2013 年以

后发布数量明显增多。综合来看，政策文件发布主要有三个明显的时间节点：一是1984年党中央、国务院《关于帮助贫困地区尽快改变面貌的通知》（中发〔1984〕19号）在全国范围内划定了18个贫困片区进行重点扶持，并开展了"以工代赈"贫困地区基础设施建设；二是2013年习近平总书记提出"精准扶贫"这一战略思想后，《扶贫开发建档立卡工作方案》《建立精准扶贫工作机制实施方案》（国开办发〔2014〕30号）等具体文件和方案陆续出台；三是"十三五"规划期间，《中共中央 国务院关于打赢脱贫攻坚战的决定》出台，为精准脱贫、全面建成小康社会做出统一安排，尤其是《"十三五"脱贫攻坚规划》对精确识别、帮扶、管理、考核的治贫方式进行了详细阐述。

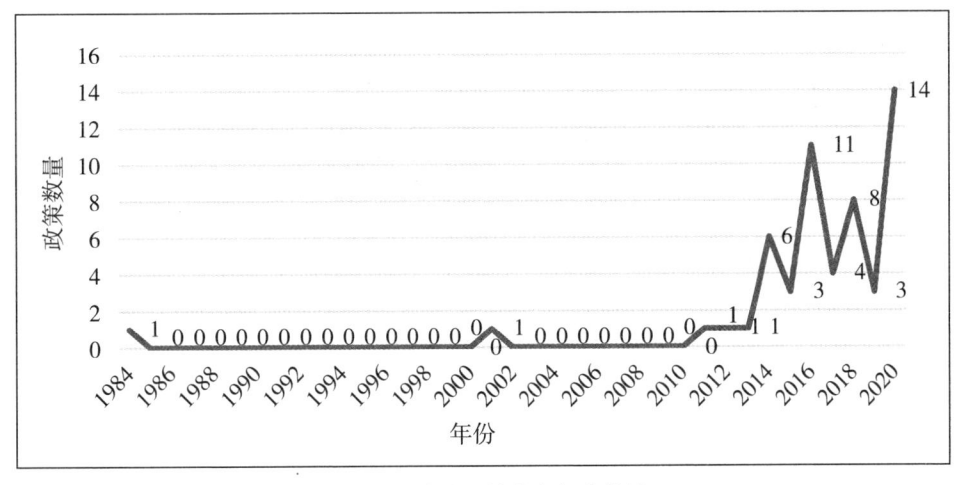

图 4-1 扶贫政策发文年度统计

(资料来源：作者整理)

三、政策类型分析

综合梳理发现，扶贫政策文件主要有办法、意见、方案、通知、规划、纲要、计划、决定、要点等多种类型。在54份政策文件中，数量最多的《意见》有22份，其次是《通知》有13份；《规划》《决定》《行动》等综合统领性政策文件各有1份。详细如图4-2所示。政策类型体现我国扶贫政策的系统性和完备性，纲领性文件较少体现了战略方向上的一致性，通知、意见较多能够对具体的扶贫工作提供直接指导，利于政策落地。

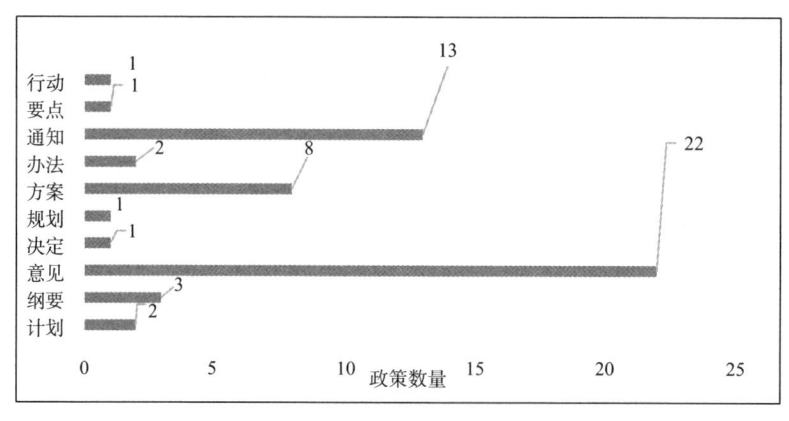

图 4-2 扶贫政策类型分布情况

第二节 我国扶贫政策主要内容梳理

为顺应我国农村工作实际，结合具体的贫困状况，我国扶贫工作先后经历了多个发展阶段，而且每一个阶段的工作任务各有侧重。考虑到 2013 年之前，我国扶贫相关政策文件较少，因此在内容梳理上以 2013 年为界，分两个部分梳理扶贫政策内容。

一、2013 年之前发布的主要政策

2013 年之前国家层面发布的扶贫政策较少，而且政策发布的时间跨度较大，国务院是主要发布单位，其他国家部委参与发布的政策较少。表 4-2 列示了这一期间主要扶贫政策的主要内容及目标，政策内容相对笼统，注重从总体性、基础性角度开展扶贫工作。

表 4-2 2013 年之前扶贫相关政策情况

政策文件及文号	主要内容	发布机构和时间
《关于帮助贫困地区尽快改变面貌的通知》（中发〔1984〕19号）	在全国范围内划定了18个贫困片区进行重点扶持，并开展了"以工代赈"贫困地区基础设施建设	党中央和国务院，1984年

续表

政策文件及文号	主要内容	发布机构和时间
《国家八七扶贫攻坚计划（1994—2000年）》（国发〔1994〕30号）	在7年时间里，基本解决8000万人的温饱问题	国务院，1994年
《中国农村扶贫开发纲要（2001—2010年）》（国发〔2001〕23号）	解决贫困地区人口的基本生产生活问题，为达到小康水平创造条件	国务院，2001年
《中国农村扶贫开发纲要（2011—2020）》（国发〔2011〕10号）	进一步加快贫困地区发展，促进共同富裕，实现到2020年全面建成小康社会奋斗目标	中共中央 国务院，2011年
《农村残疾人扶贫开发纲要（2011—2020年）》（国办发〔2012〕1号）	强化残疾人扶贫工作政策措施，形成残疾人扶贫开发工作氛围	国务院办公厅，2012年
《关于创新机制扎实推进农村扶贫开发工作的意见》（中办发〔2013〕25号）	创新扶贫工作开展的各项工作机制，为解决贫困问题提供各项保障措施	中共中央办公厅、国务院办公厅，2013年

（资料来源：作者整理）

二、2013年之后发布的主要政策

2013年之后，我国的扶贫工作正式进入"精准"阶段，脱贫攻坚、决战全面小康成为这一时期的主要任务。因此，这一时期的政策发布单位数量明显增加，国家发展改革委、财政部、工信部、教育部等部门纷纷参与了政策发布，政策内容及目标涵盖基础设施建设、产业发展、金融保障、教育、医疗、就业等方方面面，政策内容也以具体实施意见居多，从而为全面解决"两不愁、三保障"问题提供了政策支撑。详细情况如表4-3所示。

表4-3　2013年之后扶贫相关政策情况

政策文件及文号	主要内容	发布机构和时间
《关于改革财政专项扶贫资金管理机制的意见》（国开办发〔2014〕9号）	就财政专项资金的分配、使用、监管机制进行改革创新，提高资金使用效率	国务院扶贫办，2014年

续表

政策文件及文号	主要内容	发布机构和时间
《关于全面做好扶贫开发金融服务工作的指导意见》（银发〔2014〕65号）	完善金融服务机制，促进贫困地区经济社会持续健康发展	中国人民银行等7部委，2014年
《扶贫开发建档立卡工作方案》（国开办发〔2014〕24号）	明确贫困户、贫困村识别标准、方法和程序，明确省级相关人员培训、督促检查、考核评估等工作任务	国务院扶贫办，2014年
《建立精准扶贫工作机制实施方案》（国开办发〔2014〕30号）	通过对贫困户和贫困村精准识别、精准帮扶、精准管理和精准考核，引导各类扶贫资源优化配置，实现扶贫到村到户，逐步构建精准扶贫工作长效机制	国务院扶贫办，2014年
《扶贫开发建档立卡指标体系》（国开办发〔2014〕36号）	贫困人口、贫困村规模分解和控制办法，负责将贫困人口、贫困村规模逐级向下分解到村到户	国务院扶贫办，2014年
《关于进一步动员社会各方面力量参与扶贫开发的意见》（国办发〔2015〕58号）	积极动员一切可调动的各方面力量参与扶贫开发	国务院办公厅，2014年
《关于加快推进残疾人小康进程的意见》（国发〔2015〕7号）	针对残疾人士与特殊困难群众的脱贫工作，提供社会救助与帮扶	国务院，2015年
《关于打赢脱贫攻坚战的决定》（中发〔2016〕34号）	要求做出部署安排，为精准扶贫、脱贫工作提供政治支持与政策保障	中共中央、国务院，2015年
《加快贫困地区能源开发建设推进脱贫攻坚实施意见》（国能规划〔2015〕452号）	进一步做好能源扶贫工作	国家能源局，2015年
《"十三五"脱贫攻坚规划》（国发〔2016〕64号）	阐明"十三五"时期国家脱贫攻坚总体思路、基本目标、主要任务和重大举措	国务院，2016年
《省级党委和政府扶贫开发工作成效考核办法》（万字〔2016〕6号）	要求各级党委和政府切实担起责任，开展脱贫攻坚工作	中共中央办公厅、国务院办公厅，2016年

续表

政策文件及文号	主要内容	发布机构和时间
《关于推进"万企帮万村"精准扶贫行动的实施意见》(全联发〔2016〕2号)	推动扶贫开发与经济社会发展外向经济联动、与社会保障有效衔接,发挥企业优势,提高脱贫攻坚质量	全国工商联、国务院扶贫办、中国光彩会,2016年
《关于共青团助力脱贫攻坚战的实施意见》(中青发〔2016〕5号)	组织各级共青团组织和广大团员青年投身实践,为打赢脱贫攻坚战、全面建成小康社会贡献青春力量	共青团中央,2016年
《关于加大脱贫攻坚力度支持革命老区开发建设的指导意见》(中办发〔2015〕64号)	提升革命老区人民生产生活水平,尽快实现革命老区贫困人口脱贫	中共中央办公厅、国务院办公厅,2015年
《关于建立贫困退出机制的意见》(万字〔2016〕16号)	针对扶贫过程中的退出问题,不断完善扶贫退出机制,加强领导,确保有序退出、稳定脱贫	中共中央办公厅、国务院办公厅,2016年
《乡村旅游扶贫工程行动方案》(旅发〔2016〕121号)	深入实施乡村旅游扶贫工程,充分发挥乡村旅游在精准扶贫、精准脱贫中的重要作用	国家旅游局等12部委,2016年
《关于进一步加强东西部扶贫协作工作的指导意见》(中办发〔2016〕69号)	加强东西部扶贫协作和对口支援帮扶,推进区域均衡发展,实现共同富裕	中共中央办公厅、国务院办公厅,2017年
《脱贫攻坚责任制实施办法》(万字〔2017〕33号)	脱贫攻坚按照中央统筹、省负总责、市县抓落实的工作程序,构建脱贫攻坚责任体系	中共中央办公厅、国务院办公厅,2016年
《贫困残疾人脱贫攻坚行动计划(2016—2020年)》(残联发〔2016〕77号)	以精准扶贫、精准脱贫基本方略为指导,加大对贫困残疾人脱贫的扶持	中国残联等26部门和单位,2016年
《关于做好2017年贫困县涉农资金整合试点工作的通知》(财农〔2017〕4号)	要求将试点范围推开到全部贫困县、加快编制2017年资金统筹整合使用方案,完善工作协调机制	财政部、国务院扶贫办,2017年

续表

政策文件及文号	主要内容	发布机构和时间
《关于加强和完善建档立卡贫困户等重点对象农村危房改造若干问题的通知》（建村〔2017〕192号）	加强和完善建档立卡贫困户等重点对象农村危房改造工作	住建部、财政部、国务院扶贫办，2017年
《关于支持深度贫困地区脱贫攻坚的实施意见》（万字〔2017〕41号）	支持深度贫困地区脱贫攻坚	中共中央办公厅、国务院办公厅，2017年
《关于加强贫困村驻村工作队选派管理工作的指导意见》（万字〔2017〕50号）	就加强贫困村驻村工作队选派管理工作提出具体意见	中共中央办公厅、国务院办公厅，2017年
《深度贫困地区教育脱贫攻坚实施方案（2018—2020年）》（教发〔2018〕1号）	全国教育系统会同扶贫系统要以更集中、更加有效的举措，更有力的工作支持，共同打好深度贫困地区教育脱贫攻坚战	教育部、国务院扶贫办，2018年
《生态扶贫工作方案》（发改农经〔2018〕124号）	为发挥生态保护在精准扶贫、精准脱贫中的作用，切实做好生态扶贫工作	国家发展改革委等6部门，2018年
《关于完善县级脱贫攻坚项目库建设的指导意见》（国开办发〔2018〕10号）	强化脱贫攻坚基础工作，加强扶贫项目论证和储备，着力解决资金闲置和损失浪费问题，提高扶贫资金使用效益	国务院扶贫办，2018年
《关于推进网络扶贫的实施方案（2018—2020年）》（工信部通信〔2018〕83号）	推进网络基建，加快网络扶贫应用，缩小城乡"数字鸿沟"，为打好精准脱贫攻坚战提供网络支撑	工业和信息化部，2018年
《关于大力振兴贫困地区传统工艺助力精准扶贫的通知》（办非遗发〔2018〕40号）	推进文化扶贫工作，振兴贫困地区传统工艺，发挥"非遗"尤其是传统工艺在助力精准扶贫方面的作用	文化和旅游部办公厅，2018年
《关于持续加大网络精准扶贫工作力度的通知》（工信部联通信函〔2018〕396号）	发挥网络扶贫在推进精准扶贫脱贫的作用，使贫困群众应用各类通信服务和网络，实现脱贫致富，提升生活质量	工业和信息化部、国务院扶贫办，2018年

续表

政策文件及文号	主要内容	发布机构和时间
《关于开展扶贫扶志行动的意见》（国开办发〔2018〕45号）	激发村民内生动力，为摆脱贫困注入长久活力	国务院扶贫办等13个部门，2018年
《关于深入开展消费扶贫助力打赢脱贫攻坚战的指导意见》（国办发〔2018〕129号）	激发贫困群众脱贫致富积极性，推动贫困地区产业持续发展，提供社会支持	国务院办公厅，2018年
《2019年网络扶贫工作要点》（中网办发文〔2019〕6号）	围绕深度贫困地区、特殊贫困群体和建档立卡贫困户，推动网络扶贫行动向纵深发展，激发贫困地区和贫困群众自我发展的内生动力	中央网信办等4部委，2019年
《关于进一步做好县级脱贫攻坚项目库建设的通知》（国开发办〔2019〕7号）	提高脱贫攻坚帮扶项目质量，加强对扶贫项目实施成果的监管与核查	国务院扶贫办，2019年
《政府采购贫困地区农副产品实施方案》（财库〔2019〕4号）	积极助力消费扶贫，通过采购贫困地区农产品助力贫困地区脱贫	财政部、国务院扶贫办、供销合作总社，2019年
《关于做好2020年产业扶贫工作的意见》（农办规〔2020〕3号）	围绕未摘帽县和重点贫困村，聚焦"三区三州"等深度贫困地区，加强统筹协调和倾斜支持措施落实，同时做好疫情防控工作和产业扶贫工作	农业农村部办公厅、国务院扶贫办综合司，2020年
《关于建立防止返贫监测和帮扶机制的指导意见》（国开发〔2020〕6号）	针对已脱贫但不稳固的200万脆弱人群以及部分收入略高于贫困线的300万边缘人口，实行返贫监测和致贫帮扶，起到预防预警作用	国务院扶贫开发领导小组，2020年
《消费扶贫助力决战决胜脱贫攻坚2020年行动方案》（发改振兴〔2020〕415号）	持续释放消费扶贫政策红利，助力决战决胜脱贫攻坚	国家发展改革委，2020年

续表

政策文件及文号	主要内容	发布机构和时间
《关于持续解决困扰基层的形式主义问题为决胜全面建成小康社会提供坚强作风保证的通知》(中办发〔2020〕15号)	着力解决困扰基层的形式主义问题,让基层干部轻装上阵	中共中央办公厅,2020年
《关于巩固拓展家政扶贫工作的通知》(商服贸函〔2020〕170号)	对接扶贫行动成果,完善家政扶贫政策,发挥家政扶贫作用	商务部等10部门,2020年
《关于及时防范化解因洪涝地质灾害等返贫致贫风险的通知》(国开办发〔2020〕20号)	防范化解洪涝地质灾害等对脱贫攻坚的影响,增强风险意识,确保高质量打赢脱贫攻坚战	国务院扶贫办,2020年
《关于进一步做好困难群众基本生活保障工作的通知》(民发〔2020〕69号)	确保符合条件的城乡困难家庭应保尽保,及时将受疫情影响陷入困境的人员纳入救助范围	民政部、财政部,2020年
《关于进一步加强贫困家庭高校毕业生就业帮扶工作的通知》(人社部函〔2020〕75号)	进一步加强对贫困家庭高校毕业生的就业帮扶工作	人力资源社会保障部、教育部、国务院扶贫办,2020年
《关于全面推进乡村振兴加快农业农村现代化的意见》(中发〔2020〕1号)	坚持把解决好"三农"问题作为全党工作重中之重,把全面推进乡村振兴作为实现中华民族伟大复兴的一项重大任务	中共中央、国务院,2020年
《关于实现巩固拓展脱贫攻坚成果同乡村振兴有效衔接的意见》(中发〔2020〕30号)	进一步巩固拓展脱贫攻坚成果,接续推动脱贫地区发展和乡村全面振兴	中共中央、国务院,2020年

(资料来源:作者整理)

第三节 我国精准扶贫政策研究进展

截至2022年8月26日，在中国知网北大核心和CSSCI核心数据库以"精准扶贫政策"为检索词，共检索到核心论文124篇。通过对上述文献的梳理和分析后发现，目前围绕精准扶贫政策的相关研究主要集中在：政策内涵、政策执行、政策影响、政策效果、跟踪审计、专项政策等方面。

一、精准扶贫政策研究现状

(一) 政策内涵

郑瑞强和王英（2016）系统探讨了精准扶贫提出的理念要求、制度关联、技术背景与政策指向等。郝儒杰（2019）阐释了精准扶贫政策的时代内涵、理论品格及价值特色，研究认为精准扶贫政策的内涵在于以人民为中心的价值选择、决胜全面小康的使命担当以及强化基层党组织的核心力量。章文光（2019）分析了精准扶贫政策在执行过程中存在的政策间外部性、跨域外部性和利益分配外部性等。雷安琪和杨国涛（2018）对中国、印度、巴西三国的扶贫政策进行了国际比较。王丽珍和张雨露（2021）对美国与英国的教育精准扶贫政策进行了比较研究。

(二) 政策执行

雷望红（2017）剖析了精准扶贫政策执行中存在的识别不精准、帮扶不精准、管理不精准和考核不精准等问题，并提出防范措施。李金龙和杨洁（2018）研究了基层精准扶贫政策执行梗阻的生成机制及其疏解之道。李金龙和董宴廷（2019）探究了精准扶贫政策执行的现实困境与治理策略。彭小霞（2019）认为精准扶贫政策实施中加强村民参与具有极其重要的现实意义，分析了政策实施中村民参与在精准识别中存在不足、在精准帮扶中被弱化、在精准管理中被排斥等问题，并提出了突破路径。方菲和吴志华（2019）基于湖北省X镇的调查，探究了精准扶贫政策基层实践中的结构性脱嵌和文化性脱嵌困境。缪小明和罗丽（2020）基于政策执行过程框架探究了精准扶贫政策执行偏差问题。傅利平等（2021）以X市为例，采用过程分析法，探讨了政策执行过程中技术治理对乡镇干部行动的影响机制。研究发现，加大政策执行风险的问责机制与压缩自由裁量权的数字化技术是两种主要路径。蔡长昆和李悦箫（2021）认为复杂政策执行是一个"地方化"的过程，在构建理解复杂政策执行过程和机制的"结构—调适"分析框架基础上，结合三个县精准扶贫政策的经验，对县政府执行精准扶贫政策的机制进行了分析。

（三）政策影响

张全红和周强（2019）研究了精准扶贫政策对农村贫困人口在家庭纯收入、转移支付收入、家庭人均消费、生活改善和外出务工等方面的影响。周强等（2021）实证检验了精准扶贫政策对农村居民努力程度的长期影响，研究发现：精准扶贫政策产生了显著的"志智双扶"正向激励效应，提高了贫困户的努力水平。哈秀珍等（2021）实证检验了精准扶贫政策的减贫效应。印重等（2021）探究了企业精准扶贫力度与企业融资约束之间的关系，结果表明，企业开展精准扶贫能够缓解融资约束，认为上市公司应积极响应国家号召参与扶贫脱贫与乡村振兴工作。王瑶（2021）在厘清我国农村精准扶贫政策执行的影响因素基础上，针对性地提出了精准扶贫政策执行的对策建议。秦升泽和李谷成（2021）基于准自然实验的经验证据，实证分析了精准扶贫政策对农户贫困脆弱性的影响。张博胜和曹筱杨（2021）以我国云南省为例，基于2010—2019年县域面板数据，探究了精准扶贫政策实施对城乡收入差距的影响。李玉山等（2021）研究发现，多元精准扶贫政策显著降低了脱贫农户生计脆弱性，尤其对脱贫边缘户的影响程度更大。徐灿和高洪波（2021）以贵州、四川两省34个县为研究对象，分析和评估了精准扶贫政策对贫困县域经济发展的影响。周强等（2022）实证研究农村精准扶贫政策对居民主观幸福感的影响效应、影响因素及外溢效应。研究表明：精准扶贫政策对居民主观幸福感产生了显著的"U型"作用，但"造血式"扶贫在市场机制作用下对非贫困人口也产生了显著的正向外溢性，扶贫政策通过增加贫困居民对未来的信心而提高居民主观幸福感。管睿和余劲（2022）基于6个集中连片贫困地区1045户农户数据，采用多元处理效应模型研究了精准扶贫政策及劳动力市场的双重排斥对中国贫困地区农户乡村治理体系的影响。结果表明，精准扶贫政策与劳动力市场均对中国乡村社会治理体系产生影响。黄薇和曹杨（2022）基于动态跟踪调查微观数据，采用断点回归方法探讨精准扶贫政策的福利依赖问题。研究表明，随着贫困线的大幅提升，贫困线两侧福利依赖行为特征出现了明显的断点，因此，为有效解决贫困福利依赖问题，需要进行以激励相容为目标的反福利依赖政策设计。秦升泽和李谷成（2022）基于准自然实验的经验证据，探究了精准扶贫政策对农户多维贫困的影响，结果表明精准扶贫政策增加了农户的收入，有效地缓解了农户的多维贫困状况，且时间越长政策效果越发显著。

(四) 政策效果

王立勇和许明（2019）从家庭人均纯收入、贫困发生率两个角度，借助DID方法研究了我国精准扶贫政策的减贫效应。李芳华等（2020）基于贫困人口微观追踪数据，采用模糊断点回归的方法，评估了"十三五"精准扶贫新政策对贫困户劳动收入和劳动供给的短期影响。刘钊和王作功（2020）应用双重差分模型对中国精准扶贫政策效果及其长效性进行实证研究。陈杰等（2021）利用实地调查数据，评估了精准扶贫政策对贫困户的增收效应。杨超（2021）研究了我国精准扶贫的政策效应，探究了财政对助力农村减贫的作用机制及作用效果。周强（2021）评估了精准扶贫政策的减贫绩效与收入分配效应，结果表明，精准扶贫政策有效降低了农村的贫困发生率和贫困深度，实现了贫困人口减少与脱贫质量提升的多重绩效。尹志超和郭沛瑶（2021）基于家庭消费视角，检验了精准扶贫政策对贫困家庭消费的影响，实证评估了精准扶贫政策效果。结果表明，精准扶贫政策"对症下药，靶向治疗"的作用发挥比较明显。方毅等（2021）实证分析了农村中长期贫困家庭收入和消费的变化趋势，基于扶贫政策效果比较和测度的差分随机占优分析框架，实证评价了精准扶贫政策对中长期贫困家庭的扶贫成效。郭露等（2022）研究了精准扶贫对于农村多维相对贫困的政策效应，结果表明精准扶贫政策能够显著且持续缓解农村家庭的多维相对贫困状况，且对西部地区农村家庭的政策效应最强。

(五) 跟踪审计

"审计难，处理更难"是现阶段精准扶贫审计的主要难题。陶媛婷和王帆（2019）研究了精准扶贫政策跟踪审计的问责方式与路径。范瑾（2020）以A省精准扶贫政策执行效果跟踪审计为例，从形式、事实、价值、社会评价四个维度对精准扶贫政策执行效果跟踪审计进行研究。陆垚和王帆（2020）研究了精准扶贫政策跟踪审计监管职责。李晓冬等（2020）从审计功能全覆盖维度研究精准扶贫政策落实跟踪审计的实践困境与治理之策。闫雅雯（2021）以咸阳市为例，探讨了精准扶贫政策的跟踪审计问题，并针对实践中的问责缺陷与不足之处提出了完善建议。李晓冬和马元驹（2021）从精准扶贫政策落实跟踪审计的基础理论、评价标准与指标体系构建、实践困境与解决对策、实证检验和扶贫资金绩效审计五方面系统回顾了精准扶贫政策落实跟踪审计的研究脉络。

(六) 专项政策

张春美和黄红娣（2017）采用多元有序 Probit 回归模型对农村居民乡村旅游精准扶贫政策的满意度及其影响因素进行实证分析。林万龙和孙颖（2020）基于实地调查数据分析了产业扶贫政策的做法、成效和存在的问题，最后提出了2020年后产业帮扶政策的改进建议。徐俊杰和赵建斌（2020）研究了西藏金融精准扶贫政策体系和政策内容。马立超（2020）探究了教育精准扶贫政策体系建设的成效、困境与突破。马有晶（2021）运用公共政策分析的方法，对全国各省、自治区、直辖市的职业教育精准扶贫政策进行内容分析，针对政策制定针对性、精确性、创新性不足等问题提出了完善建议。师磊和朱红根（2021）运用广义精确匹配法定量分析了产业精准扶贫政策对农户相对贫困状况的影响。

二、精准扶贫政策研究数据来源

现有围绕精准扶贫政策的相关研究以实证研究为主，梳理后发现，其数据来源主要包括以下三方面。

(一) 中国家庭追踪调查（CFPS）数据

中国家庭追踪调查（China Family Panel Studies，CFPS）是北京大学中国社会科学调查中心（ISSS）实施的，一个旨在通过跟踪搜集个体、家庭、社区三个层次的数据，反映中国社会、经济、人口、教育和健康的变迁，为学术研究和政策决策提供数据为目标的重大社会科学项目。

北京大学开放研究数据平台相关资料显示，CFPS重点关注中国居民的经济与非经济福利，以及包括经济活动、教育成果、家庭关系与家庭动态、人口迁移、健康等在内的诸多研究主题，是一项全国性、大规模、多学科的社会跟踪调查项目。CFPS样本覆盖25个省、市、自治区，目标样本规模为16000户，调查对象包含样本家户中的全部家庭成员。CFPS调查问卷共有社区问卷、家庭问卷、成人问卷和少儿问卷四种主体问卷类型，并在此基础上不断发展出针对不同性质家庭成员的长问卷、短问卷、代答问卷、电访问卷等多种问卷

类。❶

(二) 中国家庭金融调查 (CHFS) 数据

中国家庭金融调查 (China Household Finance Survey, CHFS) 是西南财经大学中国家庭金融调查与研究中心在全国范围内开展的抽样调查项目，旨在收集有关家庭金融微观层次的相关信息，主要内容包括：住房资产与金融财富、负债与信贷约束、收入与消费、社会保障与保险、代际转移支付、人口特征与就业以及支付习惯等相关信息，以便为学术研究和政府决策提供高质量的微观家庭金融数据，对家庭经济、金融行为进行了全面细致的刻画。目前，该项目已分别在2011年、2013年、2015年、2017年和2019年成功实施五次调查，第六次调查于2021年正式启动并正在进行中。目前，样本分布于29个省、260多个县 (区、县级市)，覆盖26000户家庭，具有全国、省政代表性。❷

(三) 项目组调查数据

项目组根据需要，选择特定区域的特定人群作为对象，通过问卷调查、电话访谈等方式获取原始数据信息，在剔除无效、异常样本的基础上整理出研究数据，用于项目的实证研究。调查数据的主要优势是获取方便，不足在于如果要获取足够的样本量，需要有充足的人力和资金保障，且耗时较长。

三、精准扶贫政策研究主要方法

(一) 断点回归法

断点回归 (Regression Discontinuity Design, RDD) 是近年来政策评估和实证经济研究中比较热门的一种方法，该方法能够有效利用现实约束条件分析变量之间因果关系，同时可在没有随机性的情况下识别出政策的效果。断点回归法根据随机自然实验去内生化需求，为局部效应研究提供了一个天然的外生捷径 (张泽宇等，2022)。断点回归可以分为模糊断点回归 (Fuzzy RD) 和清晰断点回归 (Sharp RD) 两类。

(二) 双重差分法

双重差分法 (Differences-in-Differences, DID)，又叫"倍差法"，是一种兴起于20世纪80年代的一种专门用于分析政策效果的计量方法。该方法将制度

---

❶ https://opendata.pku.edu.cn/dataverse/CFPS.

❷ https://chfs.swufe.edu.cn/index.htm.

变迁和新政策视为一次外生于经济系统的"自然实验",目前已被西方学界广泛应用于诸多领域之中。目前,全球经济正经历百年未有之大变局,我国经济体制改革进入深水区,各种新制度、新政策的出台必不可少。如此一来,我国经济学界亟须一门能够定量考察制度绩效与客观评估政策效果的研究工具,而客观度量新政策实施对经济体影响的因果动态检验却又非常困难(陈林和伍海军,2015)。随着双重差分法日趋成熟,其在国内政策效果评估领域的应用日趋广泛。双重差分法主要有以下优势:可以很大程度上避免内生性问题的困扰;模型设置较科学,能更加准确地估计出政策效应;原理和模型设置相对简单,容易理解和运用。

四、研究评述

学术界关于精准扶贫政策内涵、政策影响及效应、政策执行及跟踪审计等方面的研究成果比较丰富。实证研究成为主流,数据来源以中国家庭追踪调查(CFPS)数据为主,辅助其他调查数据等;研究方法以断点回归和双重差分法为主,辅助随机占优方法、A-F双界限法、VEP法等。综合来看,现有研究中围绕政策发文、政策内容方面展开的较少,因此在本章前一部分做了重点介绍。

第五章　我国精准扶贫成效评价及满意度影响因素实证

第一节　我国精准扶贫成效及典型做法

脱贫攻坚战的全面胜利，是精准扶贫思想指导下的一次成功实践，更是世界反贫困史上的创举。及时总结我国精准扶贫的成效及典型做法，对丰富贫困治理理论，加快世界反贫困进程具有重要意义。

一、我国精准扶贫主要成效

2021年2月25日，习近平总书记在全国脱贫攻坚总结表彰大会上向世界庄严宣告"我国脱贫攻坚战取得了全面胜利"，并在总结成绩中强调"我国现行标准下9899万农村贫困人口全部脱贫，832个贫困县全部摘帽，12.8万个贫困村全部出列，区域性整体贫困得到解决，完成了消除绝对贫困的艰巨任务"。[1] 回顾我国近几年的脱贫攻坚历程，取得的主要成效如下：

（一）贫困人口数量大幅度减少

在国务院扶贫开发领导小组全面推进精准扶贫战略部署的指导下，各级政府针对建档立卡精准识别的贫困人口实际情况，依据因地制宜、因人施策开展精准扶贫工作，截至2019年年底，我国贫困发生率降至0.6%，"十三五"期间，全国贫困人口每年净减少1000万人以上。国务院新闻办公室于2021年4月6日发布的《人类减贫的中国实践》白皮书显示，截至2020年年底，我国现行标准下9899万贫困人口已经实现全部脱贫，832个贫困县全部摘帽，12.8万个贫

---

[1] 中国政府网．政务．http://www.gov.cn/xinwen/2021-02/25/content 5588869.htm,2021-02-25.

困村全部出列，已经完成消除绝对贫困的艰巨任务，具体如图5-1所示。集中连片少数民族和民族特困地区脱贫攻坚成效显著，2016年至2020年，内蒙古自治区、广西壮族自治区、西藏自治区、宁夏回族自治区、新疆维吾尔自治区及贵州、云南、青海三个多民族省份贫困人口累计减少1560万人，28个人口较少民族全部实现整族脱贫。

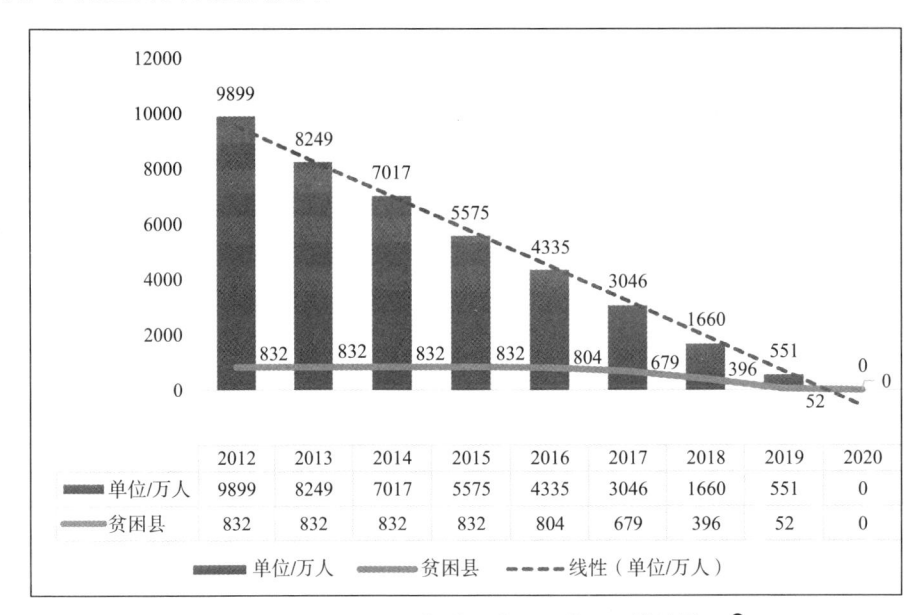

	2012	2013	2014	2015	2016	2017	2018	2019	2020
单位/万人	9899	8249	7017	5575	4335	3046	1660	551	0
贫困县	832	832	832	832	804	679	396	52	0

图5-1　2012—2020年贫困人口、贫困县统计情况 [1]

(二) 贫困农村地区居民收入快速增长

经过脱贫攻坚战和精准扶贫战略全方位推进，贫困家庭的收入和福利水平大幅提高，"两不愁、三保障"已经全面实现，贫困人口收入水平持续提升，贫困地区农村居民人均可支配收入从2013年的6079元增长到2020年的12588元，年均增长11.6%，增速比全国农村高2.3个百分点，详细如图5-2所示。贫困人口工资性收入和经营性收入占比逐年上升，转移性收入占比逐年下降，自主增收脱贫能力稳步提高。

居民收入水平和人均可支配收入作为我国精准扶贫工作的首要关注点，自2013年开始，国务院扶贫办同各级政府向全国各地大幅度投入人力、财力、物资来扶持贫困地区，通过制定各种精准扶贫举措和精准脱贫政策帮助贫困地区

---

[1] 中华人民共和国国务院新闻办公室. 人类减贫的中国实践 [J]. 农村工作通讯，2021(8):12-28.

居民创业增收，实现个体消费能力增长。截至2020年，贫困地区居民人均可支配收入是2013年的2.07倍，我国贫困地区居民可支配收入整体呈现较快增长态势，同时与全国农村平均水平差距逐渐缩小。2015年以来，人均一般公共预算收入年均增幅高出同期全国平均水平约7个百分点。

图 5-2　2013—2020年贫困地区农村居民可支配收入统计[1]

(三) 贫困地区民生保障能力显著增强

一是夯实教育基础。《人类减贫的中国实践》白皮书显示，自2013年以来，我国共修复了10.8万所贫困地区的义务教育薄弱学校，使贫困地区的所有适龄儿童都能在所在村内上幼儿园和小学。农村贫困家庭的孩子在义务教育阶段不再辍学，贫困县的九年义务教育巩固率2020年达到94.8%。二是做实医疗保障。99.9%以上的贫困人口拥有基本医疗保险，贫困人口实现了有地方看病、有医疗保险的制度全覆盖，成功解决了看病难、看病贵问题。贫困地区消除乡村两级医疗卫生设施和人员的"空白"，极大地改善了医疗条件；现在98%的贫困县至少有一家二级以上医院，贫困地区县级医院治疗疾病的中位数已经超过了全国县级医院治疗疾病总数的90%。三是综合保障体系逐步完善。贫困县农村低保全部超过国家扶贫标准，农村低保或特困救助供养政策覆盖1936万贫困人口。四是基础设施逐步完善。到2020年年底，全国贫困地区建成110万公里的新公路和3.5万公里的新铁路，新增供水能力181亿立方米，新增和发展高效灌溉农业8029万亩。为把电网延伸到更偏远的地区，实施了电网专项工程，基本实现了农村地区稳定可靠供电服务的全覆盖，供电能力和服务水平大幅提升。五是住房和饮水安全。农村旧房修缮危房改造和农村饮水安全巩固提

---

[1] 中华人民共和国国务院新闻办公室. 人类减贫的中国实践 [J]. 农村工作通讯, 2021(8):12-28.

升工程解决了2889万贫困人口的饮水安全问题，饮水数量和质量全面达标，惠及3.82亿人。贫困区自来水普及率已从2015年的70%增长到2020年的83%。六是生态保护。脱贫攻坚不仅鼓励贫困群众"增收"，而且鼓励贫困地区"增绿"，大大改善了贫困地区的生态环境，广大农村面貌焕然一新，生态宜居水平不断提高。

二、我国精准扶贫典型做法

(一) 贵州精准扶贫的"六个到村到户"

贵州有广大的贫困人口，贫困程度深、贫困面广，是中国扶贫开发的一个重要战场。近年来，贵州实施开发式扶贫，大力推进产业扶贫、专项扶贫、行业扶贫、社会扶贫，大规模改造农村危房，实施扶贫生态移民，在农村普及义务教育，加强农村低保制度建设，大幅减少农村贫困人口，持续提高收入水平，大力改善发展环境，取得了实质性的扶贫开发成果。具体经验做法如图5-3所示：

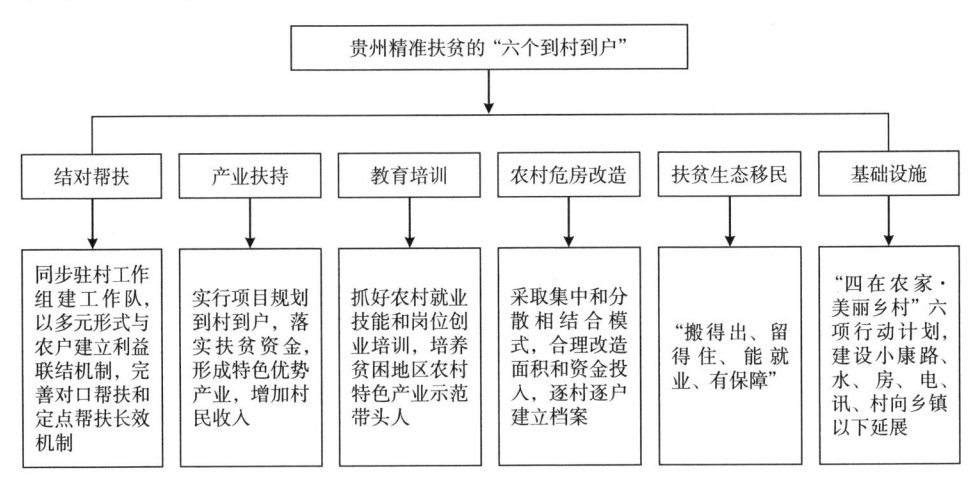

结对帮扶	产业扶持	教育培训	农村危房改造	扶贫生态移民	基础设施
同步驻村工作组建工作队，以多元形式与农户建立利益联结机制，完善对口帮扶和定点帮扶长效机制	实行项目规划到村到户，落实扶贫资金，形成特色优势产业，增加村民收入	抓好农村就业技能和岗位创业培训，培养贫困地区农村特色产业示范带头人	采取集中和分散相结合模式，合理改造面积和资金投入，逐村逐户建立档案	"搬得出、留得住、能就业、有保障"	"四在农家·美丽乡村"六项行动计划，建设小康路、水、房、电、讯、村向乡镇以下延展

图5-3 贵州精准扶贫具体措施

(二) 湖北十堰市以"六个坚持"打造易地扶贫搬迁"十堰"模式

十堰市是秦巴山区连片的特困地区，也是南水北调中线的重要水源地。有6个国家级贫困县(其中5个为特困县)和2个省级贫困县。十堰市"十三五"期间搬迁的总人数为354548人，占全市总贫困人口83.3万人的42.56%。十堰市委、市政府严把扶贫搬迁目标关，围绕"六个坚持"，通过支持贫困户搬迁，解决了36万人的脱贫问题，扶贫搬迁工作取得了重大进展。全市共建立6户以上集中安置点4022个，累计搬迁108532户、305769人，集中安置率达88%，提前一年完成了扶贫搬迁的"十堰样本"。扶贫搬迁"十堰模式"成为全国的成功案例。具体做法经验如图5-4所示。

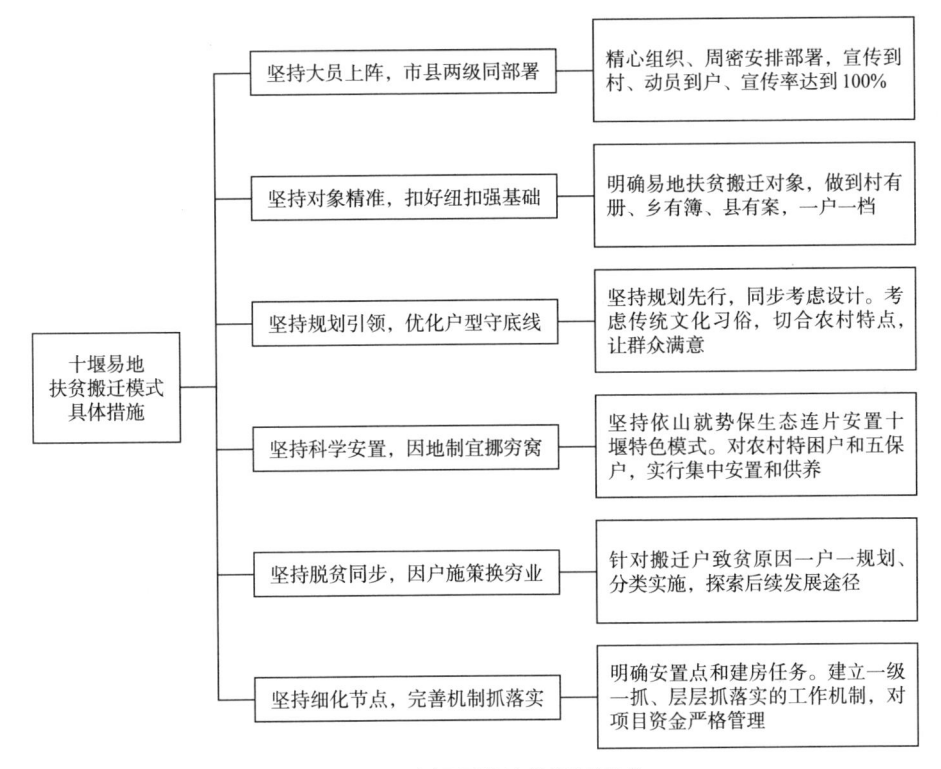

```
十堰易地扶贫搬迁模式具体措施
├─ 坚持大员上阵，市县两级同部署 — 精心组织、周密安排部署，宣传到村、动员到户，宣传率达到100%
├─ 坚持对象精准，扣好纽扣强基础 — 明确易地扶贫搬迁对象，做到村有册、乡有簿、县有案，一户一档
├─ 坚持规划引领，优化户型守底线 — 坚持规划先行，同步考虑设计。考虑传统文化习俗，切合农村特点，让群众满意
├─ 坚持科学安置，因地制宜挪穷窝 — 坚持依山就势保生态连片安置十堰特色模式。对农村特困户和五保户，实行集中安置和供养
├─ 坚持脱贫同步，因户施策换穷业 — 针对搬迁户致贫原因一户一规划、分类实施，探索后续发展途径
└─ 坚持细化节点，完善机制抓落实 — 明确安置点和建房任务。建立一级一抓、层层抓落实的工作机制，对项目资金严格管理
```

图5-4 十堰易地扶贫搬迁模式

（三）四川凉山州实施"一村一幼"计划，阻断贫困代际传递

凉山由于自然、历史、社会等原因，贫困面广，贫困人口多，贫困程度深，导致教育基础更差。2015年四川省委、省政府印发《关于支持大小凉山彝区深入推进脱贫攻坚 加快建设全面小康社会进程的意见》(川委办〔2015〕34号)，坚持"九个重点、九个解决"，因地制宜实施"一村一幼"计划，弥补学前教育的短板，从源头上打破贫困的"积累循环效应"，从根本上阻断贫困的代际传递，为全国民族地区学前教育的创新发展提供良好示范。

（四）陕西安康市汉滨区构建教育精准扶贫"345"模式

陕西安康市汉滨区地处秦巴腹地，汉滨区是陕西省11个深度贫困县（区）之一，有76822户贫困户，14576户贫困户的子女在各学段就读，其中义务教育阶段学生12599人，扶贫任务艰巨。为确保义务教育巩固率达到95%的目标，该区充分体现了教育在脱贫攻坚战中的基本作用和先锋功能，重点关注不让弱势儿童因贫困而辍学的客观任务。通过构建"三个精准"（精准识别、精准对接、精准资助）、"四个提升"（提升师资队伍水平、提升基础教育办学水平、提升职业教育办学水平、提升信息化建设水平）、"五项举措"（细致谋划、加强宣传、问题导向、督导评估、严明纪律）的"345"教育精准扶贫模式，加之持续地推进落实，取得了显著成效。

第二节　我国精准扶贫成效评价理论分析

一、我国精准扶贫成效评价研究进展

现有关于精准扶贫成效的研究，主要从精准扶贫成效的评价内容、评价方法和评价指标三个方面展开。

（一）精准扶贫成效评价内容

（1）从绝对贫困视角研究精准扶贫成效。李芳华等（2020）考察精准扶贫实践对于处在绝对贫困群体中的个人和家庭在收入和消费方面的影响。罗良清等（2022）揭示扶贫政策对于降低贫困发生率的成效。

（2）从相对贫困视角研究精准扶贫成效。尹志超和郭沛瑶（2021）考察了精准扶贫实施后不同社会群体的消费水平变化。刘梦航等（2020）研究了精准扶贫政策对于缩小收入差距（特别是城乡收入差距）的影响。

（3）从产业发展、金融政策和精准扶贫的相互关系视角研究精准扶贫成效。林万龙和孙颖（2020）的研究展示了精准扶贫政策在促进产业发展和农村贫困家庭的经营性收入的增加方面的作用。尹志超等（2020）研究探讨了农业信贷等政策扶持手段对于农户信贷使用率效率和规模的影响。张静和周慧（2022）从家庭层面研究中国到户扶贫资金政策的效果。

（4）从其他社会保障政策视角研究精准扶贫的成效。主要包括收入保障政策、住房改造补贴、医疗救助政策、就业服务政策、教育帮扶政策等方面政策手段对于贫困群体帮扶起到的积极作用。彭妮娅（2019）强调教育扶贫政策在阻

断代际贫困方面发挥重要作用。黄薇（2017）则强调精准扶贫政策的实施有助于防止刚脱贫的家庭因病致贫和因病返贫。邓大松等（2020）从外出务工的中介作用视角分析精准扶贫对农户多维贫困的影响机制。左停等（2018）从社会保障政策视角研究促进精准扶贫成效的路径、机理与创新。

（5）从多维视角研究精准扶贫成效。张全红和周强（2019）从收入、消费、生活改善和外出务工视角评估精准扶贫政策效果。黄薇和祝伟（2021）基于G省B市扶贫实践的经验分析精准帮扶政策的多维评估。秦升泽和李谷成（2022）利用准自然实验的经验证据研究精准扶贫政策对农户多维贫困的影响。宋俊秀等（2019）根据2011年至2016年的样本数据，从经济发展水平、生活环境水平、社会发展水平、文化教育水平四个维度建立了多维度的贫困评价指标体系。采用模糊综合评价法对14个连片特困地区的扶贫绩效进行了多维度评价，并从扶贫目标机制、产业融合、大数据运用三个方面提出了扶贫模式创新的对策。江春龙（2020）着眼于乡村旅游扶贫绩效评价开展分析研究，并从经济、社会、生态、文化四个维度尝试研究乡村旅游扶贫带来的积极效应。

（6）从可持续性视角研究精准扶贫成效。王建洪等（2020）从脱贫户生计可持续性视角评价脱贫政策效应。豆书龙和叶敬忠（2019）指出由于产业扶贫自身特点及一些地方的"短视"效应，重视前期投入，不重视农民主体性发挥，致使产业升级困难，脱贫攻坚成效难以持续，提出因地制宜，发展多元产业。温彩璇和李晓鹏（2019）认为当前脱贫效果对扶贫政策的过于依赖，常规性、突发性的重大支出以及人力资本投入和培养不足会影响脱贫效果的可持续性，进而提出政府要制定实施精准、退出有序、动态跟踪、相机有为的脱贫政策，确保脱贫效果的可持续性。张耀文和郭晓鸣（2019）从可持续生计框架视角考察我国反贫困成效的隐忧与长效机制构建。潘秀珍和周济南（2019）研究了广西沿边地区精准脱贫效果持续性的阻碍及策略。

综合来看，现有研究尚存在以下不足：一是在研究内容上局限于对减贫、脱贫效果的测度反映，忽视了扶贫带来的社会发展效益；二是在研究视角上多为对家庭层面扶贫效果的测度，关于区域和社会层面的减贫效果评价研究较少。因此，本章在对精准扶贫效果的测度研究中，将效果测度内容扩展到减贫、脱贫成效和社会发展成效两个层面，在研究视角上主要研究省域或市域层面，以实现对精准扶贫效果的科学测度。

(二)精准扶贫成效评价方法

1. 层次分析法

吕联盟(2019)为提高扶贫专项资金利用效率,评价指标的选择采用了关键绩效指标的方法,而重要性矩阵的建立则采用了层次分析法。根据各指标的权重,从社会绩效、经济绩效、管理绩效、生态绩效四个方面构建了一套财政扶贫资金的绩效审计指标体系,为陕西省财政扶贫资金的绩效审计评价提供理论基础。陈爱雪和刘艳(2017)采用层次分析法,根据精准扶贫的理念和执行内核,构建了一个包含5个主要指标和15个辅助指标的精准扶贫绩效评估体系,并对其进行了逐层考察,根据分析结果提出了相关的对策建议。冯朝睿和张叶菁(2020)利用层次分析法和模糊综合评价法,以云南、贵州、四川、重庆、西藏这五个地区为研究对象,通过多元主体视角下对西南地区大扶贫绩效进行科学客观地评价与剖析,总结与分析西南地区大扶贫工作的经验与不足,从而提出相应的改进建议,为西南地区大扶贫工作的实施与调整提供一定的理论依据,并为多元主体扶贫参与关系的协调与乡村振兴战略的有序衔接提供一定的对策支持。吕方和梅琳(2017)通过层次分析法、DEA等方法,研究扶贫成效的评估问题。

2. 模糊综合评价法

柳志和王善平(2020)采用模糊综合评价法,从精准识别、精准帮扶、精准扶贫效率、精准扶贫效果、可持续发展五个维度构建了精准扶贫绩效评价指标体系。并且,在分析了2016年湘西土家族苗族自治州各县的扶贫绩效后得出结论,可持续发展是精准扶贫绩效评估的新重点。不同地区的扶贫绩效有相当大的差异,这主要是受当地经济增长水平和社会条件的影响。准确的识别仍然是精准扶贫活动的必要条件。因此,为提高精准扶贫的效率提出了建议。包军军和严江平(2015)采用AHP方法和模糊综合评估方法,以甘肃省白银市龙湾村为研究区域,确定其综合扶贫效果的感知价值。通过对问卷数据的统计分析和实地调查,探讨了经济驱动、权利提升、意识形态促进和资源补偿效应等价值认知差异的原因。在此研究基础上提出了政策建议,并研究了基于旅游的农村发展新路径。

3. 回归分析模型OLS和结构方程模型ISM法

曾勇(2017)利用因素法和成本-效益评估方法,建立回归分析模型(OLS)对中国东西部扶贫中典型案例沪滇对口帮扶的主要成绩进行中观绩效评价,得出沪滇对口帮扶存在问题和不足，并在此基础上提出相应的上海对口帮扶建议。谢国杰（2019）通过结构方程模型法，应用 Smart PLS 软件中偏最小二乘结构方程进行模型构建，对影响广东省精准扶贫绩效考核和重要因素进行指标考核，使用归一法对数据进行处理。最终得出扶贫绩效总体排名和各一级指标横向排名形成优化策略。黄薇（2017）在利用自填式问卷资料进行分析时，考虑到数据中存在的选择性偏差对传统 OLS 回归方法估计效果的影响，引入处理效应模型对医保政策的精准扶贫效果进行了测度研究。

除了单独采用和综合采用上述方法外，DEA 法（吕方和梅琳，2017）、平衡计分卡（张岳和段洪波，2017）、个案分析法（朱玉福和伍淑花，2018）、链条调研跟踪法（李倩，2018）、双重差分法（申云和彭小兵，2016）、倾向得分匹配法（边俊杰和赵天宇，2019）等多种方法也都在扶贫效果测度中得到了应用。

综上所述，AHP 层次分析法与模糊综合评价法是在扶贫绩效评价领域被广泛使用且十分高效的方法。AHP 层次分析法是将指标体系分层后进行定性与定量相结合研究的方法，适用于解决多指标的评价与决策问题，而模糊综合评价法可将定性问题进行定量化处理，特别适用于不易量化的情况评价。基于精准扶贫实施措施方面的复杂性、扶贫主体方面的多样性与效果评价的不易量化性，运用层次分析法、模糊综合评价法与数据包络分析法 DEA 相结合的方式对精准扶贫成效进行评价，从投入和产出维度对扶贫开发政府帮扶、企业帮扶和社会群体参与进行审计和考核。

（三）精准扶贫成效评价指标

在扶贫成效研究中首先涉及的就是评价指标的选取，评价指标是扶贫成效评价的基础。汪三贵和郭子豪（2015）提出考核难、识别难等是我国扶贫任务中的难题，因此在建立有效科学的扶贫成效评价指标体系时，不仅要顾及地区特色、政策扶持等因素，还要构建各地之间差异化的扶贫成效评价标准。陈怀叶（2009）则从建设、生活、生产力、经济等维度建立参与式扶贫的指标体系。焦克源和徐彦平（2015）研究分析了少数民族贫困县的扶贫成效，通过选取儿童在校率、贫困发生率等 15 个评价指标衡量贫困县的扶贫成效，研究发现少数民族地区贫困县扶贫成效在全国排名中处于劣势。钱力等（2018）主要从社会发展、经济发展、生产生活和生态环境四个方面选取评价指标，对安徽省大别山整体扶贫成效和各县域扶贫成效进行分析。李燚和葛国耀（2018）从社会、经济、生态效益三个维度建立评价体系,并通过大别山区 5 个贫困县的实际案例,验证扶贫成效,发现大别山地区扶贫成效整体呈上升趋势,但各个县域之间的扶贫成效差距较大。王林雪和殷雪(2019)在指标体系评价中增加了对扶贫精准性方面的评估维度。

可以看出,在扶贫成效评价方面,不同学者根据被评价地区的差异提出了异质性的评价指标,尚未能提出扶贫绩效评价的通用指标体系。由于政府、社会、市场等多元主体的共同参与,扶贫的形势已逐渐由政府主导式的扶贫转向多元主体的协同扶贫,呈现一种多元化的趋势。因此,在对精准扶贫成效进行评价时,不能仅局限于某一主体,应考虑大扶贫主体的多维度特征。故本部分尝试构建以多元主体为中心的扶贫成效评价体系,在考察扶贫整体效益的同时兼顾多元主体视角下的成效问题。

二、精准扶贫成效评价 DEA 模型

数据包络分析方法(Data Envelopment Analysis,DEA)是著名运筹学家 Chames、Cooper 和 Rhode 于 1978 年首先提出的评价生产效率的重要的非参数方法(Chames, et al., 1978)。该方法的原理主要是通过保持决策单元(Decision Making Unit, DMU)的输入或者输出不变,借助于数学规划方法确定相对有效的生产前沿面,将各个决策单元投影到 DEA 的生产前沿面上,并通过比较决策单元偏离 DEA 前沿面的程度来评价它们的相对有效性。该方法适用于对多投入及多产出的决策单元进行效率评价,还能通过投入冗余或者产出的不足来分析决策单元低效的原因以及程度,为决策主体提供信息(罗璐,2015)。DEA 模型最初由 Charnes 用于测度公共部门与非营利机构的效率,现已广泛应用于银行、高校、医院、保险公司,以及制造业、服务业等诸多领域的效率评价。DEA 方法中,最基本的两个模型是 CCR 模型和 BCC 模型,其中面向投入的 CCR 模型提出最早且应用最广泛。

假设存在 n 个决策单元,每个决策单元有 m 种投入获得了 s 种产出,x_{ij} 为第 j 个决策单元对应的第 i 种投入,$x_{ij} \geq 0$;y_{rj} 为第 j 个决策单元对应的第 r 种产出,$y_{rj} \geq 0$;v_i 和 u_r 分别是第 i 种投入和第 r 种产出的权重,现令

$$x_j = (x_{1j}, x_{2j}, \cdots, x_{mj})^T, j=1, 2, \cdots, n$$

$$y_j = (y_{1j}, y_{2j}, \cdots, y_{sj})^T, j=1, 2, \cdots, n$$

$$v = (v_1, v_2, \cdots, v_m)^T$$
$$u = (u_1, u_2, \cdots, u_s)^T$$

则决策单元 j 的效率评价指数为

$$h_j = \frac{\sum_{r=1}^{s} u_r y_{rj}}{\sum_{i=1}^{m} u_r y_{rj}}$$

将权重 v 和 u 作为变量,将效率指数 $h_j \leqslant 1$, $j=1, 2, \cdots, n$ 作为约束,将第 j_0 个决策单元的效率指数 h_0 作为决策目标,对第 j_0 个决策单元进行相对效率测评,构建模型如下

$$(\overline{P}_{C^2R}) \begin{cases} \max = \dfrac{u^T y_{j0}}{v^T x_{j0}} = V_{\overline{P}} \\ s.t. = \dfrac{u^T y_j}{v^T x_j} \leqslant 1, j=1, 2, \cdots, n \\ v \geqslant 0, u \geqslant 0 \end{cases}$$

令 $t = \dfrac{1}{v^T x_{j0}}, \overline{\omega} = tv, \mu = tu$,将上述分式规划 $(\overline{P}_{C^2R})$ 进一步转化为对应等价的线性规划如下

$$(\overline{P}_{C^2R}) \begin{cases} \max u^T y_{j0} = V_P \\ s.t. \ \overline{\omega}^T x_j - \mu^T y_j \geqslant 0, j=1, 2, \cdots, n \\ \overline{\omega}^T x_{j0} = 1 \\ \overline{\omega} \geqslant 0, \mu \geqslant 0 \end{cases}$$

若 $(\overline{P}_{C^2R})$ 的最优解满足 $V_p = \mu^T y_{j0} = 1$,则决策单元为 DEA 有效。

三、精准扶贫成效评价指标体系概念模型

(一) 构建原则

(1) 目标导向。根据当地实际情况,开展精准的产业扶贫,最终目的是脱贫致富。明确目标并建立相应的绩效评估指标,以有效配置相关资源,找出并解决扶贫管理中的漏洞,并在规定时间内实现既定的扶贫目标。

(2) 可操作性。可操作性的概念决定了精准扶贫的绩效评价指标具有可衡量、可追溯的评价功能。由于精准扶贫措施尤其是产业扶贫见效时间长,所以要充分重视可衡量的数据测量和获取的便利性。

(3) 可比较。绝对数字和精确数值具有明显的个体特征，要尽可能少采用。坚持过程与结果相结合，分析扶贫所涉及的各个环节之间的联系和相互作用，跟踪绩效和最终结果。在建立精准扶贫的评估指标时，必须考虑到不同地点、不同层次、不同年代的横向和纵向比较。

(二) 概念模型

精准扶贫成效主要通过直接效应和间接效应两种方式发挥作用。由于精准扶贫工作涉及的领域众多，而影响扶贫绩效的原因有很多，既与协作资金投入有关，也与相关协作体制机制、地区经济发展因素以及贫困地区自身发展动力等因素有关。在深入分析了影响精准扶贫工作成效各因素的基础上，将其按照不同属性自上而下地分解为三个层次，即目标层、判断层与指标层，用于构造出一个递阶层次结构模型。

在深入调查了解分析我国精准扶贫工作后，重点评价精准扶贫的投入与效果产出的相对效率。本书拟构建2个一级指标，8个二级指标和56个三级指标的评价体系，具体如表5-1所示。实际操作中，根据考察的重点及数据的可获得性进行取舍。

表5-1 精准扶贫成效评价指标体系概念模型

目标层（一级指标）	判断层（二级指标）	指标层（三级指标）
精准扶贫投入	政府帮扶	制定精准扶贫政策和方案
		驻村工作队第一书记
		中央财政专项扶贫资金
		各级扶贫办、县乡政府扶贫领导小组
		地方财政一般公共服务建设
		对口帮扶
	企业帮扶	捐赠救助
		产业投资
		贫困户技能培训
		政企 PPP 模式合作
		商贸创收

续表

目标层（一级指标）	判断层（二级指标）	指标层（三级指标）
精准扶贫投入	企业帮扶	就业岗位供给
	社会主体参与	全社会固定投资
		扶贫志愿者组织
		扶贫公益品牌
		基础设施（村村通建设）
精准扶贫产出	减贫成效	贫困人口数量
		贫困发生率
		恩格尔系数
		教育费用总支出
		建档立卡精准率
		脱贫摘帽村个数
		易地扶贫搬迁人数
		贫困户对帮扶的满意率
		非正常返贫率
	经济效益	地区生产总值
		人均GDP
		人均可支配收入
		改善型消费支出增长率
		人均可支配收入增长率
		家庭总收入
		乡镇企业集体经济增加值年增长率
	社会效益	医疗费用报销率
		新增就业率
		医疗卫生机构病床数
		九年义务教育入学率

续表

目标层（一级指标）	判断层（二级指标）	指标层（三级指标）
精准扶贫产出	社会效益	县乡医院建设情况
		养老保险覆盖程度
		中小学生在校人数
		通车、通电、通电话比例
		贫困人口新农合新农保参与率
		自来水公供比率
		贫困人口扶贫满意度
	生态效益	农田利用率
		粮田保障率
		退耕还林还草还湖面积增长率
		利用清洁能源增长率
		环境污染企业降低率
		植树造林率
		荒地复垦率
	可持续发展	贫困人口持续增收能力
		贫困人口收入的增长是否具有可持续性
		贫困人口自我发展能力
		精准扶贫是否激发贫困人口内生发展动力
		抗返贫风险能力

第三节 基于 DEA 模型的我国精准扶贫成效评价——以湖北省为例

一、指标选取

根据上一节所列的精准扶贫成效评级指标体系模型,并结合湖北实际及数据可得性原则,本书最终选取的投入指标为:农村用电量、农业从业人员;产出指标为:人均可支配收入、所在自然村主干道路面硬化的农户比重、每千人口卫生机构床位数。具体如表5-2所示。

表 5-2 评价指标选取情况

输入变量	农村用电量(万千瓦时)
	农业从业人员(万人)
输出变量	人均可支配收入(元)
	每千人口卫生机构床位数(张)
	所在自然村主干道路面硬化的农户比重(%)

农村用电量,是指扶贫过程中对农村生产生活所投入的具体用电,包括农业机械化及其自动化设备和生活用电。农村从业人员,是反映投入精准扶贫过程中从事农业的人力规模。人均可支配收入,作为精准扶贫工作成效的一个直接体现,是指在经过一系列扶贫投入措施后,贫困地区人民实际所取得的成果,而人均可支配收入则是最直观的反映。每千人口卫生机构床位数(张),是指农村所设有的医疗卫生服务点中每千人口所拥有的床位数,反映脱贫工作中贫困地区的看病难问题是否得到解决。所在自然村主干道路面硬化的农户比重反映当地的基础设施建设是否得到提升。

二、湖北省扶贫成效评价过程

(一)投入分析

农业从业人员具体呈现两段式分布:第一段从2016年到2018年,这段期间内，湖北农业从业人员出现缓慢下降，趋势幅度较为平缓。这是由于前期精准扶贫重点工作在于促进贫困人口生活保障；第二段从2018年到2019年，湖北省农业从业人员呈快速下降趋势，主要原因是智慧农业的发展推动农业机械化水平的提高，减少劳动力的投入，造成农业从业人员的减少。

农村用电量方面，从2016年的149.10万千瓦时增长至2020年的178.55万千瓦时，同比增长19.75%。2016年"十三五"规划提出现代农业发展以来，农村机械化水平不断提高，农业生产标准化程度显著提高，使得农业发展规模扩大，农业用电大幅增加，造成农业用电量的高速增长。

(二) 产出分析

据国家统计局湖北调查总队农村贫困监测调查，从表5-3可知，2019年湖北贫困地区农村常住居民人均可支配收入12874元，比上年增加1322元，增长11.4%；比2015年增加4192元，增长48.3%。2015—2019年，人均可支配收入保持10%左右的增速逐年稳定增长。2019年，湖北贫困地区农村常住居民人均可支配收入增速比全国农村和全省农村平均水平分别高1.6个和1.8个百分点，绝对额占全国农村和全省农村比重分别为80.4%和78.5%，比2015年分别提高了4.4个和5.2个百分点。贫困地区农村与全省农村居民收入水平差距不断缩小。2015—2019年，湖北贫困地区农村居民人均可支配收入年增速均高于全国农村及全省农村平均水平。

表5-3 湖北同全国及湖北贫困地区人均可支配收入对比分析

地区	2015年		2016年		2017年		2018年		2019年	
	绝对数(元)	增幅(%)	绝对数(元)	增幅(%)	绝对数(元)	增幅(%)	绝对数(元)	增幅(%)	绝对数(元)	增幅(%)
全国	11422	8.9	12363	8.2	13426	8.6	14617	8.8	16021	9.6
湖北	11844	9.2	12725	7.4	13812	8.5	14978	8.4	16391	9.4
湖北贫困地区	8682	10.9	9502	9.4	10471	10.2	11552	10.3	12874	11.4

从图5-5可以看出，随着脱贫攻坚战的深入实施，湖北省相关政策持续发力，扶贫资金不断投入，贫困地区农村的基础设施和公共服务能力全面提

升。湖北省所在自然村主干道路面硬化的农户比重，从2016年的97.8%上涨到2020年的99.99%，几乎接近全覆盖。每千人口卫生机构床位数也由2016年的5.87张增长到2020年的6.85张，同比增长5.75个百分点。

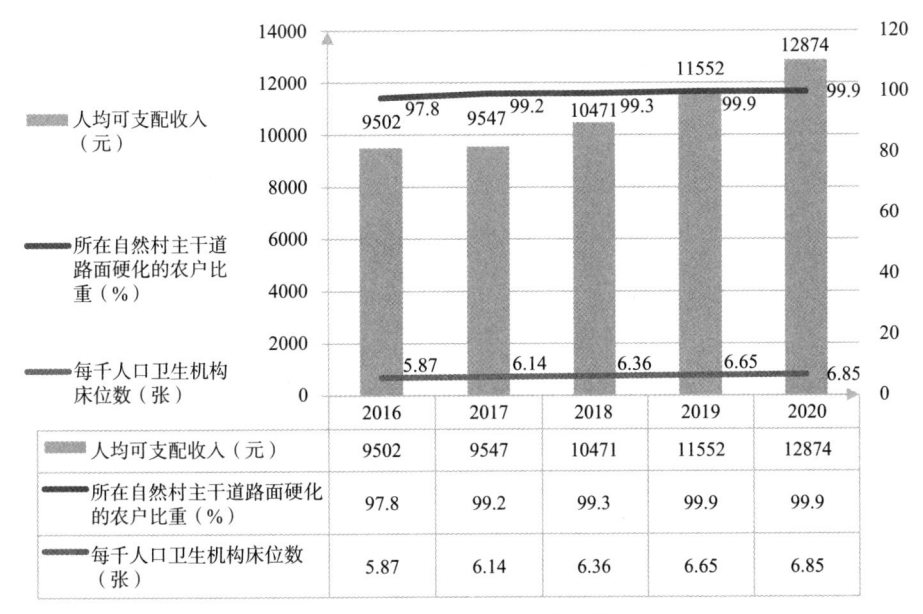

	2016	2017	2018	2019	2020
人均可支配收入（元）	9502	9547	10471	11552	12874
所在自然村主干道路面硬化的农户比重（%）	97.8	99.2	99.3	99.9	99.9
每千人口卫生机构床位数（张）	5.87	6.14	6.36	6.65	6.85

图 5-5 湖北省产出统计 ❶

(三) 投入产出分析

将投入产出数据带入 DEA 模型，运算结果如表 5-4 所示。

表 5-4 湖北投入产出分析表

年份	综合效率	纯技术效率	规模效率	
2016	1.000	1.000	1.000	—
2017	1.000	1.000	1.000	—
2018	0.967	1.000	0.967	drs
2019	0.967	1.000	0.967	drs
2020	1.000	1.000	1.000	—
均值	0.987	1.000	0.987	—

---

❶ 作者根据湖北省统计年鉴等整理。

由表5-4可知，湖北省的精准扶贫成效综合效率均值为0.987，说明湖北省的精准扶贫成效较好。结合历年的纯技术效率和规模效率看，技术效率均值为1.000，规模效率均值为0.987。可见，湖北精准扶贫投入产出情况良好，也从侧面反映出精准识别和精准帮扶程度较高；从规模效率来看，随着各种扶贫项目规模效益和经济效益的发挥，将会产生更好的扶贫效果。分年度来看，2016年、2017年和2020年三年的综合技术效率为1，即达到DEA有效，这三年的技术效率和规模效率同时有效，说明在精准扶贫工作中资源得到充分利用，成效明显；2018年、2019年两年低于综合效率平均值，导致这一现象可能是因为项目投入和产出间存在时滞。

第四节　基于贫困户满意度的精准扶贫成效评价——以D市为例

地处中国中部腹地的D市是国家秦巴山区扶贫开发重点县，是湖北省9个深度贫困县（市）之一，总人口46万人，2014年建档立卡贫困人口9.86万人。D市的精准扶贫工作有一定的代表性，因此以该市为例进行相关研究。基于贫困户满意度视角，团队对D市的扶贫现状做了深入剖析，并利用层次分析法和模糊综合评价法着重对D市贫困户的满意度进行定量分析，以精准识别满意度、精准帮扶满意度、精准脱贫满意度以及财政专项资金管理满意度为准则层，利用比较矩阵进行一致性检验，从而对D市的精准扶贫工作现状得出结论，提出有效、科学的对策建议。

一、精准扶贫满意度研究进展

关于满意度，不同的学者有不同的看法。例如，金小苗（2006）认为满意度是一种认知评价。廖芳园（2017）以扶贫政策为考察对象，采用李克特5段量表法对龙岩市精准扶贫贫困户满意度进行了测算，采用了四个次要指标包括政府（包括关联援助）员工满意度、政府关注满意度、政策援助满意度和总体政策满意度，除了个人特征、家庭特征和实施准确的扶贫政策外，还系统地分析了17个指标，结论是贫困家庭仍然期望完善精确的扶贫政策。陈蓉（2018）创新性地从心理学角度，提出帮扶满意度这个概念，并以扶贫对象为考察主体对云南省精准扶贫满意度进行了研究，通过分别对精准扶贫对象期望调查问卷和精准扶贫对象实际感知调查问卷的信度效度进行检验，得出云南省精准扶贫对象对精准扶贫工作整体较满意的结论。

二、D市贫困现状及样本选取

(一) D市贫困现状

根据贫困人口的识别标准，即家庭人均可支配收入低于同期国家扶贫标准(2013年2736元)，吃、穿发愁，教育、医疗、住房没有保障。对D市贫困人口进行筛选，2014年精准扶贫建档立卡人数9.86万人，后来，由于部分贫困人口户口外迁等原因，截至2017年年底建档立卡人数9.72万人。具体如表5-5所示。

表5-5 D市贫困户情况表

数据采集时间：2017.11　　　　　　　　　　　　　　　　填报单位：D市扶贫办

建档立卡系统情况	户数	人数	2016年脱贫		2017年脱贫	
			户数	人数	户数	人数
建档立卡贫困人口	30213	97223	4350	15462	5065	18557
1. 未脱贫人口	18115	53606	—	—	—	—
(1) "五保"户	2286	2559	—	—	—	—
(2) "低保"户	5933	18798	—	—	—	—
(3) 一般贫困户	9896	32249	—	—	—	—
2. 已脱贫人口	12098	43617	4350	15462	5065	18557
(1) "五保"户	9605	35133	3211	11557	4406	16221
(2) "低保"户	2304	8247	1068	3809	617	2289
(3) 一般贫困户	189	237	71	96	42	47

(二) 样本选取

对贫困户满意度数据的收集，本书采用问卷调查的方法，针对D市的12个重点贫困乡镇(区)，分别对每个镇抽取一个重点贫困村作为样本，对该村的贫困户抽取 10% 的比例进行问卷调查，抽取结果如表 5-6 所示。

表 5-6 贫困户问卷调查样本抽取

乡镇		样本量（户）
白杨坪林区	金蟾峡村	26
大沟林业区	油瓶观村	15
丁家营镇	殷河村	17
官山镇	骆马沟村	16
蒿坪镇	新店村	15
浪河镇	四道河村	15
凉水河镇	观沟村	15
龙山镇	白果树沟村	27
石鼓镇	柳林村	16
土关垭镇	四方山村	14
习家店镇	封沟村	16
盐池河镇	改板河村	26
总计		218

三、贫困户满意度视角下 D 市精准扶贫成效实证分析

（一）模型选择

采用层次分析法对影响 D 市精准扶贫工作效果的因素进行层次分析，建立一个以 D 市精准扶贫工作效果为目标层，以四个维度为准则层。并在此基础上进行细化评价，通过专家打分，并运用判断矩阵的运算来确定权重。模糊综合分析法是一种基于模糊数学的评价方法。通过一定的方法将定性分析转化为定量分析，因此对本部分所研究的精准扶贫的工作效果采用贫困户满意度进行分析，并结合层次分析法所计算出来的各指标权重进行量化，从而得出结论。

（二）指标体系构建

贫困户作为精准扶贫工程的主要参与者之一，其满意与否直接关系到这项

工程是否完成。而国家和政府要想完成这一目标，就必须立足于贫困户满意。因此结合 D 市的实际情况和对贫困户做出的满意度调查结果的反馈进行数据分析，得出结论。所以，在指标选取上要遵循科学客观原则、可操作性原则和定性与定量相结合原则。

此次采用层次分析法对 D 市精准帮扶工作基于贫困户满意度视角的研究中，所选取的目标层为精准扶贫工作效果评价，围绕这一目标，建立了精准识别工作效果、精准帮扶工作效果、精准脱贫工作效果与财政专项扶贫资金管理四大准则层，并在此基础上进行了细分，如表 5-7 所示。

表 5-7 精准扶贫工作效果评价体系

目标层	准则层
精准扶贫工作效果评价体系	精准识别工作效果
	精准帮扶工作效果
	精准脱贫工作效果
	财政专项扶贫资金管理

其中精准识别工作效果包括识别标准满意度、政策宣传满意度、识别公正满意度、识别结果满意度四个方面，如表 5-8 所示。

表 5-8 精准识别工作效果

准则层	指标层
精准识别工作效果	识别标准满意度
	政策宣传满意度
	识别公正满意度
	识别结果满意度

精准帮扶工作效果包括绿色产业扶贫满意度、教育扶贫满意度、健康扶贫满意度、易地搬迁扶贫满意度、政策兜底扶贫满意度、金融扶贫满意度、帮扶工作落实满意度七个方面，如表 5-9 所示。

表 5-9 精准帮扶工作效果

准则层	指标层
精准帮扶工作效果	绿色产业扶贫满意度
	教育扶贫满意度
	健康扶贫满意度
	易地搬迁扶贫满意度
	政策兜底扶贫满意度
	金融扶贫满意度
	帮扶工作落实满意度

精准脱贫工作效果包括增收致富满意度、减贫成效满意度、脱贫准确满意（认可）度三个方面，如表 5-10 所示。

表 5-10 精准脱贫工作效果

准则层	指标层
精准脱贫工作效果	增收致富满意度
	减贫成效满意度
	脱贫准确满意（认可）度

财政专项扶贫资金管理包括资金使用透明度的满意度、资金到位情况满意度、资金管理体系满意度等，如表 5-11 所示。

表 5-11 财政专项扶贫资金管理

准则层	指标层
财政专项扶贫资金管理	资金使用透明度的满意度
	资金到位情况满意度
	资金管理体系满意度

对于满意度的选择，本次层次分析法中一共设置了很满意、比较满意、一般、不满意、很不满意这 5 个选项。

(三) 权重的确定

根据上述指标的选取,现进行层次分析法的第一步建立层次结构图,分别有1个目标层4个准则层,并在此基础上细分出满意度指标,其结果如图5-6所示。

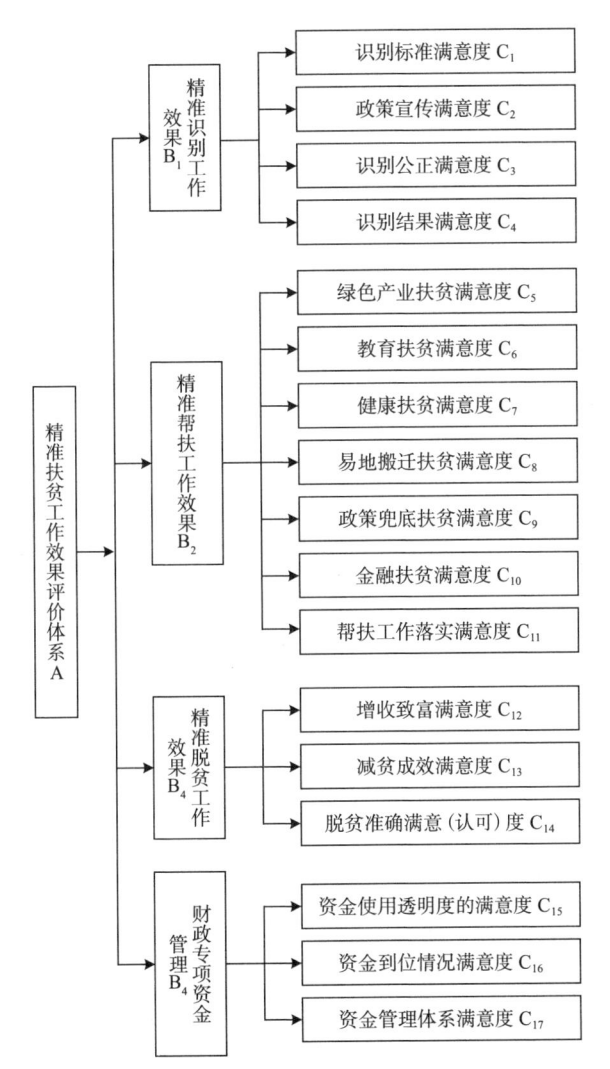

```
精准扶贫工作效果评价体系 A
├── 精准识别工作效果 B₁
│   ├── 识别标准满意度 C₁
│   ├── 政策宣传满意度 C₂
│   ├── 识别公正满意度 C₃
│   └── 识别结果满意度 C₄
├── 精准帮扶工作效果 B₂
│   ├── 绿色产业扶贫满意度 C₅
│   ├── 教育扶贫满意度 C₆
│   ├── 健康扶贫满意度 C₇
│   ├── 易地搬迁扶贫满意度 C₈
│   ├── 政策兜底扶贫满意度 C₉
│   ├── 金融扶贫满意度 C₁₀
│   └── 帮扶工作落实满意度 C₁₁
├── 精准脱贫工作效果 B₃
│   ├── 增收致富满意度 C₁₂
│   ├── 减贫成效满意度 C₁₃
│   └── 脱贫准确满意(认可)度 C₁₄
└── 财政专项资金管理 B₄
    ├── 资金使用透明度的满意度 C₁₅
    ├── 资金到位情况满意度 C₁₆
    └── 资金管理体系满意度 C₁₇
```

图 5-6 D 市精准扶贫工作效果评价体系 AHP 结构层次图

1. 构建判断矩阵

根据 Satty 的 1-9 标度对图 5-6 中的各项指标进行重要度判断,分别用 C_i 和 C_j 表示两个指标,则可建立比较矩阵,如表 5-12 所示。

表5-12 C_i 比 C_j 强（重要）的程度表

C_i/C_j	相等	—	稍强	—	强	—	很强	—	绝对强
a_{ij}	1	2	3	4	5	6	7	8	9

说明："—"表示强度居于前后两者之间。

根据表5-12的标度数分别请教了4位专家对各层次中的指标进行了重要性判断，构造比较矩阵如下：

（1）精准扶贫工作效果评价体系 **A**：

$$A=\begin{bmatrix} 1 & 1/3 & 2 & 2 \\ 3 & 1 & 4 & 6 \\ 1/2 & 1/4 & 1 & 2 \\ 1/2 & 1/6 & 1/2 & 1 \end{bmatrix}$$

（2）精准识别工作效果矩阵 B_1：

$$B_1=\begin{bmatrix} 1 & 3 & 3 & 6 \\ 1/3 & 1 & 1 & 3 \\ 1/3 & 1 & 1 & 3 \\ 1/6 & 1/3 & 1/3 & 1 \end{bmatrix}$$

（3）精准帮扶工作效果矩阵 B_2：

$$B_2=\begin{bmatrix} 1 & 2 & 2 & 1/2 & 4 & 3 & 1/2 \\ 1/2 & 1 & 1/2 & 1/4 & 2 & 3 & 1/4 \\ 1/2 & 2 & 1 & 1/2 & 4 & 2 & 1/2 \\ 2 & 4 & 2 & 1 & 8 & 4 & 2 \\ 1/4 & 1/2 & 1/4 & 1/8 & 1 & 1/2 & 1/8 \\ 1/3 & 1/3 & 1/2 & 1/4 & 2 & 1 & 1/4 \\ 2 & 4 & 2 & 1/2 & 8 & 4 & 1 \end{bmatrix}$$

（4）精准脱贫工作效果矩阵 B_3：

$$B_3=\begin{bmatrix} 1 & 3 & 2 \\ 1/3 & 1 & 2 \\ 1/2 & 1/2 & 1 \end{bmatrix}$$

(5) 财政专项资金管理工作效果 B_4:

$$B_4 = \begin{bmatrix} 1 & 6 & 7 \\ 1/6 & 1 & 3 \\ 1/7 & 1/3 & 1 \end{bmatrix}$$

2. 一致性检验

一致性检验是通过公式 $CI=(\lambda_{max}-n)/(n-1)$ 来检验，如果 CI 的值越小，就说明偏离一致性的程度越小，即接近一致，当 $CI=0$ 时，表比较矩阵一致，为一致性矩阵。

同时，引入比值：$CR=CI/RI$，当 CR 的值小于 0.1 时，可以认为成对比较的逆矩阵是可接受的，反之不可接受。RI 是引入的随机一致性指标，如表 5-13 所示。

表 5-13 随机一致性指标取值

n	1	2	3	4	5	6	7	8	9	10	11	12	13	14	15
RI	0	0	0.58	0.89	1.12	1.26	1.36	1.41	1.46	1.49	1.52	1.54	1.56	1.58	1.59

计算可知：

A: $\lambda_{max}=4.2638$，$CI=0.0879$，$RI=0.89$，$CR=0.0988<0.1$

B_1: $\lambda_{max}==4.2539$，$CI=0.0846$，$RI=0.89$，$CR=0.0951<0.1$

B_2: $\lambda_{max}==7.2132$，$CI=0.0355$，$RI=1.36$，$CR=0.0261<0.1$

B_3: $\lambda_{max}==3.1141$，$CI=0.0571$，$RI=0.58$，$CR=0.0984<0.1$

B_4: $\lambda_{max}==3.0999$，$CI=0.0500$，$RI=0.58$，$CR=0.0861<0.1$

通过计算可得，A，B_1，B_2，B_3，B_4 的 CR 值均小于 0.1，因此可以认为成对比较矩阵具有一致性。

3. 权重计算结果

根据表 5-13 中的比较矩阵求出的特征向量，然后分别用各自的特征向量代入公式 ($i=1$, 2, 3, $\cdots$, n)，计算出 D 市精准帮扶工作效果评价各个指标的权重，如表 5-14 所示。

表 5-14　D 市精准扶贫帮扶工作效果评价权重

目标层 A	准则层 B	权重系数	指标层 C	权重系数
精准扶贫工作效果评价体系 A	精准识别工作效果 B_1	0.2088	识别标准满意度 C_1	0.5337
			政策宣传满意度 C_2	0.1969
			识别公正满意度 C_3	0.1969
			识别结果满意度 C_4	0.0726
	精准帮扶工作效果 B_2	0.5660	绿色产业扶贫满意度 C_5	0.1595
			教育扶贫满意度 C_6	0.0798
			健康扶贫满意度 C_7	0.1235
			易地搬迁扶贫满意度 C_8	0.3011
			政策兜底扶贫满意度 C_9	0.0341
			金融扶贫满意度 C_{10}	0.0550
			帮扶工作落实满意度 C_{11}	0.2470
	精准脱贫工作效果 B_3	0.1374	增收致富满意度 C_{12}	0.5472
			减贫成效满意度 C_{13}	0.2631
			脱贫准确满意(认可)度 C_{14}	0.1897
	财政专项资金管理 B_4	0.0878	资金使用透明度的满意度 C_{15}	0.7504
			资金到位情况满意度 C_{16}	0.1713
			资金管理体系满意度 C_{17}	0.0782

(四) 模糊综合评价

1. 单因素分析

结合研究内容，对"很满意"给10分，"比较满意"给8分，"一般"给6分，"不满意"给4分，"很不满意"给2分。最后进行归一化处理，结果如表5-15所示。

表 5-15　D 市精准扶贫工作效果单因素分析　　　　　　　　单位：%

扶贫各项工作效果		很满意	比较满意	一般	不满意	很不满意	合计
精准识别工作效果	识别标准满意度	44.72	31.22	16.10	7.15	0.81	100.00
	政策宣传满意度	30.89	33.20	17.95	14.29	3.67	100.00
	识别公正满意度	32.45	30.02	20.69	12.98	3.85	100.00
	识别结果满意度	30.80	31.61	21.74	13.41	2.90	100.00
精准帮扶工作效果	绿色产业扶贫满意度	32.00	36.00	20.00	8.00	4.00	100.00
	教育扶贫满意度	32.00	32.00	18.00	12.00	6.00	100.00
	健康扶贫满意度	34.00	32.00	20.00	10.00	4.00	100.00
	易地搬迁扶贫满意度	28.00	30.00	30.00	8.00	4.00	100.00
	政策兜底扶贫满意度	32.00	32.00	28.00	6.00	2.00	100.00
	金融扶贫满意度	32.00	40.00	22.00	4.00	2.00	100.00
	帮扶工作落实满意度	36.54	30.00	17.31	13.85	2.31	100.00
精准脱贫工作效果	增收致富满意度	36.43	26.23	20.22	14.94	2.19	100.00
	减贫成效满意度	30.10	28.74	22.72	15.92	2.52	100.00
	脱贫准确满意（认可）度	26.53	35.92	18.37	15.92	3.27	100.00
财政专项资金管理	资金使用透明满意度	36.23	27.54	19.57	13.77	2.90	100.00
	资金到位情况满意度	30.21	30.41	22.22	14.04	3.12	100.00
	资金管理体系满意度	37.99	24.64	18.48	14.78	4.11	100.00

2. 准则层评价结果

通过上述关于贫困户满意度的数据进行处理，我们大致可以得到 4 个新的矩阵：

（1）精准识别工作效果：

$$R_1 = \begin{bmatrix} 0.45 & 0.31 & 0.16 & 0.07 & 0.01 \\ 0.31 & 0.33 & 0.18 & 0.14 & 0.04 \\ 0.32 & 0.30 & 0.21 & 0.13 & 0.04 \\ 0.31 & 0.32 & 0.22 & 0.13 & 0.02 \end{bmatrix}$$

又从表5-15可知关于精准识别工作效果的权重向量为

$w_1 = (0.5337, 0.1969, 0.1969, 0.0726)$

然后经计算可得

$B_1 = w_1 \times R_1 = (0.3867, 0.3127, 0.1782, 0.0999, 0.0225)$

归一化处理后得

$B_1' = (0.3867, 0.3127, 0.1782, 0.0999, 0.0225)$

根据最大隶属度原则，由结论可知，从贫困户角度来看该地区的精准扶贫识别工作工作效果很好。

(2) 精准帮扶工作效果：

$$R_2 = \begin{bmatrix} 0.32 & 0.36 & 0.20 & 0.08 & 0.04 \\ 0.32 & 0.32 & 0.18 & 0.12 & 0.06 \\ 0.34 & 0.32 & 0.18 & 0.12 & 0.06 \\ 0.28 & 0.30 & 0.30 & 0.08 & 0.04 \\ 0.32 & 0.32 & 0.28 & 0.06 & 0.02 \\ 0.32 & 0.40 & 0.22 & 0.04 & 0.02 \\ 0.37 & 0.30 & 0.17 & 0.14 & 0.02 \end{bmatrix}$$

同理根据表5-15所得其权重向量为

$w_2 = (0.1595, 0.0798, 0.1235, 0.3011, 0.0341, 0.0550, 0.2470)$

同理可得

$B_2 = w_2 \times R_2 = (0.3228, 0.3198, 0.2249, 0.0729, 0.0349)$

归一化得

$B_2' = (0.3310, 0.3279, 0.2306, 0.0747, 0.0358)$

根据最大隶属度原则，由结论可知，从贫困户角度来看该地区的精准扶贫帮扶工作工作效果很好。

(3) 精准脱贫工作效果：

$$R_3 = \begin{bmatrix} 0.36 & 026 & 0.20 & 0.15 & 0.02 \\ 0.30 & 0.29 & 0.23 & 0.16 & 0.03 \\ 0.27 & 0.30 & 0.17 & 0.14 & 0.02 \end{bmatrix}$$

由上述计算可得精准脱贫工作效果的权重向量为

$w_3 = (0.5472, 0.2631, 0.1897)$

进一步计算可知

$B_3 = w_3 \times R_3 = (0.3271, 0.2755, 0.2022, 0.1507, 0.0226)$

归一化处理得

$B_3' = (0.3344, 0.2816, 0.2067, 0.1541, 0.0231)$

根据最大隶属度原则，从贫困户视角来看该地区的精准脱贫工作工作效果很好。

(4) 财政专项资金管理体系：

$$R_4 = \begin{bmatrix} 0.36 & 028 & 0.20 & 0.14 & 0.04 \\ 0.30 & 0.30 & 0.22 & 0.14 & 0.03 \\ 0.38 & 0.25 & 0.18 & 0.15 & 0.04 \end{bmatrix}$$

由上述计算可得其权重向量为

$w_4 = (0.7504, 0.1713, 0.0782)$

经计算可得

$B_4 = w_4 \times R_4 = (0.3513, 0.2811, 0.2018, 0.1408, 0.0308)$

归一化得

$B_4' = (0.3493, 0.2795, 0.2007, 0.1400, 0.0306)$

根据最大隶属度原则可知，贫困户对于D市的财政专项资金管理的满意度同样为非常满意，即从贫困户视角来看该地区的精准脱贫工作效果很好。

3. 目标层评价结果

目标层的评价指的是用准则层最后归一化之后的结果组成一个新的矩阵，然后再次结合目标层的权重，如下所示

$$R = \begin{bmatrix} 0.3867 & 0.3127 & 0.1782 & 0.0999 & 0.0225 \\ 0.3310 & 0.3279 & 0.2306 & 0.0747 & 0.0358 \\ 0.3344 & 0.2816 & 0.2067 & 0.1541 & 0.0231 \\ 0.3493 & 0.2795 & 0.2007 & 0.1400 & 0.0306 \end{bmatrix}$$

其权重向量为 $w = (0.2088, 0.5660, 0.1374, 0.0878)$

$A = w \times R = (0.3447, 0.3141, 0.2137, 0.0966, 0.0308)$

归一化得

$A' = (0.3447, 0.3141, 0.2137, 0.0966, 0.0308)$

根据归一化后的值，按照最大隶属度原则可以确定，D市贫困户对于精准扶贫的工作效果满意度为非常满意。

(五) 研究总结

根据以上数据分析来看，D 市的贫困人口对于该市的精准扶贫帮扶工作满意度很高。各级干部能够按照制度与既定政策认真落实，这是 D 市精准扶贫帮扶工作能够得到群众认可的前提。

总体来看，D 市的精准帮扶工作在某些方面的做法具有一定典型性。通过精准扶贫工作在 D 市的开展，该市的整体经济水平有较为明显的提高，其产业发展因地制宜出现了绿色生态势头。通过对 D 市的评价结论可以看出，随着精准扶贫工作的稳步推进，扶贫成效及满意度不断提升，进而为我国全面脱贫奠定了较好的基础。

第五节　精准扶贫农户满意度影响因素实证——以湖北省十堰市为例

一、研究区域与数据来源

(一) 研究区域

十堰地处湖北省西北部，所辖 8 个县（市、区）均被纳入国家秦巴山片区扶持范围，6 个县（市、区）属国家级贫困县，其中 5 个县（市）是深度贫困县。新一轮建档立卡全市共识别贫困户 26.6 万户、贫困人口 83.4 万人，贫困发生率 37.26%，高于全国 27 个百分点、全省 22.8 个百分点。全市共有贫困村 456 个，易地扶贫搬迁对象 35.45 万人，占全省总规模的 40.2%。❶

(二) 数据来源

本研究数据来源于笔者团队在第三方评估中对十堰市丹江口市习家店镇、丹江口市盐池河镇、丹江口市蒿坪镇、房县城关镇、房县大木厂镇、房县九道乡、房县青峰镇、房县沙河乡、房县上龛乡、丹江口市白杨坪林区、丹江口市大沟林业区、丹江口市丁家营镇、房县尹吉甫镇、房县中坝乡、茅箭区大川镇、茅箭区赛管局、武当山太极湖办事处、武当山街道办事处、郧西县安家乡、郧

---

❶ 十堰市乡村振兴局，数据发布：全市 83.4 万贫困人口全部脱贫。

西县店子镇、郧西县关防乡、郧西县槐树林特场、郧西县香口乡、郧西县羊尾镇、郧阳区安阳镇、郧阳区白浪镇、郧阳区红岩背林场、郧阳区胡家营镇、郧阳区刘洞乡、郧阳区柳陂镇、郧阳区梅铺镇、张湾区方滩乡、张湾区汉江街办、张湾区黄龙镇、张湾区西沟乡、竹山县宝丰镇等地区的抽样调查。以手机填写问卷的方式进行数据的采集，共收集到有效问卷1628份。

二、问卷情况及数据预处理

(一) 问卷情况

本次问卷共有35个问题，分别为：所在乡镇、村名、村小组、户主姓名、脱贫情况、是否低保五保、是否易地搬迁、您对自己的家庭收入是否满意、您对自己的一日三餐是否满意、您对自己的穿衣是否满意、您对孩子上学享受的政策是否满意、您对目前您家庭成员享受的医疗待遇是否满意、您对您目前居住的房屋是否满意、是否有错评户、是否有漏评户、您对村里贫困户的评选结果是否满意、您对村里贫困户的评选中民主评议会是否满意、您对村书记是否满意、您对村长是否满意、您对驻村工作队是否满意、您对帮扶干部是否满意、您对帮扶干部的帮扶措施是否满意、您对国家的扶贫政策是否满意、您对干部执行和落实国家的扶贫政策是否满意、您对易地扶贫搬迁房的选址是否满意、您对易地扶贫搬迁房的进度是否满意、您对易地扶贫搬迁房的建筑质量是否满意、您对易地扶贫搬迁房的分配是否满意、您对享受到的产业奖补是否满意、您对您享受到的小额信贷是否满意、您对村上建设的或正在建设的饮水工程是否满意、您对村上建设的或正在建设的道路路灯是否满意、您对精准扶贫以来村里发展变化是否感到满意、您对精准扶贫以来您家的发展变化是否感到满意。

由于其中一些问卷问题不适宜对其答案进行赋值检验，如所在乡镇、村名、村小组、户主姓名等，故而将其剔除。还有一些问卷问题的答案中有太多无效答案，如您对易地扶贫搬迁房的选址是否感到满意、您是否对扶贫和搬迁的进展感到满意、您对易地扶贫搬迁房的分配是否满意、您对享受到的产业奖补是否满意、您对享受到的小额信贷是否满意等，故而也将其剔除。重新筛选出的用于因子分析检验的指标共计24个，最后使用的数据是100个样本的24个指标。

100个样本的选取方式是简单随机抽样中的随机数表法,利用电子计算机自动地逐个生成一个一定数目的号码编成表,由此选出100个样本,如表5-16所示。

表5-16 随机数号码表

320	258	693	1011	12	13	71	18	19	20
537	99	67	89	34	1200	33	190	370	200
208	890	213	245	672	351	1005	678	2	27
675	371	609	16	65	289	789	1602	1568	8
28	10	189	28	17	891	278	589	489	187
809	189	1002	778	1394	25	333	156	752	881
1402	222	1110	301	402	197	1092	972	1162	38
29	179	1628	230	291	229	654	762	127	373
139	894	1290	1489	1367	1569	981	783	1602	1562
1182	1033	903	1237	1129	2	1592	279	1205	1053

(二) 数据预处理

本部分拟采用因子分析中的主成分方法从变量群中提取共性因子。由于调查数据具有不同的量纲,故而采取赋值的方法对数据进行处理,具体如表5-17所示。

表5-17 各指标赋值一览表

指标	量纲	赋值
(1) 脱贫情况	已脱贫	1
	未脱贫	2
	返贫户	3
(2) 是否低保五保	低保户	1
	五保户	2
	都不是	3

续表

指标	量纲	赋值
(3) 是否易地搬迁	是	1
	否	2
(4) 您对自己的家庭收入是否满意	很满意	1
	较满意	2
	一般或说不清	3
	不满意	4
	很不满意	5
(5) 您对自己的一日三餐是否满意	很满意	1
	较满意	2
	一般或说不清	3
	不满意	4
	很不满意	5
(6) 您对自己的穿衣是否满意	很满意	1
	较满意	2
	一般或说不清	3
	不满意	4
	很不满意	5
(7) 您对孩子上学享受的政策是否满意	很满意	1
	较满意	2
	一般或说不清	3
	不满意	4
	很不满意	5
	无子女上学	6

续表

指标	量纲	赋值
（8）您对目前您家庭成员享受的医疗待遇是否满意	很满意	1
	较满意	2
	一般或说不清	3
	不满意	4
	很不满意	5
（9）您对您目前居住的房屋是否满意	很满意	1
	较满意	2
	一般或说不清	3
	不满意	4
	很不满意	5
（10）是否有错评户	没有	1
	少	2
	不好说	3
	有一些	4
	很多	5
（11）是否有漏评户	没有	1
	少	2
	不好说	3
	有一些	4
	很多	5
（12）您对村里贫困户的评选结果是否满意	很满意	1
	较满意	2
	一般或不好说	3
	不满意	4
	很不满意	5

续表

指标	量纲	赋值
(13)您对村里贫困户的评选中民主评议会是否满意	很满意	1
	较满意	2
	一般或不好说	3
	不满意	4
	很不满意	5
(14)您对村支书是否满意	很满意	1
	较满意	2
	一般或不好说	3
	不满意	4
	很不满意	5
(15)您对村委会主任是否满意	很满意	1
	较满意	2
	一般或不好说	3
	不满意	4
	很不满意	5
(16)您对驻村工作队满意吗	很满意	1
	较满意	2
	一般或不好说	3
	不满意	4
	很不满意	5
(17)您对帮扶干部是否满意	很满意	1
	较满意	2
	一般或不好说	3
	不满意	4
	很不满意	5

续表

指标	量纲	赋值
(18) 您对帮扶干部的帮扶措施是否满意	很满意	1
	较满意	2
	一般或不好说	3
	不满意	4
	很不满意	5
(19) 您对国家的扶贫政策是否满意	很满意	1
	较满意	2
	一般或不好说	3
	不满意	4
	很不满意	5
(20) 您对干部执行和落实国家的扶贫政策是否满意	很满意	1
	较满意	2
	一般或不好说	3
	不满意	4
	很不满意	5
(21) 您对村上建设的或正在建设的饮水工程是否满意	很满意	1
	较满意	2
	一般或不好说	3
	不满意	4
	很不满意	5
(22) 您对村上建设的或正在建设的道路、路灯是否满意	很满意	1
	较满意	2
	一般或不好说	3
	不满意	4
	很不满意	5

续表

指标	量纲	赋值
(23) 您对精准扶贫以来,村里发展变化是否感到满意	很满意	1
	较满意	2
	一般或不好说	3
	不满意	4
	很不满意	5
(24) 您对精准扶贫以来,您家的发展变化是否感到满意	很满意	1
	较满意	2
	一般或不好说	3
	不满意	4
	很不满意	5

三、因子分析的数据检验

(一) 前提条件的检验

因子分析方法是一种多变量统计分析方法,可将多个变量转换为少数综合指标。因此,它需要自变量之间的某种相关性,即一定程度的共线性。因此,必须在进行因子分析之前进行测试。常用的检验方法主要有:Bartlett 球形检验、KMO 检验等。

通常,当变量之间的相关系数大于 0.5 时,因子分析更合适。Bartlett 球形检验用于确定相关矩阵是否是单位矩阵,并用于反映每个变量是否独立。可以认为变量是相关的并且适合于因子分析,反之亦然。KMO 检验用于比较变量之间的简单相关系数的指数和部分相关系数的指数。这意味着变量之间的相关性越强,越适合因子分析。Kaiser 给出了常用的 KMO 度量标准:0.9 以上表示非常适合;0.8 表示适合;0.7 表示一般;0.6 表示不太适合;0.5 以下表示极不适合。

根据上述测试方法,采用 SPSS 19.0 进行数据检测,KMO 和 Bartlett 球形检验结果如表 5-18 和表 5-19 所示。

表 5-18　KMO 和 Bartlett 检验结果

KMO 值		0.797
Bartlett 球形检验	近似卡方	1614.908
	df	276
	P 值	0.000

表 5-19　公因子方差表

指标	初始	提取	指标	初始	提取
(1)	1.000	0.795	(13)	1.000	0.737
(2)	1.000	0.649	(14)	1.000	0.788
(3)	1.000	0.478	(15)	1.000	0.797
(4)	1.000	0.678	(16)	1.000	0.883
(5)	1.000	0.896	(17)	1.000	0.878
(6)	1.000	0.820	(18)	1.000	0.797
(7)	1.000	0.829	(19)	1.000	0.479
(8)	1.000	0.469	(20)	1.000	0.772
(9)	1.000	0.851	(21)	1.000	0.681
(10)	1.000	0.790	(22)	1.000	0.669
(11)	1.000	0.716	(23)	1.000	0.787
(12)	1.000	0.777	(24)	1.000	0.655

从测试结果来看，KMO 值为 0.797，这是一个适合因子分析的数据。Bartlett 球形检验的 P 值为 0.000，显著性小于 0.05，故而适合做因子分析。从公因子方差表来看，指标 (3)、(8)、(19) 的相关性小于 50%，故予以剔除。剔除后的 KMO 和 Bartlett 球形检验结果如表 5-20 所示。

表 5-20 KMO 和 Bartlett 球形检验结果

KMO 值		0.820
Bartlett 球形检验	近似卡方	1498.587
	df	210
	P 值	0.000

从结果可以看出，剔除相关性小于 50% 的因子后，样本的 KMO 值为 0.820，比之前更大了，达到了"很适合"的范围，说明筛选后的数据更适合做因子分析，即对于本研究的数据，符合因子分析的前提假设。

(二) 具体计算

在本书研究精准扶贫农户满意度的影响因素中，筛选之后最终确定的指标有 21 个，即 21 个因子，但是，21 个因素之间存在一定的相关性，即不同指标之间存在或多或少的联系。只要找到这些潜在的共同因素，就可以简化，这就是因子分析的基本思想所反映的。

故而首先建立正交因子模型如下

$$X_1 = a_{11}F_1 + a_{12}F_2 + ... + a_{1m}F_m + \varepsilon_1$$
$$X_2 = a_{21}F_1 + a_{22}F_2 + ... + a_{2m}F_m + \varepsilon_2$$
$$\cdots\cdots\cdots\cdots\cdots\cdots\cdots\cdots\cdots\cdots\cdots\cdots$$
$$X_p = a_{p1}F_1 + a_{p2}F_2 + ... + a_{pm}F_m + \varepsilon_p$$
$$X = AF + \varepsilon$$

其中 X 表示样本满意度的指标值，F 表示指标值背后隐藏的"共同因子"，ε 表示一些不可测量的误差因子。我们可以用向量的方式表示为：$X = AF + \varepsilon$。

由 a 形成的矩阵 A 是因子加载矩阵，其表示为第 j 个公共因子上的第 i 个索引的负载。通过实际数据 X 求解负荷矩阵是因子分析的目的，并且相应地对公共因子进行分类和导出。在提取因子时，可用的方法包括主成分分析、主因子解、最小二乘法和最大似然法。本部分拟采用比较普遍的主成分分析法。

四、结果分析与农户满意度评价

(一) 信度与效度的测量

使用 SPSS 19.0 检验得到的方差贡献率如表 5-21 所示。

表 5-21 方差贡献率表

成分	初始特征值			提取平方和载入			旋转平方和载入		
	合计	方差解释率(%)	累积(%)	合计	方差解释率(%)	累积(%)	合计	方差解释率(%)	累积(%)
1	8.181	38.959	38.959	8.181	38.959	38.959	5.565	26.502	26.502
2	2.313	11.012	49.971	2.313	11.012	49.971	2.690	12.811	39.313
3	1.562	7.440	57.411	1.562	7.440	57.411	2.405	11.450	50.763
4	1.351	6.433	63.845	1.351	6.433	63.845	2.135	10.166	60.929
5	1.153	5.490	69.334	1.153	5.490	69.334	1.504	7.161	68.090
6	1.085	5.165	74.500	1.085	5.165	74.500	1.220	5.808	73.899
7	1.011	4.816	79.315	1.011	4.816	79.315	1.137	5.417	79.315
8	0.697	3.321	82.636						
9	0.661	3.149	85.785						
10	0.607	2.892	88.677						
11	0.553	2.633	91.310						
12	0.433	2.063	93.374						
13	0.296	1.410	94.784						
14	0.273	1.300	96.084						
15	0.215	1.026	97.110						
16	0.182	0.866	97.976						
17	0.150	0.715	98.691						
18	0.124	0.592	99.282						
19	0.088	0.417	99.700						
20	0.057	0.272	99.971						
21	0.006	0.029	100.000						

注：提取方法：主成分分析。

从表 5-21 可以看出，选择 7 个常见因素后的累积方差贡献率达到了

79.315%。第八个特征值下降得更快,因此可以在这里提取7个常见因子。图5-7是碎石图,可以从直观上印证这一点,前7个特征值的变化比较明显,而后面14个的变化都趋于平稳。

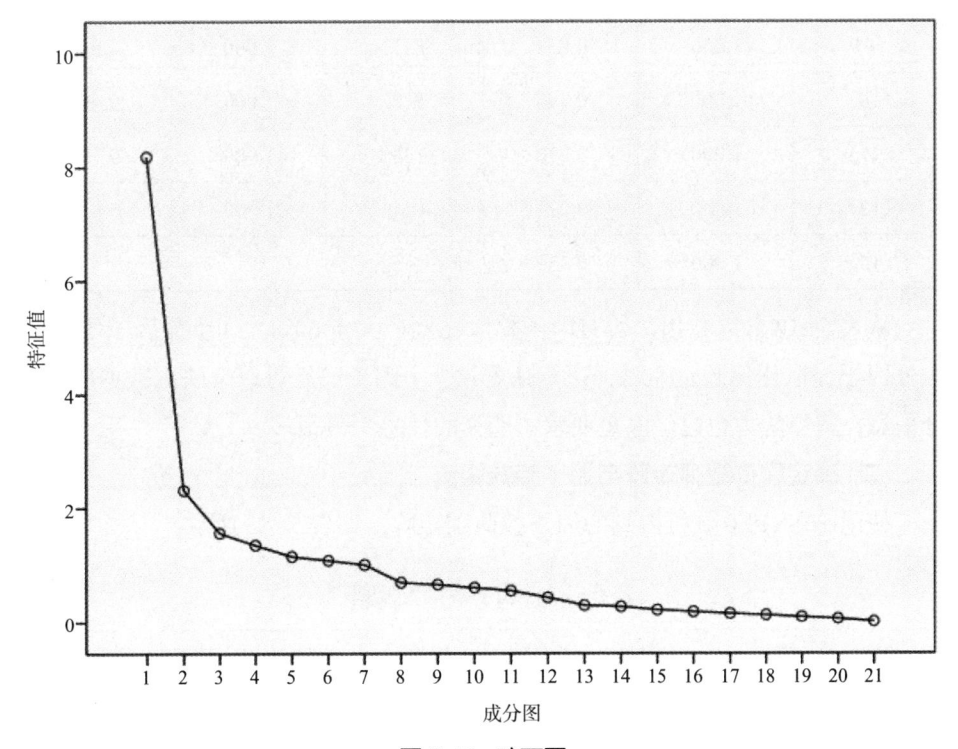

图 5-7 碎石图

在确定抽取7个公共因子之后,进一步探究选取的因子的解释能力,这一点通过公因子方差表来体现,如表5-22所示。

表 5-22 公因子方差表

指标	初始	提取	指标	初始	提取
(1)	1.000	0.795	(14)	1.000	0.788
(2)	1.000	0.649	(15)	1.000	0.797
(4)	1.000	0.678	(16)	1.000	0.883
(5)	1.000	0.896	(17)	1.000	0.878
(6)	1.000	0.820	(18)	1.000	0.797

续表

指标	初始	提取	指标	初始	提取
(7)	1.000	0.829	(20)	1.000	0.772
(9)	1.000	0.851	(21)	1.000	0.681
(10)	1.000	0.790	(22)	1.000	0.669
(11)	1.000	0.716	(23)	1.000	0.787
(12)	1.000	0.777	(24)	1.000	0.655
(13)	1.000	0.737			

从表5-22可以看出，所有因子提取比例都大于60%，21个公因子中有12个公因子提取比例超过80%，这意味着这7个因子已经可以反映出数据的大部分信息，解释能力也已经满足要求，遗失的信息不是很多。

(二) 确定因子载荷矩阵与因子旋转矩阵

使用SPSS19.0分析得到的因子载荷图矩阵，如表5-23所示。

表5-23 因子载荷图矩阵[1]

指标	因子1	因子2	因子3	因子4	因子5	因子6	因子7
(1)	0.083	0.094	0.456	−0.023	−0.322	0.622	0.371
(2)	0.087	−0.422	0.132	0.607	0.067	0.333	0.105
(4)	0.434	0.507	−0.176	0.398	−0.123	0.085	−0.253
(5)	0.590	0.585	0.108	0.329	−0.232	−0.077	−0.122
(6)	0.567	0.602	0.023	0.318	−0.187	−0.135	−0.176
(7)	0.179	0.158	0.288	0.142	0.790	0.044	−0.173
(9)	0.542	−0.194	−0.688	0.088	0.084	0.068	0.182
(10)	0.565	−0.091	−0.699	0.018	0.003	0.068	0.115
(11)	0.795	−0.055	0.155	0.071	0.178	−0.053	0.253
(12)	0.755	−0.181	−.074	0.250	0.082	−0.070	0.241

[1] 提取方法：主成分分析；已提取了7个主成分。

续表

指标	因子1	因子2	因子3	因子4	因子5	因子6	因子7
(13)	0.824	−0.294	0.152	−0.014	−0.101	0.000	−0.037
(14)	0.823	−0.297	0.163	−0.018	−0.119	0.013	−0.033
(15)	0.796	−0.303	0.022	−0.160	−0.133	0.002	−0.328
(16)	0.771	−0.333	0.182	−0.168	−0.097	−0.060	−0.286
(17)	0.780	−0.311	0.179	−0.178	−0.001	−0.121	−0.216
(18)	0.815	−0.260	0.028	0.171	0.001	0.048	0.059
(20)	0.565	0.307	−0.185	−0.455	−0.113	0.170	0.056
(21)	0.531	0.440	0.116	−0.347	−0.030	−0.043	0.233
(22)	0.668	0.316	0.125	−0.158	0.353	−0.125	0.261
(23)	0.715	0.290	0.028	−0.074	0.104	−0.043	0.193
(24)	0.214	0.205	−0.197	−0.212	0.266	0.683	−0.386

为了获得意义更明确的因子含义，在这里将因子载荷矩阵进行方差最大法旋转，通过这种方法，可以更加方便地对因子进行定义，旋转后的因子载荷矩阵如表5-24所示。

表5-24　旋转后的因子载荷矩阵

指标	因子1	因子2	因子3	因子4	因子5	因子6	因子7
(1)	0.048	0.029	−0.164	0.074	−0.084	0.895	0.099
(2)	0.178	0.011	0.186	−0.677	0.185	0.370	−0.054
(4)	0.061	0.803	0.187	0.012	0.041	−0.022	0.191
(5)	0.222	0.880	0.019	0.210	0.077	0.100	−0.046
(6)	0.186	0.883	0.049	0.217	0.080	−0.017	−0.026
(7)	0.059	0.074	−0.130	−0.047	0.856	−0.116	0.204
(9)	0.248	0.056	0.881	0.038	−0.014	−0.098	0.084
(10)	0.248	0.134	0.833	0.133	−0.093	−0.120	0.141

续表

指标	因子1	因子2	因子3	因子4	因子5	因子6	因子7
(11)	0.586	0.190	0.313	0.219	0.404	0.208	−0.177
(12)	0.550	0.220	0.510	0.016	0.256	0.132	−0.217
(13)	0.840	0.142	0.205	0.085	0.073	0.137	−0.036
(14)	0.845	0.140	0.197	0.086	0.060	0.156	−0.034
(15)	0.882	0.130	0.153	0.106	−0.065	−0.088	0.188
(16)	0.912	0.079	0.035	0.107	0.011	−0.055	0.089
(17)	0.883	0.052	0.068	0.157	0.108	−0.081	0.031
(18)	0.719	0.207	0.382	−0.019	0.176	0.165	−0.055
(20)	0.273	0.178	0.261	0.646	−0.083	0.119	0.295
(21)	0.213	0.255	0.065	0.704	0.139	0.192	−0.020
(22)	0.307	0.220	0.208	0.555	0.534	0.086	−0.086
(23)	0.362	0.346	0.273	0.467	0.296	0.139	−0.040
(24)	0.046	0.086	0.123	0.095	0.154	0.092	0.890

注：提取方法：主成分分析；已提取了7个主成分。

从表5-24中可以看出，指标(11)对村里贫困户的评选结果是否满意、指标(12)对村里贫困户的评选中民主评议会是否满意、指标(13)对村支书是否满意、指标(14)对村委会主任是否满意、指标(15)对驻村工作队是否满意、指标(16)对帮扶干部是否满意、指标(17)对帮扶干部的帮扶措施是否满意、指标(18)对干部执行和落实国家的扶贫政策是否满意这几个指标在因子1上的载荷比较大；指标(4)对自己的家庭收入是否满意、指标(5)对自己的一日三餐是否满意、指标(6)对自己的穿衣是否满意这几个指标在因子2上的载荷比较大；指标(9)是否有错评户、指标(10)是否有漏评户这两个指标在因子3上的载荷比较大；指标(20)对村上建设的或正在建设的饮水工程是否满意、指标(21)对村上建设的或正在建设的道路、指标(22)路灯是否满意、指标(23)对精准扶贫以来村里发展变化是否感到满意、指标(24)对精准扶贫以来您家的发展变化是否感到满意这几个指标在因子4上的载荷比较大；指标(7)对儿童享受学校教育的政策是否感到满意,在因素5上的载荷相对较大;指标(1)脱贫情况在因子6上的载荷比较大;指标(24)对您目前居住的房屋是否感到满意在因素7的负荷相对较大。

(三)归纳因子意义

通过指标特性归纳因子意义,如表5-25所示。

表5-25 基于指标特性的因子意义解析

因子	载荷比较大的指标	因子意义
1	对贫困户评选过程及结果是否满意,对村两委、驻村工作队、帮扶干部是否满意,对政策落实情况是否满意等	扶贫工作执行与政策落实情况
2	对自己的家庭收入是否满意、对自己的一日三餐是否满意、对自己的穿衣是否满意	基本生活情况
3	是否有漏评户、是否有错评户	贫困户评选公平情况
4	对村上建设的或正在建设的饮水工程是否满意、对村上建设的或正在建设的道路、路灯是否满意、对精准扶贫以来村里发展变化是否感到满意、对精准扶贫以来您家的发展变化是否感到满意	基础设施建设情况
5	对孩子上学享受的政策是否满意	教育保障情况
6	脱贫情况	脱贫情况
7	对您目前居住的房屋是否满意	住房情况

(四)精准扶贫农户满意度评价

根据分析结果可以做出公共因子解释,如表5-26所示。

表5-26 公共因子解释表

公共因子	高载荷指标	因子命名	特征值	贡献率(%)	相对权重(%)
F_1	$X_9 X_{10} X_{11} X_{12} X_{13} X_{14} X_{15} X_{16}$	扶贫工作执行与政策落实情况	8.181	38.959	49.119
F_2	$X_3 X_4 X_5$	基本生活情况	2.313	11.012	13.884
F_3	$X_7 X_8$	贫困户评选公平情况	1.562	7.440	9.380
F_4	$X_{17} X_{18} X_{19} X_{20}$	基础设施建设情况	1.351	6.433	8.111

续表

公共因子	高载荷指标	因子命名	特征值	贡献率（%）	相对权重（%）
F_5	X_6	教育保障情况	1.153	5.490	6.922
F_6	X_1	脱贫情况	1.085	5.165	6.512
F_7	X_{21}	住房情况	1.011	4.816	6.072

通过对 7 个公共因子贡献率的考查，扶贫工作的执行与政策的落实情况的相对权重为 49.119%，是影响农户满意度的最重要因素；基本生活情况的因子权重为 13.884%，排名第二；影响程度排名第三是贫困户评选公平情况；排在最末的住房情况因子权重仅为 6.072%。

为进一步分析农户对扶贫工作的执行与政策的落实情况、基本生活情况、贫困户评选公平情况等 7 个方面的评价，还需要计算因子得分，已知因子得分系数矩阵如表 5-27 所示。

表 5-27 因子得分系数矩阵

指标	因子1	因子2	因子3	因子4	因子5	因子6	因子7
（1）	−0.028	−0.036	−0.055	0.031	−0.117	0.774	0.099
（2）	0.011	0.061	0.126	−0.454	0.151	0.320	0.008
（4）	−0.062	0.410	0.022	−0.168	−0.062	−0.063	0.150
（5）	−0.017	0.412	−0.104	−0.047	−0.075	0.008	−0.067
（6）	−0.024	0.419	−0.088	−0.042	−0.064	−0.090	−0.054
（7）	−0.028	−0.035	−0.112	−0.106	0.680	−0.156	0.196
（9）	−0.097	−0.060	0.484	−0.029	−0.034	−0.045	0.028
（10）	−0.086	−0.022	0.439	0.017	−0.110	−0.070	0.073
（11）	0.027	−0.053	0.084	0.048	0.226	0.123	−0.181
（12）	0.009	0.008	0.212	−0.076	0.123	0.079	−0.213
（13）	0.188	−0.020	−0.046	−0.039	−0.053	0.046	−0.028
（14）	0.191	−0.020	−0.051	−0.038	−0.065	0.062	−0.025

续表

指标	因子1	因子2	因子3	因子4	因子5	因子6	因子7
(15)	0.253	−0.001	−0.118	−0.037	−0.160	−0.153	0.176
(16)	0.276	−0.030	−0.185	−0.021	−0.098	−0.135	0.095
(17)	0.248	−0.064	−0.155	0.017	−0.016	−0.156	0.036
(18)	0.103	0.013	0.091	−0.116	0.041	0.088	−0.050
(20)	−0.017	−0.063	0.069	0.327	−0.151	0.089	0.200
(21)	−0.044	−0.036	−0.023	0.375	0.018	0.128	−0.081
(22)	−0.065	−0.082	0.053	0.264	0.343	0.023	−0.133
(23)	−0.040	0.016	0.072	0.187	0.135	0.073	−0.087
(24)	−0.020	−0.021	0.016	−0.050	0.101	0.079	0.790

注：提取方法：主成分分析；已提取了7个主成分。

由表5-27得到因子得分表达式如下

$F_1 = -0.028X_1 + 0.011X_2 - 0.062X_3 - 0.017X_4 + \cdots + -0.020X_{21} = -0.123344$

同理可以得到 F_1、F_2、F_4、F_5、F_6、F_7 的因子得分表达式，并由因子得分表达式可以求得 $F_2=1.322626$，$F_3=0.358519$，$F_4=-1.260736$，$F_5=-0.138551$，$F_6=6.735095$，$F_7=1.011256$。

然后通过加权每个因子的贡献率得到综合得分表达式如下

$F = (38.959 \times F_1 \times 11.012 \times F_2 + 7.440 \times F_3 + 6.433 \times F_4 + 5.490 \times F_5 + 5.165 \times F_6 + 4.816 \times F_7) \div 79.315$

$= (-4.805 + 14.565 + 2.667 + 8.110 + 0.761 + 34.788 + 4.870) \div 79.315$

$= 0.769$

结合前文的赋值情况可知，满意度越高的赋值越小、情况越乐观的赋值越小。故而上述因子得分越接近于1的，其满意度越高。

五、农户满意度影响因素分析

通过对数据的分析和计算，从24个影响指标中归纳出了7个主要影响因素，分别是扶贫工作的执行与政策的落实情况、基本生活情况、贫困户评选公平情况、基础设施建设、教育保障、脱贫情况和住房状况。其中扶贫工作的执行与政策的落实情况是最主要影响因素，它的贡献率权重占比达到了49.119%，满意度得分最小，即满意程度最高；第二个重要影响因素是基本生活情况，它的贡献率权重为13.884%，满意度得分1.322626，介于很满意与较满意之间；第三个重要影响因素是贫困户评选公平情况，它的贡献率权重为9.380%，满意度得分0.358519，为很满意的情况；第四个影响因素是基础设施建设情况，它的贡献率权重为8.111%，满意度得分1.260736，介于很满意与较满意之间；第五个影响因素为教育保障情况，它的贡献率权重为6.922%，满意度得分0.138551，为很满意；第六个影响因素为脱贫情况，它的贡献率权重为6.512%，满意度得分6.735095，为很不满意的情况；第七个影响因素是住房情况，它的贡献率权重为6.072%，满意度得分1.011256，介于很满意与较满意之间。最后影响因素的总体满意度综合得分为0.769，说明十堰市精准扶贫农户满意度很高。

第六章　大数据环境下返贫风险动态预警理论分析

第一节　风险预警流程、方法及研究进展

脱贫不返贫才是真脱贫。2019年4月15日至17日，习近平总书记在重庆考察，主持召开解决"两不愁三保障"突出问题座谈会，并强调要把防止返贫摆在重要位置，适时组织对脱贫人口开展"回头看"。❶面对返贫现象始终客观存在的现实，为巩固脱贫攻坚成果，实现稳固脱贫和乡村振兴，必须高度重视返贫现象，及时有效化解返贫风险（章文光，2019）。返贫风险预警通过早识别、早预警、早发现、早处置等手段将风险防范过程前移，最大限度降低返贫风险发生的可能性，并成为化解返贫风险最有效的手段。对返贫风险预警进行理论分析是返贫风险要素识别、返贫风险预警实证的基础。截至2022年9月3日，作者在中国知网核心数据库以"返贫风险预警"为检索词，仅搜索到3篇论文，分别为湖北省社科院彭玮和龚俊梅围绕返贫风险预警机制的研究、云南师范大学王睿和骆华松关于返贫风险预警与评价的研究以及北京师范大学章文光关于建立返贫风险预警机制的研究。可见国内关于返贫风险预警的研究尚处于起步阶段。因此在后续的文献研究中，检索范围扩展到"返贫风险""风险预警"等方面。

一、风险预警流程

风险预警起于风险要素识别，终于风险防范。其过程主要包括：信息收集

---

❶ 新华网．http://www.news.cn,2019-04-17.

与反馈、风险要素识别与分类、构建风险预警模型、风险评判和确定风险等级、风险预警、风险防范及效果检验、总结与改进等。

(一) 信息收集与反馈

及时、丰富、有效的信息是风险预警的前提。信息收集的主要目的在于尽量全面发现风险要素。大数据时代，信息收集的渠道非常多，需要结合具体情况合理选择。研究发现，现有的信息获取渠道主要包括：文献资料研究、问卷调查与专家访谈、统计数据、媒体报道、公司财务数据和运营数据、网络舆情数据等。获取相关数据后，需要对繁杂的数据信息进行甄别梳理以获取有效信息。除了前端的有效信息收集之外，基于前端信息的防范措施成效以及经验总结等信息反馈，也是提升风险预警效果的必要环节。

(二) 风险要素识别与分类

基于已经获取的有效信息，结合相关领域前期研究成果以及行业自身特点，确定初始的风险要素，并对风险要素进行分类。随后，结合头脑风暴、专家调研、文本语义分析、政策解读等方法，经过多轮反复，确定最终的风险要素清单。风险要素清单的质量直接关乎后期风险预警实践。

(三) 构建风险预警模型

风险预警模型是将风险要素信息转化成可比较、可识别风险等级的工具。风险预警模型的构建需要基于某种或某些方法组合，主要包括：logistic 模型和多项 Logit 模型、BP 神经网络、网络层次分析法（ANP）、模糊综合评价法（Fuzzy）、TOPSIS 法、贝叶斯网络方法、支持向量机（SVM）等。具体应用中，要根据不用的风险类别和应用领域合理选择，当模型没有达到预期效果时，就要考虑对方法进行调整。

(四) 风险评判和确定风险等级

基于风险预警模型，对风险要素的危险程度及大小进行分析评判，并确定风险等级大小（低、较低、一般、较高、高风险）。风险等级划分有利于从繁多的风险要素中识别出关键要素，进而利于采取针对性措施。

(五) 风险预警

参考现有研究成果并结合行业惯例，确定不同指标的风险预警界限标准。对未超过风险预警线的继续进行跟踪检测，及时反馈相关信息；对已经超过风险预警线的将采取进一步措施。

(六) 风险防范及效果检验

针对特定的高预警风险，及时采取相关防范措施，及时搜集相关信息，确定措施采取后风险等级的变化，根据变化情况即可检验预警措施的实施效果。

(七) 总结与改进

对于防范效果好的继续保持并转入风险监控状态，对于防范效果不明显的，立即启动应急预案，采取补救措施将风险损失降到最低。及时总结经验提出改进措施，做到防患于未然。

二、风险预警的主要方法

风险预警是一个复杂的系统工程，不同的运作机制对应不同的方法。具体实践中，主要包括主观评价和客观评价两类。例如，专家判断法就是主观评价，信用评分和统计模型等就是客观评价法。主观评价法简单易行，成本和时间花费比较少，但结果的主观性较大，与专家水平和能力有较大的相关性，其使用范围有一定局限性。因此，本部分主要介绍客观评价常采用的四种方法，即 TOPSIS 法、贝叶斯网络方法、支持向量机（SVM）方法，此处不再一一赘述。

(一) logistic 模型

logistic 模型又称 logistic 回归分析，是一种广义的线性回归分析模型，常用于数据挖掘、疾病自动诊断、经济预测等领域。在风险预警中，该模型通常应用于信用风险、财务风险等领域。例如，方匡南等（2014）基于 Lasso-logistic 模型的个人信用风险预警研究；李长山（2018）运用 logistic 回归法构建企业财务风险预警模型，并分析其判别效果；方匡南（2016）基于网络结构 logistic 模型的企业信用风险预警研究；白少布（2010）基于有序 logistic 模型的企业供应链融资风险预警研究；陈建中和张辉智（2020）基于二分类 logistic 和 SVM 的 logistic-SVM 混合预警模型对文化创意众筹进行风险预警。综合来看 logistic 回归主要用于风险预测，但有效的预测需要多年的数据支撑，所以该方法多用于财务相关的风险预警领域。

(二) BP 神经网络

BP（back propagation）神经网络是一种按照误差逆向传播算法训练的多层前馈神经网络，是应用最广泛的神经网络模型之一。该方法主要用于安全风险、市场风险、信用风险等预警，例如，邓爱民（2010）构建了基于 BP 神经网络的订单融资风险预警模型，并对模型的有效性进行验证；江训艳（2014）基于流行的信用风险度量模型，提出 BP 神经网络预警系统来预警信用风险；王川和王克（2008）利用 BP 神经网络对大豆市场风险预警进行了实证分析；梁华伟等（2018）基于 BP 神经网络设计体育赛事风险预警模型以减少风险事故带来的损失；白宝光等（2020）构建了基于 BP 神经网络乳制品质量安全风险预警模型，并对模型进行训练和验证。BP 神经网络除了具备处理数值数据的一般计算能力，还能映射复杂的非线性函数关系，因此其除了可进行财务风险预测外，也可用于安全、市场等风险预警。

（三）网络层次分析法（ANP）

网络层次分析法（ANP）是在层次分析法（AHP）的基础上发展起来的一种实用的、多准则的决策科学方法，该方法取消了 AHP 的诸多假定，各要素之间可建立内部和外部相关性，因而可以处理复杂的内部具有依存、外部具有反馈的决策问题。网络层次分析法主要用于风险评估，例如，辛晶和杨玉胜（2021）提出了一种基于网络层次分析法的安全风险评估模型，用以评估石油化工设施的安全风险；施莉娟和王健（2018）在无线闭塞中心风险评估中，运用网络层次分析法确定风险因素的权重。完世伟（2009）应用网络层次分析法评价商业银行风险。可见，在风险预警中，网络层次分析法主要用于确定相关因素的权重。

（四）模糊综合评价法（Fuzzy）

模糊综合评价法是一种基于模糊数学的综合评价方法，主要用于对受到多种因素制约的事物或对象做出一个总体的评价。该方法主要用于财务风险预警。例如，侯旭华（2019）在互联网保险公司财务风险预警研究中，运用模糊综合评价法构造比较判断矩阵，计算各层指标体系权重等。姜玮（2010）利用模糊综合评价法对收入差距扩大进行风险预警的量化分析。张明莉和姜铭（2008）将模糊综合评价法与层次分析法相结合对公司财务风险进行综合评价。

三、风险预警研究进展

风险因素、风险事故和损失是构成风险的三个方面。为了降低风险因素演变成风险事故进而导致实质性损失的概率，提前对风险因素进行预判并采取相关措施显得十分重要，风险预警正是基于这一思路演变和发展的。所谓风险预警，指事先多方位、详细地信息搜集以监控风险因素的变动趋势，采用恰当的方法对风险因素的强弱程度进行科学评价,并向决策层发出预警信号以便提前采取预控对策的过程。关于风险预警的研究主要集中在以下四个领域。

(一) 金融风险预警

风险预警在金融领域应用最为广泛。仲彬(2002)从预警指标体系、统计模型的选择和系统用途的设定等方面对构建区域银行体系风险预警系统进行了阐述。陈守东等(2006)通过因子分析法研究了我国金融风险的来源,运用logistic模型分别建立宏观经济风险预警模型和金融市场风险预警模型,最后对2006年我国金融风险进行了预警。陈秋玲等(2009)在构建金融风险评价指标体系的基础上将金融风险预警分等定级,然后建立基于BP人工神经网络模型的金融风险预警模型,最后对1993—2007年我国金融风险情况进行模型的训练、检验和预测。杨虎等(2014)构建了基于大数据分析的互联网金融风险预警系统。王春丽和胡玲(2014)构建了金融风险预警指标体系,并基于马尔科夫区制转移模型对中国金融风险进行预警实证。吴宜勇(2016)基于MSBVAR模型对中国金融风险进行了预警。谷慎和汪淑娟(2019)构建基于支持向量机(SVM)的碳金融风险预警模型,并对我国六个碳金融试点市场进行预警。肖争艳和任梦瑶(2021)使用CISS方法合成了中国系统性金融风险指数(RP-SRI),并将RP-SRI与只包含金融子市场风险指标的金融压力指数(FSI)进行对比研究。

(二) 债务风险预警

郑茂(2003)应用线性概率模型和logistic模型构建中国上市公司财务预警评判指标体系及相应的财务预警数学模型。侯宇(2012)认为应建立健全中小企业的财务风险控制体系,加强内部管理,形成有效的财务风险预警系统。宋彪(2015)构建了引入大数据指标的财务风险预警模型,并对模型的预测效果进行比较分析。徐伟和陈丹萍(2016)提出构建财务风险预警建模原则,并创构了理想距离判别、最近距离判别、极小离差主成分判别以及模糊判别4种新预警模型。李长山(2018)运用logistic回归法构建企业财务风险预警模型,并进行应用实践,结果表明上市公司通过建立预警模型能够有效防范财务风险。

(三) 信用风险预警

刘倩(2010)构建信用风险预警模型并进行了实证,结果表明,模型能够有效地为商业银行识别出有问题的企业,避免不良贷款的形成。张新红和王瑞晓(2011)构建基于组合预测模型的我国商业银行信用风险管理预警系统,选择传统数理统计模型 logistic 回归模型和人工智能模型 RBF 神经网络模型建立组合预测预警模型，并进行了仿真。邓晶等（2013）基于 logistic 模型对我国上市公司信用风险进行了预警实践。苏罡等（2021）在通过负面新闻进行打分、统计特征分析的基础上，构建基于新闻舆情的信用风险预警模型，利用模型对样本外的发债主体进行违约概率预测，从而达到信用风险预警的目的。

(四) 安全风险预警

安全是一切社会活动的基础，安全风险预警是安全管理的重要内容。赵欢春（2015）基于"总体国家安全"框架，探究了意识形态安全风险预警问题，并提出要建构意识形态安全风险预警机制。程铁军和冯兰萍（2018）运用 Fuzzy-DEMATEL 方法对风险因素的因果类别及重要程度进行实证研究，分析和提炼食品安全核心风险预警因素。杨军和宋学锋（2012）构建了煤炭企业安全风险预警指标体系。丁日佳和张亦冰（2017）基于 AHP-IE-MEA 模型研究了矿山生态安全风险预警问题。任保平和张陈璇（2022）探讨了中国数字经济发展的安全风险预警与防范机制构建。费佳（2021）研究了图书馆安全风险预警管理模式。此外，安全风险预警在交通、医疗、旅游等领域也得到了广泛应用。

金融风险预警、财务风险预警、信用风险预警以及安全风险预警是该领域研究的主流。除此之外，社会风险预警、市场风险预警也是研究的热点领域。研究发现，围绕风险预警的研究对理论性和实践性的要求都比较高，最终目的就是对潜在风险进行预测和预警，最终达到防范风险、降低损失的目的。风险要素分析、风险预警模型构建及其实证检验是最关键的环节。

第二节　返贫风险动态预警数据资源建设

风险要素识别是返贫风险动态预警的前提，为获取准确的风险要素信息，持续准确的信息反馈非常重要。随着精准扶贫以及乡村振兴战略的实施，农村信息基础设施得到有效改善，加上互联网、大数据、云计算等现代信息技术的发展，农业农村大数据应用成为可能，为信息获取创造了条件，从而使返贫风险动态预警成为可能。笔者认为，返贫风险动态预警数据资源建设主要包括返贫风险户基础数据提取、农业大数据资源建设、扶贫政策及帮扶情况等。

一、返贫风险户基础数据提取

经过多年的建设，全国精准扶贫数据平台（全国巩固脱贫攻坚成果和防返贫监测信息系统）已经涵盖了贫困户、脱贫户几乎所有的基础信息。如何及时更新并充分利用上述信息进行大数据分析，对返贫风险预警具有关键作用。数据平台信息主要包括以下方面：

(一) 基本情况

主要包括贫困户住址信息，家庭成员信息（包括：姓名、性别、证件号、出生日期、民族、是否在校生、劳动能力、务工状况及务工时间、健康状况、文化程度、是否参加大病保险等），联系电话，开户情况，贫困户属性（一般贫困户、低保贫困户、五保贫困户），主要致贫原因（包括：因病、因残、因学、因灾、缺土地、缺水、缺技术、缺劳力、缺资金、交通条件落后、自身发展动力不足，以及其他致贫原因等）。

(二) 生产生活条件

生产条件主要包括：是否加入农民合作社、耕地面积、有效灌溉面积、林地面积、退耕还林面积、林果面积、牧草地面积、水面面积、是否通生产用电等。生活条件主要包括：与村主干路距离及入户路类型、住房面积以及是否危房、是否通生活用电、饮水情况、主要燃料类型、是否有卫生厕所等。

(三) 收入信息

收入信息主要包括：工资性收入、生产经营性收入、财产性收入、转移性收入、计划生育金、低保金、五保金、养老保险金、生态补偿金、年收入、年纯收入等。

除上述三方面的信息外，贫困户在各种场合的公开发言、网络评论等也是体现扶贫成效的重要信息。以上数据信息大致分为结构化数据和非结构化数据两类，不同类型的数据分别采取不同的数据分析方法进行处理，通过降噪、去重等过程，最终得到有效的返贫风险预警信息。脱贫攻坚时期，为了及时准确更新、反馈贫困户信息，各地专项招聘了一批扶贫信息专员，专门负责精准扶贫数据平台信息更新上报工作。随着全面脱贫与乡村振兴工作的推进，大量信息专员纷纷转岗，因而在信息更新方面存在一定滞后，这一问题也成为返贫风险预警的主要障碍。但在具体实践中，由于返贫风险人群数量在整个脱贫人口中占比不高,在精准识别返贫风险人口的前提下,采取针对性措施也是一种较好的选择。

二、农业大数据资源建设

实现稳固脱贫不返贫,发展产业是第一要务。由于我国贫困人群大都分布在农村,因此加快农业大数据建设,推进农业现代化发展十分必要。由于农业大数据设计的领域广、环节多,是跨行业、跨专业的数据集合,同时农业数据还具有复杂性、分散性、获取难的特点,使得当前农业数据大多以"数据孤岛"形式存在,导致农业数据高速增长和农业数据关联应用不足之间的矛盾日趋激化。目前,围绕农业大数据资源建设,须着手做好和加强以下几个方面的工作:

(一)加快农业大数据资源平台建设

一是建设"农业大数据中心"硬平台,该数据中心是由网络层、数据层、服务层、保障层(包括技术支持、管理支持、标准支持)组成的多层次综合系统。数据中心用于保存、管理和发布农业各个学科和各个领域的相关资料数据,提供数据检索和分发服务,制定大数据共享标准,进行农业大数据挖掘,为农业生产和科技创新提供数据支持。二是建设基于 Hadoop 等大数据存储和分析处理技术的农业大数据资源"软平台",充分融合互联网、物联网在数据获取及云计算在数据处理方面的技术优势,建设具有高效性、开放性及先进性的业务化应用平台。三是拓展农业数据获取渠道。首先要重视基于农业物联网的数据采集;其次要对农业、国土、气象等涉农政府部门以及企业、高校和科研院所等单位的涉农数据进行有效整合。四是要充分利用"网络爬虫"等软件技术从国内外重要农业信息网站中获取有用的农业数据。

(二)成立农业大数据产业技术创新战略联盟

由于农业大数据具有数量大、种类多、来源分散等特点,农业大数据的挖掘与应用面临着信息标准化、安全与共享等多重障碍,因此在短期内大面积实施农业大数据战略几乎不可能。作为一种具有联合开发、优势互补、利益共享、风险共担属性的技术创新合作组织,产业技术创新战略联盟(以下简称"联盟")必将成为农业大数据战略实施的有效探索。2013年6月18日,国内第一个农业大数据产业技术创新战略联盟在山东农业大学成立。贫困地区可在借鉴国内相关经验的基础上,结合自身实际,通过"联盟"将省内乃至全国各涉农数据部门、涉农企业、高校、农业经营主体组织起来，通过联合技术攻关、数据共享、数据标准制定、农业大数据应用、人才培养等方面的合作，加快农业大数据技术的推广使用步伐，为农业大数据产业化奠定基础。

(三) 积极推进3S (即GIS、GPS、RS) 技术在农业领域的应用

精准农业的实施依赖于大数据技术的应用，大数据技术应用的前提是需要有农业基础空间数据、农作物生长环境数据、农作物生长过程动态数据等数据资源，3S等技术为农业数据的获取提供了可能。目前，我国在新疆、黑龙江等省份已经开始施行基于北斗卫星导航技术的精准农业，并将精准农业应用示范工程列入国家战略性新兴产业发展专项资金计划。湖北省的老河口市仙人渡镇、张集镇、竹林桥镇等地区已经将北斗导航农机辅助（自动）驾驶精细耕种应用系统投入农业生产。因此，可借鉴日本IT公司与农业公司相互合作实施农业生产精准管理，美国和英国对养殖业智能化、自动化管理，国内辽宁省利用GIS技术对辽河平原进行农业生态管理，北京顺义区通过3S攻关大面积防治小麦蚜虫等经验，推进北斗导航技术在农业生产中的应用，大范围推广基于北斗的农机装备，建设农业精细耕作服务系统和精准调度系统，实现对农业生产的实时监控、科学调度和精准服务。如此，既可加快我国精准农业发展，又可为农业大数据采集提供第一手资料，促成农业大数据与精准农业协同发展的格局。

(四) 培育农业物联网、地区性设施农业示范工程

鼓励和支持有条件的农业企业（涉农企业）以及设施农业企业开展农作物大田监测、畜牧水产规模养殖、设施农业等物联网技术应用试点，形成一套成熟可推广的解决方案。

三、扶贫政策及帮扶情况

脱贫攻坚过程中，从精准识别、精准帮扶到精准脱贫全过程，都是在各级各部门政策、方案的指导下有序进行的，因此对各项扶贫政策准确把握对返贫风险预警成效影响较大。同时，帮扶干部采取的具体帮扶措施以及帮扶成效、贫困户满意度等也是影响返贫风险预警成效的关键要素。

(一) 加强政策研究，形成政策成效数据库

目前农村经济发展已全面进入乡村振兴阶段，但在"脱贫不脱政策"的要

求下,脱贫攻坚期间的相关政策继续有效。鉴于扶贫政策的条目繁多、内容复杂,厘清政策内容、吃透文件精神是促进政策落地的关键,为此各级部门需要加强扶贫政策和乡村振兴政策的研究,建立政策落地台账。一是适时将政策执行情况与扶贫成效情况进行纵向关联比较,以便及时对政策效果进行客观评价;二是将精准扶贫政策与乡村振兴政策进行横向比较,以便及时对相关政策进行衔接;三是构建政策成效数据库,突出示范效应,同时为返贫风险预警提供参考。

(二) 注重后续帮扶,建立稳固脱贫案例库

持续的后续帮扶尤其是产业帮扶有利于形成稳定的收入来源,从而降低返贫风险。扶贫帮扶的最终目的是实现稳定脱贫、不返贫,因而每一个从贫困到扶贫到脱贫乃至实现稳固脱贫的案例,对返贫风险预警都具有借鉴意义。建立稳固脱贫案例库,通过对入库案例的分析、比较,有利于总结相关经验,形成相对成熟的贫困治理方案,为返贫风险防范提供参考。

(三) 畅通信息渠道,确保数据及时更新

目前,疑似返贫致贫风险农户信息申报比较畅通,一是线下可直接向村委会及县、镇乡村振兴部门申报,也可通过信件向群众申报信箱投递申报;二是线上可通过"全国防返贫监测信息系统"APP端口、12317、12345等服务平台申报;三是可通过热线电话、网络邮箱及二维码等途径申报。为了让上述申报渠道发挥实效,需要加大宣传、提高疑似返贫致贫风险农户参与信息申报的积极性,确保数据及时有效,进而为返贫风险预警创造条件。

第三节 大数据环境下返贫风险动态预警体系

在贫困退出背景下,再生性的返贫问题成为我国重要的社会问题之一,致使社会格局变得异常复杂(何华征和盛德荣,2017)。返贫的发生不完全是突然的、不可预测的,系统梳理返贫风险点,构建返贫风险预警监测模型,有助于及时采取相应措施防止返贫发生(章文光,2019)。返贫风险预警遵从风险预警的一般流程,完整的返贫风险动态预警体系通常包括:风险识别、风险评价、风险预警、风险防范、风险监控五个部分,具体如图6-1所示。

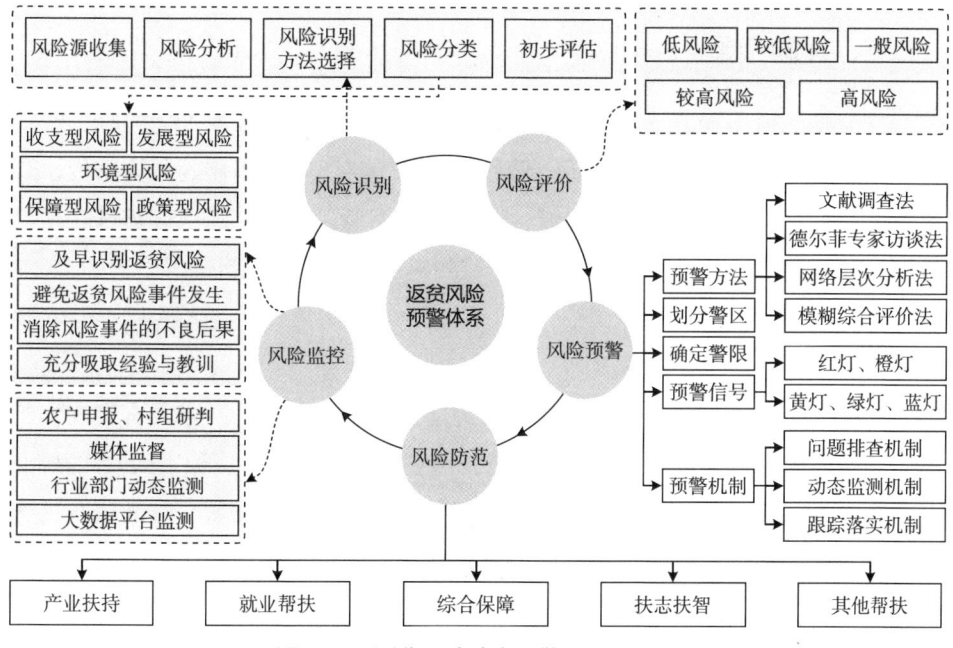

图 6-1　返贫风险动态预警体系构成图

一、风险识别

返贫风险识别是返贫风险预警的前提。准确识别返贫风险，需要有充分的信息来源。当前，我国返贫风险识别信息来源主要包括以下方面：一是贫困户自己通过现场、网络等方式反馈的信息；二是村干部或帮扶干部实地了解的信息；三是与当事人关系密切人员反馈的信息。对上述信息进行系统梳理后，及时录入防止返贫监测系统。返贫风险监测主体通过一定的方法从信息源中识别出风险要素，并对其进行分类，在本研究中主要包括：收支型风险、发展型风险、环境型风险、保障型风险、政策型风险五种类型。最后对风险要素进行初步评估。

二、风险评价

选择合适的分析方法，并参照相关标准，对返贫风险进行评价，具体分为：低风险、较低风险、一般风险、较高风险、高风险五种状态。每一种状态对应不同的应对措施。相关内容将在后面的章节中做详细分析，本部分不做赘述。

三、风险预警

首先是选择预警方法，通常包括：文献调查法、德尔菲专家访谈法、网络层次分析法、模糊综合评价法等；然后是划分警区、确定警限、预警信号，具体包括：红灯、橙灯、黄灯、绿灯、蓝灯五种类型；最后是建立返贫风险预警机制，具体包括：问题排查机制、动态监测机制、跟踪落实机制等。

四、风险防范

根据风险预警信号，采取有针对性的防范措施。例如，对于具有发展生产能力和条件的返贫高风险户，可对其进行产业帮扶，以便形成稳定的收入来源。对于有剩余劳动力的家庭，可通过就业帮扶帮助促进家庭增收，进而获取工资收入。对于因病、因灾等情况导致的返贫高风险人群，可以考虑在就医就业方面为其提供便利。对于具有劳动能力，但发展信心不足的返贫高风险人群，应该重点以精神层面的扶志扶智为主。另外还有光伏扶贫、加入农民专业合作社等风险防范措施。

五、风险监控

返贫风险监控的主要目标有以下方面：①及早识别返贫风险，为返贫风险预警及采取相关措施赢得时间；②避免返贫风险事件实际发生、消除或降低风险事件的不良后果；③充分吸取经验与教训，减少反复。返贫风险监控的主要方式包括：农户自行申报、村组提前研判、媒体监督、行业部门动态监测、大数据平台监测等。

具体实践中，需要做好以下工作：一是关注产业发展情况，从种植、管理到销售全流程监控，有条件的地区可借助农业大数据平台进行动态跟踪。二是关注因自然灾害、意外事故、重大疾病而产生返贫风险的脱贫户，特别是处于慢性病高发区域、自然灾害多发区域的脱贫户。三是关注脱贫户的就业情况，对从事高危行业、家中劳动力有限的脱贫户在就业务工前进行必要的安全教育，减少因工伤致残的风险。四是关注脱贫户的自身发展动力，加强相关技术培训，提升其抵抗意外事故和自然灾害的能力。五是关注转移性收入占比较高的脱贫户，加强对兜底保障政策的研究并结合实际情况进行适时调整（王睿和骆华松，2021）。

第七章　大数据环境下返贫风险识别

当前我国建档立卡脱贫人口中返贫的数量并不大,且总体呈现逐步减少趋势(彭玮和龚俊梅,2021)。巩固拓展脱贫成果底线是防返贫,防返贫关键是要防返贫风险(廖冰等,2022)。在返贫没有实际发生之前,及时发现返贫风险,做到早发现、早治理,是返贫风险预警的本质,同时也是防止返贫的重要手段。

第一节　返贫风险相关主体

返贫风险识别是返贫风险预警的前提,其中会涉及各类相关主体,厘清各相关主体包含的范围、应该履行的职责等对提高返贫风险识别的精准度,提升返贫风险预警效果至关重要。

一、返贫风险监测对象

返贫风险监测对象的确定,主要解决"监测谁"的问题。返贫风险监测对象也就是返贫风险人口,准确认定返贫风险人口是做好风险识别的第一步。要确定返贫风险人口,就需要有相关的认定标准。返贫风险人口的成功认定既要农户家庭人均年收入未能达到当年贫困线,又要其具有返贫风险,即其家庭中至少需具备一个返贫风险特征指标(李会琴和张婷,2020)。

从范围上来讲,返贫风险监测对象应该包括所有已脱贫人口,但重点依然在脱贫不稳定户、边缘易致贫户、农村低保对象、农村特困人员等。从本源上来看,主要包括四类:①已返贫人群。即返贫已成事实的人群,针对这类人群主要关注其返贫的主要原因,并针对性采取帮扶措施,尽快实现再次脱贫。

②脱贫不稳固人群。该类人员主要因为自身发展能力较弱、发展基础欠缺，前期的脱贫更多是依靠"输血式"扶贫，自我造血能力较低。针对这类人群，需要在稳定的收入来源方面下功夫。③边缘易致贫人群。该类人员先前不是贫困户，也未享受扶贫相关政策，但其面临着缺乏稳定的收入来源、支出较大的问题。准确地说，这类人员一旦陷入贫困即为致贫，并不是返贫，但返贫风险防范的主要目的是要实现全面脱贫，无论是致贫还是返贫，都是需要给予帮扶进而助力其尽快脱贫的对象。④突发困难人群。因为突然面临自然灾害、致贫致残等突发意外事件，导致该类人群收入获取能力丧失、家庭支出剧增的情况。由于事发突然，该类人员监测起来有一定难度。主要通过建立常态化灾害预警、定期身体检查、购买意外保险、加强技能培训等措施降低突发事件发生的概率。

二、返贫风险监测主体

返贫风险监测主体主要解决"谁来监测"的问题。任何工作的开展都需要有一个确定的执行主体，返贫风险监测也不例外。我国的贫困治理实践中，各级政府主管部门是返贫监测的主要责任方，具体包括：①村两委。村级组织是农村治理的"神经末梢"，因此村两委人员、小组长以及帮扶干部处在风险监测的第一线，通过定期走访、电话访谈、技术监测等方式可以了解到监测对象的一手信息，以便及时进行研判。②乡镇干部。当前我国村级组织人员配备十分有限，因此乡镇干部成为返贫风险监测的有效补充力量。区别于村两委，乡镇干部在对政策掌握、资源获取等方面更具有优势，既可以对村两委的工作进行有效指导，同时自身作为监测主体方也能积极发挥作用。③县级相关部门。我国现行体制下，县级组织是重要的执行单元，中央、省级相关政策落实及资金分配都以县为单位进行统筹，县级部门可根据返贫风险发生概率大小，在全县范围内统筹资源进行重点突破。因此将县级相关部门纳入监测主体方，更加有利于后期的风险治理及贫困帮扶工作。

三、返贫风险防范主体

返贫风险防范主体主要解决"谁来防范"的问题。返贫风险识别最重要的价值在于厘清返贫原因、降低返贫风险发生的概率。那么谁来实施？谁来解决

"最后一公里"问题十分重要。具体实践中,风险防范主体和风险监测主体高度雷同,但其职责上有一定差异。风险防范主体主要包括:①帮扶干部。目前我国已经实现了全面脱贫,广大农村已经从脱贫攻坚阶段转向乡村振兴阶段,但根据国家"扶上马,送一程""脱贫不脱政策"的规定,相关帮扶措施依然持续有效。因为帮扶干部对监测对象的情况最为了解,因此在返贫风险突显但返贫并未成为事实的情况下,可以提前采取措施,有效防止返贫。②各地农村经济发展相关部门。当前,我国农村工作已进入乡村振兴阶段,相较于脱贫攻坚而言,乡村振兴的范围更广、要求更高,从过去重点关注家庭收入转而将人居环境改善、人与自然和谐共生、乡风文明及农村文化繁荣等纳入工作范畴。因此,在乡村振兴项目实施过程中,将返贫风险防范一并考虑,是降低返贫实际发生的有效手段。

第二节 返贫原因分析

返贫现象的产生是各方多种因素综合作用的结果。围绕返贫原因,学术界做了较为系统的研究,如王鑫(2019)在对国家深度贫困县重庆城口县实地帮扶中发现,自然环境恶劣、基础设施落后、思想水平落后、低水平脱贫隐患及经济水平低下是该地返贫的主要原因。章文光等(2020)建立基于逻辑回归方法的贫困风险预测模型,在对返贫风险进行评估后认为家庭人口数量、劳动力人口数量、村属性、因残致贫等是返贫风险的重要因素。综合现有的研究成果,结合作者参与精准扶贫第三方评估的实践经验,总结返贫原因主要包括主观原因和客观条件两个方面。

一、返贫主观原因

(一)劳动力缺乏

劳动力是贫困户"自我造血",获取稳定收入的主要来源。笔者在第三方评估中了解到,务工收入已经成为很多贫困户提高家庭收入的主要渠道。但凡一个家庭有1~2个劳动力常年在外务工,有稳定的工资收入,家庭的经济条件就能达到脱贫的水平。但如果一个家庭缺乏劳动力,既不能保证正常的农业种植需要也没有务工收入，这类家庭成员往往以年迈的老人和未成年的儿童居多，呈现出收入来源缺乏、支出开销较大的状况，由于缺乏"自我造血"功能，外部"输血"一旦停止，返贫就成为必然。针对这类情况，简单的给钱给物解决暂时的困难，无法实现稳固脱贫。争取稳定的政府补贴、分配稳定的资源型收入成为助力脱贫的主要手段。

(二) 突发性支出增加

脱贫户前期之所以贫困，自然是因为受到了各种条件的制约，纵然实现了脱贫，但往往在持续增收能力、抗风险能力方面比较缺乏，一旦遇到突发性支出增加，就会重新返回贫困的境地。例如，突发性重大疾病导致家庭开支大幅度增加，现有收入不足以支撑，如果重大疾病发生在家庭主要劳动力身上就更是"雪上加霜"；突发性致残在贫困户家庭时有发生，由于缺乏必要的技能和安全防范意识，甚至部分成员从事的是高危工种，一旦发生工伤事故导致人身伤害，就会对贫困户家庭造成巨大冲击。除此之外，随着社会对人才素质要求越来越高，部分贫困户家庭举全家之力供养适龄成员上大学，学费、生活费、培训班等开支同样成为家庭的重要负担之一。

(三) 内生动力不足

在第三方评估中，笔者了解到，有部分贫困户家庭成员身体状况良好，家庭也没有较大的开销，但依然徘徊在返贫边缘。例如，有的贫困户"等靠要"思想浓厚。精准扶贫政策实施以后，为了解决贫困户住房问题，国家出台了"易地扶贫搬迁""生态搬迁"等政策，其中"易地扶贫搬迁"政策几乎达到了"拎包入住"的水平。尤其在脱贫攻坚的关键年，各级各部门的优惠政策、帮扶干部的帮扶措施产生了叠加效应，让贫困感受到从未有过的关心与支持，骨子里渐渐形成了"等靠要"思想。全面脱贫之后，随着农村经济发展全面转向乡村振兴，各级部门的注意力转向了更广大的农村，部分脱贫户因为被关注的程度下降产生了负面情绪，因而无心发展生产，导致收入下降，频临返贫。其次对未来失去信心，发展动力不足。调查中发现，农村贫困户中有部分大龄男青年由于没有成家，上无老人、下无子嗣，因而对未来失去信心，生活得过且过，进而成为返贫高风险人群。

二、返贫的客观条件

(一) 产业发展不足,缺乏稳定的增收渠道

因时因地发展产业是帮助贫困户恢复"造血功能"的关键举措。随着脱贫攻坚战略的圆满收官,很多地方已经实现了"一村一品";成立专业合作社通过入股、务工等方式带动贫困户增收;建立光伏电站,让贫困户持股确保稳定增收;引进大型龙头企业通过土地流转获取收入,等等。上述地区基本实现稳定脱贫,返贫风险较小。但同时也存在部分地区,由于底子薄、基础差,短期内难以发展相对稳定的产业,或者有的因为产业发展失败导致资金流失而后续投入无以为继等,这一类地区由于缺乏产业支撑进而失去了稳定的收入来源,存在较大的返贫风险。

(二) 资源禀赋不足,自然条件恶劣

"靠山吃山,靠水吃水"是中国农村延续千年的传统生活方式,现如今随着气候条件的变化以及个别地区自然条件的恶化,导致传统生活方式受到挑战。由于各种政策和条件限制,背靠大山的贫困户已经不能通过传统的伐木、捕猎等方式获取经济收入,面朝大海的贫困户通过赶海等已经不能维系稳定的生活。部分地区自然条件日益恶化,导致大自然的馈赠越来越少,单凭传统的生产生活方式已经不能维系其基本生活。"易地扶贫搬迁"政策执行的初衷就是为了解决"一方水土养不活一方人"的情况,通过将贫困户整体搬迁到适宜居住的地方,实现脱贫。

(三) 基础设施落后

我国贫困户大都集中在农村,其中又以山大人稀、交通落后的偏远农村为主。上述地区,通常面临交通不便、信息闭塞、饮水困难等多难叠加的态势。由于交通不便,很多地区纵然有好的特色农产品,但苦于无法运到山外,只能烂在地里;同时由于信息不发达,很多特色农产品无人知晓,因而也不能卖出好的价钱。部分地区由于缺乏现代化的取水设备,导致家庭和农畜饮水困难,连基本的"两不愁"也无法保障。针对这一状况,有效的措施就是"易地扶贫搬迁"或者引进大型企业发展生态旅游。

(四) 帮扶措施不精准

导致帮助措施不精准的主要原因在于识别不精准。除此之外,主要致贫因

素发生变化而帮扶措施未随之改变、帮扶执行主体对政策理解偏差也是原因之一。当然，在具体实践中，部分贫困户需要多项政策叠加才能从根本上解决问题。为了确保帮扶政策的精准，建立返贫要素监测平台，定期反馈信息并开展大数据分析显得十分必要。有了及时准确的信息反馈，辅之大数据分析，为确保帮扶措施的有效性提供了保障。

第三节　基于大数据的返贫风险要素确定

一、初始风险要素选择

风险要素又称风险源，指能够带来风险的人、物或事件。从与风险的关系角度看，可分为直接风险要素和间接风险要素；从影响程度角度看，又可分为重要风险要素和一般风险要素。为确保风险预警的准确性，初始风险要素选择尽量全面。风险要素确立的依据一方面来自前人学者的研究成果，另一方面来自于具体的扶贫实践。鉴于当前返贫风险研究已成为热点，相关研究成果比较丰富，因此本研究中初始风险要素选择主要参考前人的研究成果。

(一) 风险要素提取参考文献梳理

根据近年来国内学者对返贫风险要素的总结，本节将脱贫户返贫及边缘户致贫常见的一些风险要素进行总结归纳。分别在知网中以"返贫风险""返贫风险识别""返贫风险预警""返贫风险识别及预警"等为关键词，搜索后筛选出多篇相关性高、被引用次数多，核心期刊或新文献，分别就文章中出现频次较高的返贫风险要素进行归纳，得出初始风险要素清单。文献梳理过程中，笔者对搜索到的相关文献均进行了整理和学习，并对近5年的部分相关文献进行了重点梳理，形成了统计表格，详细如表7-1所示。

表7-1　风险要素初始清单确定主要参考文献统计表

序号	作者	文章名称	刊名/单位	年份
1	苟鹏程、王子丰等	精准脱贫视域下于田县返贫风险识别及预警机制研究	今日财富	2021

续表

序号	作者	文章名称	刊名/单位	年份
2	王睿、骆华松	贫困退出背景下返贫风险预警与评价	统计与决策	2021
3	黄国庆、刘钇等	民族地区脱贫户返贫风险评估与预警机制构建	华中农业大学学报（社会科学版）	2021
4	黄海棠、蔡创能等	基于AHP-TOPSIS的返贫风险评估预警方法	宜宾学院学报	2021
5	陈裕	返贫风险预警机制研究	合作经济与科技	2021
6	刘希、龚轩等	后2020时期集中连片特困区返贫风险防控及预警机制研究——以武陵山片区为例	山西农经	2021
7	李承宇	后脱贫攻坚时代河北省返贫预警机制优化研究	河北师范大学	2021
8	萧鸣政、张睿超	中国后扶贫时代中的返贫风险控制策略——基于风险源分析与人力资源开发视角	中共中央党校（国家行政学院）学报	2021
9	郭倩、廖和平等	秦巴山区村域稳定脱贫测度及返贫防控风险识别——以重庆市城口县为例	地理科学进展	2021
10	万良杰、万铭师	贫困家庭返贫因素测量及风险化解路径	统计与决策	2021
11	谷秀云、薛选登	脱贫户返贫风险评估研究——基于豫西典型贫困县区的调查	河南理工大学学报（社会科学版）	2021
12	甘灿业	返贫原因及防止返贫机制构建路径	宜春学院学报	2021
13	李会琴、张婷	基于风险因素识别的返贫预警机制构建	国土资源科技管理	2020
14	杨静凤	可持续生计下民族旅游村寨农户返贫风险与阻断机制研究——以桂黔三个民族村寨为例	桂林理工大学	2020

续表

序号	作者	文章名称	刊名/单位	年份
15	段小力	返贫的特征、成因及阻断	人民论坛	2020
16	肖泽平、王志章	脱贫攻坚返贫家户的基本特征及其政策应对研究——基于12省（区）22县的数据分析	云南民族大学学报（哲学社会科学版）	2020
17	章文光、吴义熔等	建档立卡贫困户的返贫风险预测及返贫原因分析——基于2019年25省（区、市）建档立卡实地监测调研数据	改革	2020
18	陈艳	喀什地区返贫测度及阻断机制研究	新疆大学	2020
19	王景卫	S县返贫阻断机制构建研究	河南大学	2020
20	章文光	建立返贫风险预警机制化解返贫风险	人民论坛	2019
21	杨瑚	返贫预警机制研究	兰州大学	2019
22	李晓园、汤艳	返贫问题研究40年：脉络、特征与趋势	农林经济管理学报	2019
23	韦香	返贫风险识别与防控研究——基于贵州原贫困L乡片区的实证调查	华东理工大学	2019
24	孙征	我国农村脱贫户返贫类型与阻断机制研究	长春工业大学	2019
25	包国宪、杨瑚	我国返贫问题及其预警机制研究	兰州大学学报（社会科学版）	2018
26	范和生	返贫预警机制构建探究	中国特色社会主义研究	2018
27	邓永超	乡村振兴下精准扶贫中防治返贫的优化机制	湖南财政经济学院学报	2018
28	范西川	精准扶贫视域下农村返贫治理对策研究	中共重庆市委党校	2017

续表

序号	作者	文章名称	刊名/单位	年份
29	丁德光	社会风险视阈下返贫风险的类型与防控机制建设	天水行政学院学报	2017
30	郑瑞强，曹国庆	脱贫人口返贫：影响因素、作用机制与风险控制	农林经济管理学报	2016
31	尹飞霄	人力资本与农村贫困研究：理论与实证	江西财经大学	2013
32	漆敏	我国农村返贫问题根源剖析与对策研究	重庆大学	2012

(二) 初始风险要素确定

在对表7-1所列文献进行深入比较研究的基础上，将风险要素分为五个类型：①政策制度型。主要与政策制定、修订以及执行有关。②资源环境型。主要与当地的资源禀赋和自然条件有关。③收支型。主要与家庭收入来源以及开支范围有关。④保障型。与衣食住行等基本保障有关。⑤发展型。与自我发展动力、能力有关。围绕上述五个方面，整理出包含30个具体要素的风险清单，详细如表7-2所示。

表7-2 初始风险要素清单

类型	序号	风险要素	参考文献序号	频次
政策制度型	1	政策的持续性（政策变更）	3/6/11/12/19/21/22/24/25/26/28/29/30	13
	2	政策的完备程度（相关政策缺失）	2/11/12/15/25	5
	3	政策偏离、保障不足或落实不到位	2/12/15/18/21/25/26/29/30	9
	4	制度政策缺乏监控和评估的风险	4/18/24/25/29	5
	5	扶贫专干能力不足、数量减少、虚假扶贫等	15/24/28	3

续表

类型	序号	风险要素	参考文献序号	频次
资源环境型	6	生态环境恶劣	2/6/11/15/18/22/25/29	8
	7	自然灾害频发（因灾）	1/2/4/5/7/8/9/11/12/13/14/15/16/17/18/20/21/24/25/26/27/28/30/32	24
	8	自然资源匮乏	2/6/12/18/24/25/26	7
	9	环境制约发展	2/6/12/18/24/25/26/28/30	9
收支型	10	收入来源少（收入不达标）	3/9/10/11/15/20/23/32	8
	11	年迈缺劳动力（因老）	3/6/8/9/10/11/13/16/20/21/24/25/26/28/30/32	16
	12	突发事件（意外事故）	6/7/11	3
	13	大病重疾隐患、健康状况差（因病）	1/2/3/4/6/7/8/9/10/11/13/15/16/17/19/20/21/22/23/24/25/26/29/30/31	25
	14	因残（残疾或者治疗重残）	11/19/20/21	4
	15	缺生产资本（技术、资金、土地）	4/17/25/29	4
	16	因就业不稳定（疫情）	1/12/20	3
	17	家庭人口多	14/17	2
	18	因丧、因婚	8/16/17/21/24	5
保障型	19	住房条件差（住房安全）	3/14/16	3
	20	子女非义务教育开支大（因学）	5/7/8/10/11/13/16/21/25/30	10
	21	安全饮水无保障（缺水）	17	1
	22	义务教育无保障（教育保障）	2/3/6/10/15/21/30	7
	23	医疗保险及救助（基本医疗）	10/14/15	3
	24	养老保障	14/27	2
	25	看病就医条件（健康保障）	5/27	2

续表

类型	序号	风险要素	参考文献序号	频次
发展型	26	知识文化水平低(学习能力差)	1/12/15/18/21/23/24/26/31/32	10
	27	产业经营失败(经营管理不善)	7/19/20/22/23/29	6
	28	思想观念落后	2/6/12/21/26/27/28	7
	29	技能培训缺乏	2/5/11/14/23/25/27	7
	30	自身发展动力不足(存在"等靠要"思想)	1/11/12/13/17/18/19/20/21/22/24/25/32	13

由表7-2可知，政策的持续性(政策变更)、自然灾害频发(因灾)、年迈缺劳动力(因老)、大病重疾隐患以及健康状况差(因病)、子女非义务教育开支大(因学)、知识文化水平低(学习能力差)、自身发展动力不足(存在"等靠要"思想)等频次较高，其中自然灾害频发(因灾)、大病重疾隐患以及健康状况差(因病)频次最高，分别达到24次和25次。以上高频次风险，在风险预警中需重点关注。

(三) 风险要素的主要表现

进一步梳理风险要素的主要表现，详细如表7-3所示。

表7-3 风险要素的主要表现

类型	序号	风险要素	主要表现
政策制度型	1	政策的持续性(政策变更)	贫困标准升高、帮扶政策减少、政策变更，扶贫结束后失去资助
	2	政策的完备程度(相关政策缺失)	政策缺失、政策疏漏
	3	政策偏离、保障不足或落实不到位	协同不足风险、社会保障不足、责任不清风险、决策参与不足风险
	4	制度政策缺乏监控和评估的风险	选择性实施政策的风险、政策的满意度、不重视评估结果
	5	扶贫专干能力不足、数量减少	扶贫专干能力不足、数量减少，帮扶人或单位不够积极；瞒报、漏报、错报风险

续表

类型	序号	风险要素	主要表现
资源环境型	6	生态环境恶劣	自然环境被破坏,导致生产生活条件差
	7	自然灾害频发(因灾)	因气候、自然灾害等不可抗因素导致农作物减产或绝收
	8	自然资源匮乏	土地抗自然灾害能力差,防汛抗旱能力薄弱,农业收成不稳定
	9	环境制约发展	地区经济发展水平低、产业发展有限,导致地区整体发展乏力滞后。自然环境限制,产业结构单一,经济收入严重依赖农业。交通条件落后,基础设施、公共服务设施滞后
收支型	10	收入来源少	收入来源少,除农业外无其他收入,人均年纯收入低。家庭年人均纯收入低于国家扶贫标准
	11	年迈缺劳动力(因老)	因老,劳动力不足;家庭主要劳动力因故死亡,家庭主要收入来源终止;家庭主要劳动力因年龄超过聘用单位规定而失业。老龄人口和未成年人为主,青壮年劳动力缺乏。无劳动力或者因病丧失劳力
	12	突发事件(意外事故)	因疫情或重大事件影响,导致较长一段时间不能正常务工或开展经营生产。因意外事故,致使他人伤残需赔偿,因支付数额较大,导致家庭支出骤增
	13	大病重疾隐患(因病)	家庭主要劳动力因患大病无法正常务工,身体健康状况差;因突发疾病支出医疗费用较多。医疗支出负担较重
	14	因残(残疾或者治疗重残)	家庭成员残疾或者治疗重残
	15	缺生产资本(技术、资金、土地)	人均耕地少,缺土地、缺技术。缺发展启动资金,无长期可靠的发展项目。无专业技能,不具备劳务输出的条件
	16	因就业不稳定(疫情)	因务工企业经营不善、倒闭或破产,或因新冠肺炎疫情,导致家庭主要劳动力失业或长期无法正常领取工资的

续表

类型	序号	风险要素	主要表现
收支型	17	家庭人口多	因人口自然增加（新生儿或与老人合户）导致人均收入较上年度相比明显减少。未成年人较多，学生较多，家庭日常开销支出巨大，抚养子女负担重
	18	因丧、因婚	因婚（彩礼）丧（丧葬费）或其他人情世故支出多，导致支出数额较大。人情支出数额较大
保障型	19	住房条件差（住房安全）	因自然灾害等导致安全住房无保障（或维修加固支出费用较大）。房屋破旧，无力维修，危房
	20	子女非义务教育开支大（因学）	因负担非义务教育阶段学生上学的高额学费，子女教育支出上升
	21	安全饮水无保障（缺水）	因季节性缺水导致安全饮水无保障的。因自然灾害导致水质不达标的，或供水管网出现故障的
	22	义务教育无保障（教育保障）	6~15岁适龄儿童不愿上学、厌学；因家庭不愿负担开支，辍学在家；因身体原因不能到校，送教上门服务未落实
	23	医疗保险及救助（基本医疗）	因个别农户存在侥幸心理，认为自己不会住院，不愿参加城乡居民基本医疗和大病保险
	24	养老保障	养老无保障
	25	看病就医条件（健康保障）	农村医疗救助、看病就医条件差
发展型	26	知识文化水平低	家庭成员受教育程度不高，脱贫能力不足
	27	产业经营失败	因缺乏技术能力，不善经营管理，导致产业投资支出大于收入。因病虫害、天气变化、气候原因，导致产业投资失败
	28	思想观念落后	思想认知程度不高、存在酗酒赌博等陋习
	29	技能培训缺乏	就业服务和技能培训缺乏，家庭成员技能低下，没有较好的生存技能
	30	自身发展动力不足	内生动力不足，脱贫主观能动性差。主要表现在：由于"等靠要"思想，致使种植业或养殖业减产或绝收

二、风险要素修正

以返贫风险要素初始清单为基础,采用问卷调查法、头脑风暴法等方法,形成相应的调查问卷,分别与政府部门从事精准扶贫(乡村振兴)工作的相关人员及专家进行沟通和交流,对原始清单进行不断修正。笔者有针对性地选择扶贫办等政府相关单位及个人发放30份调查问卷,最终收回28份有效问卷,问卷有效回收率为93.3%。参与问卷调查的专家分别来自政府机关、驻村扶贫干部、村干部、农户、高校科研机构等,他们均具备或掌握一定的精准扶贫经验,调查结果有一定的可信度。受访专家类型、问卷发放和回收情况如表7-4所示。

表7-4 受访专家类型及问卷回收情况统计表

数据统计单位类型	发放数量(份)	所占比例(%)	有效回收数量(份)	有效回收比例(%)	占回收问卷总数比例(%)
政府机关	8	26.67	8	100.00	28.57
驻村扶贫干部	7	23.33	7	100.00	25.00
村干部	5	16.67	4	80.00	14.29
农户	5	16.67	4	80.00	14.29
高校科研机构	5	16.67	5	100.00	17.86
总计	30	100.00	28	93.33	100.00

相关专家在初始清单的基础上,根据自己了解的精准扶贫情况及自身工作实际,对风险要素进行了修订。经过删除、增加、合并、修改及更换名称等操作,尽可能真实地反映真实情况。根据专家的意见,将致贫返贫风险点(目标层)整合为政策型风险、环境型风险、收支型风险、保障型风险、发展型风险五个方面,名称基本与初始清单保持一致。经过两轮修正,分别形成风险要素清单2.0和3.0,详细如表7-5、表7-6所示。

表7-5 第一轮修正后的风险要素清单2.0

风险点	风险要素	主要表现
政策型风险	政策缺乏持续性	巩固脱贫攻坚成果政策没有形成有效衔接机制,政策变化大,缺乏延续性,扶贫结束后失去资助

续表

风险点	风险要素	主要表现
政策型风险	政策缺乏完备性	政策体系不完善，政策有缺失、有疏漏
	政策缺乏执行性	政策在地方没有执行，或执行走样，或执行不力。政策执行者，含扶贫专干能力不足、数量不够等
	政策缺乏有效性	政策实施效果不明显，没有达到预期目标，甚至产生负面影响风险，政策执行效果满意度低
	政策缺乏改进性	政策没有因地而异，没有因时变化，没有与时俱进
环境型风险	区位位置劣势	处于山区、老少边穷地区、革命老区等区位位置较偏，产业结构单一，总体经济收入低，有的还是红线受限制发展区域
	交通物流不便	道路等基础设施不完善，交通不够便利，乡村没有设置物流点
	自然灾害发生	因气候、天气、自然灾害等不可抗拒因素发生自然灾害
	生态禀赋制约	自然环境较差，土地不肥沃，土地抗自然灾害能力差，防汛抗旱能力薄弱，农业收成不稳定
	环境卫生影响	地区环境卫生条件差且不达标，公共服务低，美丽乡村建设严重滞后
收支型风险	因打工就业收入低	依靠外出打工收入以养活一家人较为困难，收入来源少且不稳定
	因种植养殖收入低	依靠种植养殖获取收入以养活一家人较为困难，收入来源少且不稳定
	因其他来源收入低	依靠打工就业、种植养殖之外的收入较少，如土地租赁收入、房屋租赁收入、金融保险收入、投资入股收益等
	家庭抚养的负担重	随着国家生育政策的逐步放开，一些家庭新增人口，导致家庭日常开销支出巨大，抚养子女负担重
	家庭赡养的负担重	随着人口老龄化，家庭赡养老人的开支逐步增加，家庭负担较重
	家庭因灾的负担重	因疫情或重大事件影响，导致较长一段时间不能正常务工或开展经营生产；因意外事故，致使他人伤残需赔偿，支付数额较大，导致家庭支出骤增等

风险点	风险要素	主要表现
收支型风险	家庭因病的负担重	家庭主要劳动力因患大病无法正常务工，身体健康状况差；因突发疾病支出医疗费用较多，或慢性病治疗等医疗支出负担较重；家庭成员残疾或者治疗重残
	家庭还债的负担重	家庭因故欠下高额债务，主要收入用于偿还债务
	家庭其他支出负担	家庭因婚（彩礼）丧（丧葬费）或其他人情世故支出多，导致支出成为负担
保障型风险	学前教育保障不足	公办幼儿园数量少（很难上），民营幼儿园收费高，学前教育保障不足
	高中教育保障不足	因负担高中教育阶段学生学费，子女教育支出上升，高中教育保障不足
	大学教育保障不足	因负担大学教育阶段学生学费，子女教育支出上升，大学教育保障不足
	饮水质量保障不足	因自然灾害导致水质不达标，或供水管网出现故障等
	基本养老保障不足	家庭成员养老保障不足
发展型风险	文化知识不够	家庭成员受教育程度不高，文化知识不够，稳定脱贫能力不足
	专业技能缺乏	家庭成员缺乏农业技能、就业技能、产业技能
	思想观念落后	思想认知没有与时俱进，受旧观念束缚大，缺乏开拓创新和勇于实践的精神
	经营管理不善	从事产业或其他行业经营的，由于经营管理不善，导致经营失败
	发展动力不足	家庭成员有"等靠要"思想，攀比之心或心里不平衡，或本身没有更大更好的发展想法，认为维持现状即可

表7-6 第二轮修正后的风险要素清单3.0

风险点	风险要素	主要表现
A 收支型风险	A_1 因打工就业收入低	依靠外出打工收入养活一家人较为困难，收入来源少且不稳定

续表

风险点	风险要素	主要表现
A 收支型风险	A_2 因种植养殖收入低	依靠种植养殖获取收入养活一家人较为困难，收入来源少且不稳定
	A_3 因其他来源收入低	依靠打工就业、种植养殖之外的收入较少，如土地租赁收入、房屋租赁收入、金融保险收入、投资入股收益等
	A_4 家庭抚养的负担重	随着国家生育政策的逐步放开，一些家庭新增人口，导致家庭日常开销支出巨大，抚养子女负担重
	A_5 家庭赡养的负担重	随着人口老龄化，家庭赡养老人的开支逐步增加，家庭负担较重
	A_6 家庭因病的负担重	家庭主要劳动力因患大病无法正常务工，身体健康状况差；因突发疾病支出医疗费用较多，或慢性病治疗等医疗支出负担较重；家庭成员残疾或者治疗重疾
	A_7 家庭还债的负担重	家庭因故欠下高额债务，主要收入用于偿还债务
	A_8 家庭因灾的负担重	因新冠肺炎疫情或重大事件影响，导致较长一段时间不能正常务工或开展经营生产。因意外事故，致使他人伤残需赔偿，支付数额较大，导致家庭支出骤增等
	A_9 家庭其他支出负担	家庭因婚(彩礼)丧(丧葬费)或其他人情世故支出多，导致支出成为负担
B 发展型风险	B_1 思想观念落后	思想认知没有与时俱进，受旧观念束缚大，缺乏开拓创新和勇于实践的精神
	B_2 发展动力不足	家庭成员有"等靠要"思想，攀比之心或心里不平衡，或本身没有更大更好的发展想法，认为维持现状即可
	B_3 专业技能缺乏	家庭成员缺乏农业技能、就业技能、产业技能
	B_4 经营管理不善	从事产业或其他行业经营的，由于经营管理不善，导致经营失败
	B_5 文化知识不够	家庭成员受教育程度不高，文化知识不够，稳定脱贫能力不足
C 环境型风险	C_1 生态禀赋制约	自然环境较差，土地不肥沃，土地抗自然灾害能力差，防汛抗旱能力薄弱，农业收成不稳定

续表

风险点	风险要素	主要表现
C 环境型风险	C_2 交通物流不便	指道路等基础设施不完善，交通不够便利，乡村没有设置物流点
	C_3 区位位置劣势	指处于山区、老少边穷地区、革命老区等区位，位置较偏，产业结构单一，总体经济收入低，有的还是红线受限制发展区域
	C_4 环境卫生影响	地区环境卫生条件差且不达标，公共服务低，美丽乡村建设严重滞后
	C_5 自然灾害发生	因气候、天气、自然灾害等不可抗拒因素发生自然灾害
D 保障型风险	D_1 基本养老保障不足	家庭成员养老保障不足
	D_2 饮水质量保障不足	因自然灾害导致水质不达标，或供水管网出现故障等
	D_3 学前教育保障不足	公办幼儿园数量少（很难上），民营幼儿园收费高，学前教育保障不足
	D_4 高中教育保障不足	因负担高中教育阶段学生学费，子女教育支出上升，高中教育保障不足
	D_5 大学教育保障不足	因负担大学教育阶段学生学费，子女教育支出上升，大学教育保障不足
E 政策型风险	E_1 政策缺乏持续性	巩固脱贫攻坚成果政策没有形成有效衔接机制，政策变化大，缺乏延续性，扶贫结束后失去资助
	E_2 政策缺乏执行性	政策在地方没有执行，或执行走样，或执行不力。政策执行者，含扶贫专干能力不足、数量不够等
	E_3 政策缺乏有效性	政策实施效果不明显，没有达到预期目标，甚至产生负面影响风险，政策执行效果满意度低
	E_4 政策缺乏完备性	政策体系不完善，政策有缺失、有疏漏
	E_5 政策缺乏改进性	政策没有因地而异，没有因时变化，没有与时俱进

三、最终风险要素确定

依据修正后的风险要素清单，再次使用德尔菲法，反复与专家交流清单的修改情况。经过反复沟通和反馈，统一专家意见后删除、合并或新增了一些风险要素，形成了最终风险要素清单，如表7-7所列。

表7-7 最终风险要素清单

风险点	风险要素	主要表现
A 收支型风险	A_1家庭经济收入来源单一	家庭仅仅依靠外出打工、种植养殖或其他方式（土地租赁收入、房屋租赁收入、金融保险收入、投资入股收益等）的某一种方式获得收入，养活一家人较为困难，经济收入来源单一、收入少且不稳定
	A_2家庭抚养或赡养的负担重	随着国家生育政策的逐步放开及人口老龄化现象，一些家庭因新增人口或赡养老人导致家庭日常开销增加，家庭负担较重
	A_3家庭因病的负担重	家庭主要劳动力因患大病无法正常务工，身体健康状况差；因突发疾病支出医疗费用较多，或慢性病治疗等医疗支出负担较重
	A_4家庭因残的负担重	家庭成员残疾或者治疗重残，开销较大，家庭负担重
	A_5家庭还债的负担重	家庭因故欠下高额债务，主要收入用于偿还债务
	A_6家庭因意外的负担重	因新冠肺炎疫情或重大突发事件影响，导致较长一段时间不能正常务工或开展经营生产。因意外事故，致使他人伤残需赔偿加支付数额较大，导致家庭支出骤增等
	A_7家庭因其他支出负担重	家庭因婚（彩礼）丧（丧葬费）或其他人情世故支出多，导致支出成为负担
B 发展型风险	B_1思想观念落后	家庭成员思想认知没有与时俱进，受旧观念束缚大，缺乏开拓创新和勇于实践的精神
	B_2发展动力不足	家庭成员有"等靠要"思想，攀比之心或心里不平衡，或本身没有更大更好的发展想法，认为维持现状即可
	B_3专业技能缺乏	家庭成员缺乏农业技能、就业技能、产业技能
	B_4经营管理不善	从事产业或其他行业经营的，由于经营管理不善，导致经营失败
	B_5文化知识不够	家庭成员受教育程度不高，文化知识不够，稳定脱贫能力不足
C 环境型风险	C_1生态禀赋制约	自然环境较差，土地不肥沃，土地抗自然灾害能力差，防汛抗旱能力薄弱，农业收成不稳定

续表

风险点	风险要素	主要表现
C 环境型风险	C_2 交通物流不便	道路等基础设施不完善，交通不够便利，乡村没有设置物流点
	C_3 区位位置劣势	处于山区、老少边穷地区、革命老区等区位，位置较偏，有的还是红线受限制发展区域，产业结构单一，总体经济收入较低
	C_4 环境卫生影响	地区环境卫生条件差且不达标，公共服务低，美丽乡村建设严重滞后
	C_5 自然灾害发生	因气候、天气、自然灾害等不可抗拒因素发生自然灾害
D 保障型风险	D_1 基本养老保障不足	农村养老难问题突出，家庭成员养老保障不足
	D_2 饮水质量保障不足	因自然灾害导致水质不达标，或供水管网出现故障等
	D_3 家庭教育保障不足	公办幼儿园数量少(很难上)，民营幼儿园收费高，学前教育保障不足。因负担高中、大学等非义务教育阶段学生学费，子女教育支出上升，家庭教育负担重
	D_4 医疗保障不足	家庭成员没有全部参加城乡居民基本医疗和大病保险；商业保险产品与基本医疗保障衔接不够，医疗救助能力有限
E 政策型风险	E_1 政策缺乏持续性	巩固脱贫攻坚成果政策没有形成有效衔接机制，政策变化大，缺乏延续性，扶贫结束后失去资助
	E_2 政策缺乏执行性和有效性	政策在地方没有执行，或执行走样，或执行不力。政策执行者，含扶贫专干能力不足、数量不够等。政策实施效果不明显，没有达到预期目标，甚至产生负面影响风险，政策执行效果满意度低
	E_3 政策缺乏完备性和改进性	政策体系不完善，政策有缺失、有疏漏。政策没有因地而异，没有因时变化、与时俱进

由表 7-7 可见，最终风险要素清单包括 A 收支型风险、B 发展型风险、C 环境型风险、D 保障型风险、E 政策型风险等 5 个风险点 24 个风险要素。最终清单在修正清单基础上删除了因打工就业收入低、因种植养殖收入低、因其他来源收入低等风险因素，将其整合为"家庭经济收入来源单一"风险；将家庭

抚养的负担重、家庭赡养的负担重两项风险因素合并为"家庭抚养或赡养的负担重"风险；整合学前教育保障不足、高中教育保障不足、大学教育保障不足等风险因素，统一合并为"家庭教育保障不足"风险；将政策型风险中政策缺乏持续性、政策缺乏执行性、政策缺乏有效性、政策缺乏完备性、政策缺乏改进性 5 项风险要素，删减合并为"政策缺乏持续性、政策缺乏执行性和有效性、政策缺乏完备性和改进性" 3 项风险因素。同时在保障型风险下增加了"医疗保障不足风险"。至此，最终风险要素清单已修订完成，为后续的实证研究打下基础。

第八章　大数据环境下返贫风险动态预警实践

第一节　返贫风险动态预警方法选择及关键流程

一、返贫风险动态预警方法选择

通过查阅相关文献并系统梳理后发现，目前关于风险预警的方法主要包括：层次分析法（AHP）、网络层次分析法（ANP）、模糊综合评价法（Fuzzy）、人工神经网络技术（ANN）、logistic模型、BP神经网络、专家调查法、决策树法、灰色评价方法等。各种风险评价方法各有所长，也各存弊端。考虑到返贫风险要素数量众多，各要素性质各异，因此仅采用单一方法无法对风险进行有效分析。从定量和定性分析相结合的角度，并从相关方法对返贫风险评价的可适性考虑，决定采用网络层次分析法（ANP）和模糊综合评价法（Fuzzy）相结合的方法对返贫风险进行分析。之所以选择以上两种方法，主要考虑到：第一，网络层次分析法（ANP）取消了AHP的诸多假定，各要素之间可建立内部和外部相关性，比AHP更系统、更全面、更科学，与决策的事实情况更吻合；第二，模糊综合评价法（Fuzzy）将定性和定量分析相结合，可以评价不可量化的风险因素，不依赖绝对指标，减小了因标准选择不当而造成的影响。

二、网络层次分析法（ANP）的实现

（一）网络层次分析法的产生背景

网络层次分析法（Analytic Network Process，ANP）是美国匹斯堡大学T. L. Saaty教授于1996年提出的一种适应非独立的递阶层次结构的决策方法，它是

在层次分析法（Analytic Hierarchy Process，AHP）的基础上发展而成的一种新的实用决策方法。层次分析法是 T. L. Saaty 教授于 20 世纪 70 年代提出的一种将定性和定量相结合的多准则决策方法（Saaty，1990）。该方法在多目标、多准则、多要素、多层次的非结构化的复杂决策问题中得到广泛应用。AHP 方法的核心是将系统划分层次且只考虑上层元素对下层元素的支配作用，同一层次中的元素被认为是彼此独立的。在许多实际问题中，各层次内部元素往往是依存的，低层元素对高层元素亦有支配作用，即存在反馈。此时系统的结构更类似于网络结构。网络分析法正是适应这种需要，由 AHP 延伸发展得到的系统决策方法（王莲芬，2001）。

（二）网络层次分析法的主要环节

第一，定义评估尺度，划分 1～9 的尺度。Saaty（1971）提出以 1～9 来衡量准则的权重，详细如表 8-1 所示。

表 8-1 比较尺度：1～9 尺度的含义及重要性比较

标度	含义
1	第 i 个因素与第 j 个因素的影响相同
3	第 i 个因素比第 j 个因素的影响稍强
5	第 i 个因素比第 j 个因素的影响强
7	第 i 个因素比第 j 个因素的影响明显强
9	第 i 个因素比第 j 个因素的影响绝对强
2,4,6,8	表示第 i 个因素相对于第 j 个因素的影响介于上述两个相邻等级之间
倒数	因素 i 与 j 比较的判断 a_{ij}，则因素 j 与 i 比较的判断 $a_{ji}=\dfrac{1}{a_{ij}}$

重要性比较									
a_{ij} 尺度	1	2	3	4	5	6	7	8	9
$C_i:C_j$ 的重要性	相同		稍强		强		明显强		绝对强

第二，构造 ANP 超矩阵计算权重。主要步骤包括：①基于网络模型中各要素间的相互作用，进行两两比较；②确定未加权超矩阵；③确定超矩阵中各元

素组的权重；④计算加权超矩阵；⑤计算极限超矩阵。

(三) 网络层次分析法的实现

ANP 模型的计算较为复杂，不借助于计算软件的情况下，很难将 ANP 模型用于解决实际的问题。2003 年 Rozann W Saaty 和 William Adams 在美国推出了超级决策（Super decision，简称 SD）软件，该软件基于 ANP 理论，成功地将 ANP 的计算程序化（贺纯纯和王应明，2014）。

三、模糊综合评价法（Fuzzy）的步骤

第一步，模糊综合评价指标构建。选取适当的指标构建模糊综合评价指标体系。

第二步，确定评价因素和评价等级。设 $U = \{u_1, u_2, \cdots, u_m\}$ 为刻画被评价对象的 m 种因素（即评价指标）；$V = \{u_1, u_2, \cdots, u_n\}$ 为刻画每一因素所处的状态的 n 种决断（即评价等级）。这里，m 为评价因素的个数，由具体指标体系决定；n 为评价等级的个数，根据项目实际情况进行划分。

第三步，构造评判矩阵和确定权重。建立适合的隶属函数，从而构建好评价矩阵。

第四步，进行模糊合成和做出决策。用恰当的合成因子合成矩阵，得出综合隶属度，并对结果向量进行解释。

第二节 基于 ANP 法的返贫风险预警指标权重确定

一、建立返贫风险预警指标体系

根据第七章确定的最终风险要素清单，最终确定共 5 个维度的返贫风险预警指标体系，目标层为返贫风险预警，一级指标为：A 收支型风险、B 发展型风险、C 环境型风险、D 保障型风险、E 政策型风险；二级指标包括：A_1 家庭经济收入来源单一、B_1 思想观念落后、C_1 生态禀赋制约、D_1 基本养老保障不足、E_1 政策缺乏持续性等 24 个指标。详细如表 8-2 所示。

表 8-2 返贫风险预警指标体系

目标	一级指标	二级指标
返贫风险预警	A 收支型风险	A_1 家庭经济收入来源单一
		A_2 家庭抚养或赡养的负担重
		A_3 家庭因病的负担重
		A_4 家庭因残的负担重
		A_5 家庭还债的负担重
		A_6 家庭因意外的负担重
		A_7 家庭其他支出负担重
	B 发展型风险	B_1 思想观念落后
		B_2 发展动力不足
		B_3 专业技能缺乏
		B_4 经营管理不善
		B_5 文化知识不够
	C 环境型风险	C_1 生态禀赋制约
		C_2 交通物流不便
		C_3 区位位置劣势
		C_4 环境卫生影响
		C_5 自然灾害发生
	D 保障型风险	D_1 基本养老保障不足
		D_2 饮水质量保障不足
		D_3 家庭教育保障不足
		D_4 医疗保障不足
	E 政策型风险	E_1 政策缺乏持续性
		E_2 政策缺乏执行性和有效性
		E_3 政策缺乏完备性和改进性

二、构建各指标间的关联情况

根据建立的返贫风险预警指标体系，通过专家问卷调查及小组讨论法，得到各级指标的内部和外部相关性，即各项指标间的反馈和依赖情况。各指标间的关联情况如表 8-3 所示。由表 8-3 可知，A 收支型风险、B 发展型风险、C 环境型风险、D 保障型风险、E 政策型风险五个一级指标之间均具有不同程度的内部相关性，A 收支型风险对 D 保障型风险和 E 政策型风险有外部影响，B 发展型风险对 A 收支型风险、D 保障型风险等有外部影响，C 环境型风险对 A 收支型风险、B 发展型风险、D 保障型风险有外部影响，D 保障型风险对 A 收支型风险、B 发展型风险、C 环境型风险的部分二级指标有外部影响，E 政策型风险对 A 收支型风险、B 发展型风险、C 环境型风险、D 保障型风险有外部影响。

三、建立网络层次结构

依据各风险指标间的相互关联情况，在 Super Decisions 软件新建相应的群组、节点的联系，建立各指标间的网络层次结构，构建 ANP 结构模型。在 Super Decisions 软件中选择左上角的"+"按钮，分别建立 A 收支型风险、B 发展型风险、C 环境型风险、D 保障型风险、E 政策型风险五个群组，其中 A 收支型风险、B 发展型风险、C 环境型风险、D 保障型风险、E 政策型风险五个一级风险评价指标间具有内部相关性，A 收支型风险与 D 保障型风险、E 政策型风险有外部相关性，B 发展型风险与 A 收支型风险、D 保障型风险等有外部相关性，C 环境型风险与 A 收支型风险、B 发展型风险、D 保障型风险有外部相关性，D 保障型风险与 A 收支型风险、B 发展型风险、C 环境型风险的部分二级指标有外部相关性，E 政策型风险与 A 收支型风险、B 发展型风险、C 环境型风险、D 保障型风险有外部相关性。在每个群组中，分别新建各自群组的节点信息，即二级指标，建立好返贫风险预警 ANP 结构模型，如图 8-1 所示。

表8-3 返贫风险预警指标关联情况统计表

影响因素		A收支型风险 A₁	A₂	A₃	A₄	A₅	A₆	A₇	B发展型风险 B₁	B₂	B₃	B₄	B₅	C环境型风险 C₁	C₂	C₃	C₄	C₅	D保障型风险 D₁	D₂	D₃	D₄	E政策型风险 E₁	E₂	E₃
A收支型风险	A₁ 家庭经济收入来源单一	√	√																				√	√	√
	A₂ 家庭抚养或赡养的负担重	√		√	√	√	√												√	√	√		√	√	√
	A₃ 家庭因病的负担重	√			√	√	√												√	√	√	√	√	√	√
	A₄ 家庭因残的负担重	√				√	√												√	√	√		√	√	√
	A₅ 家庭还债的负担重	√					√												√	√	√		√		
	A₆ 家庭因意外的负担重	√						√											√	√	√		√		
	A₇ 家庭其他支出负担重	√																							
B发展型风险	B₁ 思想观念落后	√								√	√	√	√												
	B₂ 发展动力不足	√									√	√	√												
	B₃ 专业技能缺乏	√										√	√												
	B₄ 经营管理不善	√											√												
	B₅ 文化知识不够	√								√	√	√	√												
C环境型风险	C₁ 生态禀赋制约	√								√	√					√	√								
	C₂ 交通物流不便	√								√	√				√		√								
	C₃ 区位位置劣势	√								√	√				√		√	√							
	C₄ 环境卫生影响	√								√	√						√	√							
	C₅ 自然灾害发生	√						√			√				√		√	√		√					
D保障型风险	D₁ 基本养老保障不足	√																		√			√	√	√
	D₂ 饮水质量保障不足	√																			√			√		
	D₃ 家庭教育保障不足	√								√					√							√	√	√	√
	D₄ 医疗保障不足	√								√					√					√	√	√	√	√	√	√
E政策型风险	E₁ 政策缺乏持续性	√	√	√	√	√	√	√		√	√	√	√	√	√	√	√	√	√	√	√	√	√			
	E₂ 政策缺乏执行性有效性和改进性	√	√	√	√	√	√	√		√	√	√	√	√	√	√	√	√	√	√	√	√	√			
	E₃ 政策缺乏完备性和改进性	√	√	√	√	√	√	√		√	√	√	√	√	√	√	√	√	√	√	√	√	√	√		

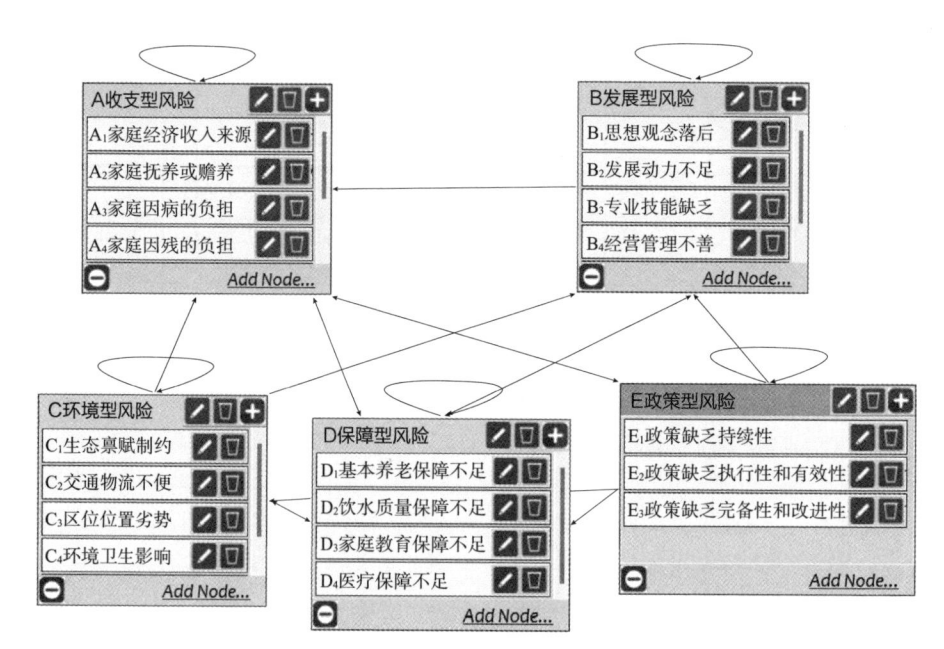

图 8-1　ANP 网络层次结构图

四、建立两两比较矩阵

(一) 建立一级指标 (群组) 的关联情况

根据前面统计的各一级指标之间的关联情况，可以初步确定构建判断矩阵的数量，并设计用来调查一级指标间重要度的调查表，采用专家打分法来确定两两比较矩阵的数值。专家人数为30人，主要来自政府机关、驻村扶贫干部、村干部、农户、高校科研机构等。详细问卷内容见附件相关内容。以 A 收支型风险为影响因子，其重要度调查表如表 8-4 所示。以 B 发展型风险为影响因子，其重要度调查表如表 8-5 所示。其他各一级指标的重要度调查及矩阵构建方法与此相同，在此不一一列举。

表 8-4　一级指标重要度调查表（以 A 收支型风险为例）

强度 比较因素： A 收支型风险 指标	相对重要性程度																	强度 比较因素： A 收支型风险 指标
	非常重要						一样重要			非常重要								
	9	8	7	6	5	4	3	2	1	2	3	4	5	6	7	8	9	
A 收支型风险																		D 保障型风险

说明：相同因素比较，同等重要，其重要度为"1"，调查时不再列举比较。因素 i 和 j 比较的判断矩阵数值互为倒数，为减轻专家数据填写的工作量、保持前后数据的一致性和准确性，故只填写将 i 和 j 中某一方作为比较因素的判断矩阵数值，另外一个数值后期根据 $a_{ij}=1/a_{ji}$ 求出。下同。

表8-5 一级指标重要度调查表（以 B 发展型风险为例）

强度 比较因素： B 发展型风险 指标	相对重要性程度 非常重要　一样重要　非常重要 9 8 7 6 5 4 3 2 1 2 3 4 5 6 7 8 9	强度 比较因素： B 发展型风险 指标
A 收支型风险		B 发展型风险
A 收支型风险		D 保障型风险
B 发展型风险		D 保障型风险

（二）建立二级指标（节点）的关联情况

根据风险因素二级指标关联情况，设计用于获取二级指标重要度的调查表，构建两两判断矩阵，方法与一级指标构建过程相似，以 A_1 家庭经济收入来源单一为例，其重要度调查表如表8-6所示。其他二级指标的重要度调查及矩阵构建方法与此相同，在此不再一一赘述。

表8-6 二级指标重要度调查表（以 A_1 家庭经济收入来源单一为例）

强度 比较因素： A_1 家庭经济收入来源单一 指标	相对重要性程度 非常重要　一样重要　非常重要 9 8 7 6 5 4 3 2 1 2 3 4 5 6 7 8 9	强度 比较因素： A_1 家庭经济收入来源单一 指标
A_2 家庭抚养或赡养的负担重		A_3 家庭因病的负担重
A_2 家庭抚养或赡养的负担重		A_4 家庭因残的负担重
A_2 家庭抚养或赡养的负担重		A_5 家庭还债的负担重
A_2 家庭抚养或赡养的负担重		A_6 家庭因意外的负担重

续表

强度 比较因素: 指标 \ A_1家庭经济收入来源单一	相对重要性程度																	强度 比较因素: A_1家庭经济收入来源单一 \ 指标
	非常重要							一样重要			非常重要								
	9	8	7	6	5	4	3	2	1	2	3	4	5	6	7	8	9	
A_2家庭抚养或赡养的负担重																		A_7家庭其他支出负担重
A_3家庭因病的负担重																		A_4家庭因残的负担重
A_3家庭因病的负担重																		A_5家庭还债的负担重
A_3家庭因病的负担重																		A_6家庭因意外的负担重
A_3家庭因病的负担重																		A_7家庭其他支出负担重
A_4家庭因残的负担重																		A_5家庭还债的负担重
A_4家庭因残的负担重																		A_6家庭因意外的负担重
A_4家庭因残的负担重																		A_7家庭其他支出负担重
A_5家庭还债的负担重																		A_6家庭因意外的负担重
A_5家庭还债的负担重																		A_7家庭其他支出负担重
A_6家庭因意外的负担重																		A_7家庭其他支出负担重
D_1基本养老保障不足																		D_2饮水质量保障不足
D_1基本养老保障不足																		D_3家庭教育保障不足
D_1基本养老保障不足																		D_4医疗保障不足

续表

强度 比较因素： A_1家庭经济收入来源单一/指标	相对重要性程度																		强度 比较因素： A_1家庭经济收入来源单一/指标
	非常重要							一样重要			非常重要								
	9	8	7	6	5	4	3	2	1	2	3	4	5	6	7	8	9	
D_2饮水质量保障不足																			D_3家庭教育保障不足
D_2饮水质量保障不足																			D_4医疗保障不足
D_3家庭教育保障不足																			D_4医疗保障不足
A_2家庭抚养或赡养的负担重																			A_3家庭因病的负担重
A_2家庭抚养或赡养的负担重																			A_4家庭因残的负担重
A_2家庭抚养或赡养的负担重																			A_5家庭还债的负担重
A_2家庭抚养或赡养的负担重																			A_6家庭因意外的负担重
A_2家庭抚养或赡养的负担重																			A_7家庭其他支出负担重

五、判断矩阵权重的确定及问卷数据的录入

依据专家调查法所得数据资料，分别对上述判断矩阵中建立的各风险指标从发生的概率、重要性等方面进行两两比较，采用1～9标度法依次进行打分，确定各判断矩阵的权重。在Super Decisions软件中点击"Judgments"页面，分别选择"Cluster""Node"按钮依次逐项录入群组和节点中两两比较矩阵的数值。此处"Cluster"对应的便是上文中网络层的指标，即一级指标；"Node"对应的是两两比较矩阵中因素层的指标，即二级指标。具体操作过程如图8-2、图8-3所示。

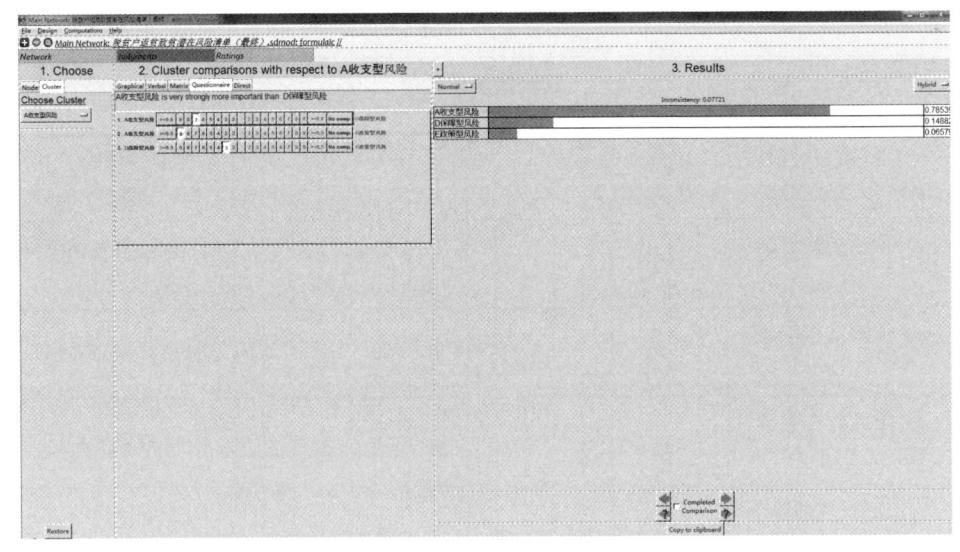

图 8-2　群组（Cluster）间一级指标权重比较

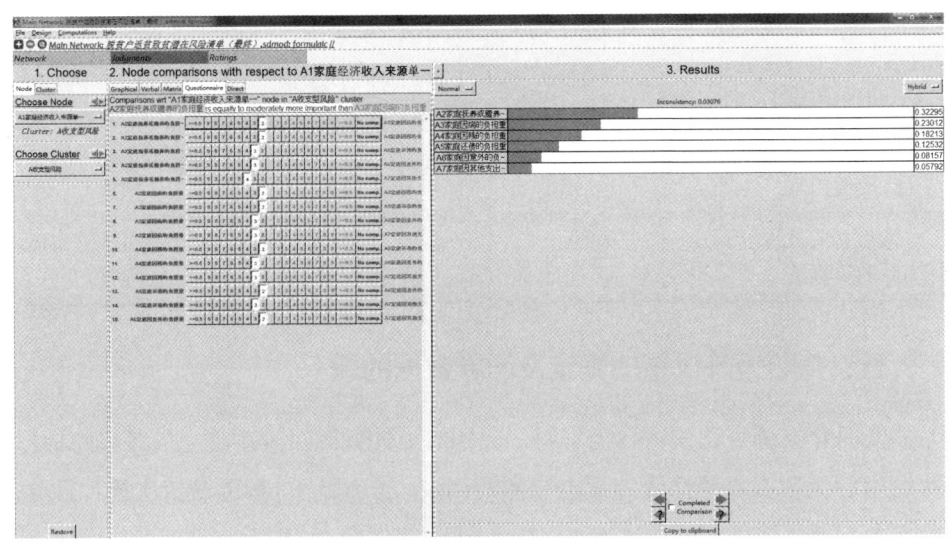

图 8-3　节点（Node）间二级指标权重比较

六、构建矩阵并输出结果

将群组及节点间所有两两比较矩阵的数据录入完毕，对矩阵进行一致性检验。以 A 政策风险为例，构建相应群组矩阵，通过计算可知，$CI=0.0401492$、

$RI=0.52$、$CR=0.07721<0.10$,则该矩阵通过了一致性检验,如表 8-7 所示。照此方法分别对各节点、群组建立的矩阵进行一致性检验,在此不再一一赘述。

表 8-7 矩阵的一致性检验(以 A 收支型风险为例)

	A 收支型风险	D 保障型风险	E 政策型风险	W	
A 收支型风险	1	7	9	0.78539	$CI=0.0401492$
D 保障型风险	1/7	1	3	0.14882	$RI=0.52$
E 政策型风险	1/9	1/3	1	0.06579	$CR=0.07721<0.10$ 通过一致性检验

相应地,在 Super Decisions 软件中输入比较矩阵数值后,可查看"Results"界面中"Inconsistency"的数值,若该数值小于 0.1,则表示该矩阵通过了一致性检验。各矩阵通过一致性检验后,在 Super Decisions 软件的"Computations"选项中选择相应菜单,分别输出群组优先权矩阵、未加权超级矩阵、加权超级矩阵、极限化超级矩阵的结果,如表 8-8 至表 8-11 所示。

表 8-8 群组优先权矩阵

群组	A 收支型风险	B 发展型风险	C 环境型风险	D 保障型风险	E 政策型风险
A 收支型风险	0.785391	0.499506	0.45534	0.504809	0.424077
B 发展型风险	0	0.414503	0.402715	0.307334	0.293322
C 环境型风险	0	0	0.101927	0.128173	0.163581
D 保障型风险	0.148815	0.085991	0.040018	0.059684	0.076563
E 政策型风险	0.065794	0	0	0	0.042457

表 8-9 未加权超级矩阵

	A_1	A_2	A_3	A_4	A_5	A_6	A_7	B_1	B_2	B_3	B_4	B_5	C_1	C_2	C_3	C_4	C_5	D_1	D_2	D_3	D_4	E_1	E_2	E_3
A_1	0	0	0	0	0	0	0	0.687	0.294	0.274	0.525	0.32	0.316	0.331	0.353	0.373	0.389	0.667	0	0.804	0	0.411	0.478	0.461
A_2	0.323	0	0	0	0	0	0	0.186	0.206	0.238	0.144	0.237	0.202	0.195	0.183	0.186	0.151	0.333	0	0.122	0	0.142	0.152	0.154
A_3	0.23	0	0	0	0	0	0	0	0.14	0.178	0.094	0.151	0.142	0.17	0.153	0.156	0.153	0	0	0	0.75	0.141	0.112	0.117
A_4	0.182	0	0	0	0	0	0	0	0.142	0.124	0.092	0.116	0.142	0.123	0.127	0.119	0.114	0	0	0	0.25	0.104	0.111	0.112
A_5	0.125	0	0	0	0	0	0	0	0.1	0.086	0.065	0.083	0.09	0.083	0.096	0.076	0.084	0	0	0	0	0.086	0.072	0.077
A_6	0.082	0	0	0	0	0	0	0	0.068	0.06	0.048	0.053	0.063	0.057	0.051	0.054	0.059	0	0	0	0	0.064	0.044	0.049
A_7	0.058	0	0	0	0	0	0	0.127	0.05	0.04	0.032	0.039	0.045	0.041	0.037	0.036	0.051	0	0	0.074	0	0.052	0.031	0.03
B_1	0	0	0	0	0	0	0	0	0.402	0	0	0.338	0.408	0.451	0.314	0.538	0	0	0	0.527	0	0.399	0.397	0.504
B_2	0	0	0	0	0	0	0	0.368	0	0.833	1	0.288	0.265	0.239	0.292	0.164	0.186	0	0	0.177	0	0.243	0.218	0.146
B_3	0	0	0	0	0	0	0	0.282	0.271	0	0	0.205	0.162	0.155	0.194	0.116	0.069	0	0.297	0.115	0	0.173	0.182	0.178
B_4	0	0	0	0	0	0	0	0.2	0.221	0.167	0	0.116	0.098	0.095	0.108	0.088	0.046	0	0.163	0.075	0	0.115	0.127	0.083
B_5	0	0	0	0	0	0	0	0.15	0.106	0	0	0	0.066	0.06	0.092	0.094	0	0	0	0.107	0	0.07	0.076	0.089
C_1	0	0	0	0	0	0	0	0	0	0	0	0	0	0	1	0	0.698	0	0.54	0	0	0	0	0
C_2	0	0	0	0	0	0	0	0	0	0	0	0	0.75	0.8	0	0.667	0.186	0	0	0.667	0	0.413	0.55	0.413
C_3	0	0	0	0	0	0	0	0	0	0	0	0	0	0	0	0	0.069	0	0.297	0	0	0.327	0.21	0.327
C_4	0	0	0	0	0	0	0	0	0	0	0	0	0.25	0.2	0	0	0.046	0	0.163	0.333	0	0.26	0.24	0.26
C_5	0	0	0	0	0	0	0	0	0	0	0	0	0	0	0	0.333	0	0	0	0	0	0	0	0
D_1	0.41	0.338	0.425	0.338	0.455	0.338	0.368	0.368	0.368	0.368	0.484	0.338	0.546	0.467	0.448	0.368	0.368	0	0	0.54	0	0.368	0.481	0.404
D_2	0.269	0.288	0.27	0.288	0.263	0.288	0.282	0.282	0.282	0.282	0.134	0.288	0.232	0.277	0.283	0.282	0.282	0	0	0.297	0	0.282	0.22	0.34
D_3	0.212	0.205	0.144	0.205	0.141	0.205	0.2	0.2	0.2	0.2	0.228	0.205	0.138	0.16	0.164	0.2	0.2	0	0	0	0	0.2	0.168	0.139
D_4	0.109	0.169	0.161	0.169	0.141	0.169	0.15	0.15	0.15	0.15	0.155	0.169	0.084	0.095	0.106	0.15	0.15	0	0	0.163	0	0.15	0.131	0.117
E_1	0.55	0.54	0.413	0.413	0	0	0	0	0	0	0	0	0	0	0	0	0	0	0	0	0	0	0.75	0.75
E_2	0.24	0.297	0.327	0.327	0	0	0	0	0	0	0	0	0	0	0	0	0	0	0	0	0	0.667	0	0.25
E_3	0.21	0.163	0.26	0.26	0	0	0	0	0	0	0	0	0	0	0	0	0	0	0	0	0	0.333	0.25	0

表 8-10　加权超级矩阵

	A_1	A_2	A_3	A_4	A_5	A_6	A_7	B_1	B_2	B_3	B_4	B_5	C_1	C_2	C_3	C_4	C_5	D_1	D_2	D_3	D_4	E_1	E_2	E_3
A_1	0	0.235	0.295	0.235	0.455	0.338	0.368	0.343	0.147	0.137	0.262	0.16	0.144	0.151	0.161	0.17	0.297	0.667	0	0.406	0	0.174	0.203	0.196
A_2	0.254	0	0.187	0.2	0.263	0.288	0.282	0.093	0.103	0.119	0.072	0.118	0.092	0.089	0.083	0.085	0.115	0.333	0	0.061	0	0.06	0.064	0.065
A_3	0.181	0.142	0	0.142	0.141	0.205	0.2	0	0.07	0.089	0.047	0.076	0.065	0.077	0.07	0.071	0.116	0	0	0	0.75	0.06	0.047	0.049
A_4	0.143	0.117	0.112	0	0.141	0.169	0.15	0	0.071	0.062	0.046	0.058	0.065	0.056	0.058	0.054	0.087	0	0	0	0.25	0.044	0.047	0.047
A_5	0.098	0.165	0.126	0.117	0	0	0	0	0.05	0.043	0.032	0.042	0.041	0.038	0.044	0.035	0.064	0	0	0	0	0.036	0.031	0.033
A_6	0.064	0.091	0.126	0.1	0	0	0	0	0.034	0.03	0.024	0.027	0.029	0.026	0.023	0.024	0.045	0	0	0.037	0	0.027	0.019	0.021
A_7	0.045	0	0.1	0.1	0	0	0	0.063	0.025	0.02	0.016	0.02	0.02	0.019	0.017	0.017	0.039	0	0	0	0	0.022	0.013	0.013
B_1	0	0	0	0	0	0	0	0	0.167	0	0.415	0.14	0.164	0.182	0.126	0.217	0	0	0.54	0.162	0	0.117	0.116	0.148
B_2	0	0	0	0	0	0	0	0.152	0	0.345	0	0.119	0.107	0.096	0.118	0.066	0	0	0	0.054	0	0.071	0.064	0.043
B_3	0	0	0	0	0	0	0	0.117	0.112	0	0	0.085	0.065	0.062	0.078	0.047	0	0	0.297	0.035	0	0.051	0.053	0.052
B_4	0	0	0	0	0	0	0	0.083	0.092	0.069	0	0.07	0.04	0.038	0.043	0.035	0.008	0	0.163	0.023	0	0.034	0.037	0.024
B_5	0	0	0	0	0	0	0	0.062	0.044	0	0	0	0.027	0.024	0.037	0.038	0	0	0	0.033	0	0.021	0.022	0.026
C_1	0	0	0	0	0	0	0	0	0	0	0	0	0.025	0.02	0.102	0	0.119	0	0	0	0	0	0	0
C_2	0	0	0	0	0	0	0	0	0	0	0	0	0.076	0.082	0	0	0.032	0	0	0.085	0	0.067	0.09	0.067
C_3	0	0	0	0	0	0	0	0	0	0	0	0	0	0	0	0.068	0.012	0	0.297	0	0	0.054	0.034	0.054
C_4	0	0	0	0	0	0	0	0	0	0	0	0	0	0	0	0	0.008	0	0.163	0.043	0	0.043	0.039	0.043
C_5	0	0	0	0	0	0	0	0	0	0	0	0	0	0	0	0.034	0	0	0	0	0	0	0	0
D_1	0.061	0.235	0	0	0	0	0.368	0.032	0.032	0.032	0.042	0.029	0.022	0.019	0.018	0.015	0.025	0	0	0.032	0	0.028	0.037	0.031
D_2	0.04	0.2	0.187	0.2	0.263	0.288	0.282	0.024	0.024	0.024	0.011	0.025	0.009	0.011	0.011	0.011	0.019	0	0	0.018	0	0.022	0.017	0.026
D_3	0.032	0.142	0.1	0.142	0.141	0.205	0.2	0.017	0.017	0.017	0.02	0.018	0.006	0.006	0.007	0.008	0.013	0	0	0	0	0.015	0.013	0.011
D_4	0.016	0.117	0.112	0.117	0.141	0.169	0.15	0.013	0.013	0.013	0.013	0.015	0.003	0.004	0.004	0.006	0.01	0	0	0.01	0	0.012	0.01	0.009
E_1	0.036	0.165	0.126	0.126	0	0	0	0	0	0	0	0	0	0	0	0	0	0	0	0	0	0	0.032	0.032
E_2	0.016	0.091	0.1	0.1	0	0	0	0	0	0	0	0	0	0	0	0	0	0	0	0	0	0.028	0	0.011
E_3	0.014	0.05	0.08	0.08	0	0	0	0	0	0	0	0	0	0	0	0	0	0	0	0	0	0.014	0.011	0

表 8-11 极限化超级矩阵

	A_1	A_2	A_3	A_4	A_5	A_6	A_7	B_1	B_2	B_3	B_4	B_5	C_1	C_2	C_3	C_4	C_5	D_1	D_2	D_3	D_4	E_1	E_2	E_3
A_1	0.146	0.146	0.146	0.146	0.146	0.146	0.146	0.146	0.146	0.146	0.146	0.146	0.146	0.146	0.146	0.146	0.146	0.146	0.146	0.146	0.146	0.146	0.146	0.146
A_2	0.1	0.1	0.1	0.1	0.1	0.1	0.1	0.1	0.1	0.1	0.1	0.1	0.1	0.1	0.1	0.1	0.1	0.1	0.1	0.1	0.1	0.1	0.1	0.1
A_3	0.074	0.074	0.074	0.074	0.074	0.074	0.074	0.074	0.074	0.074	0.074	0.074	0.074	0.074	0.074	0.074	0.074	0.074	0.074	0.074	0.074	0.074	0.074	0.074
A_4	0.046	0.046	0.046	0.046	0.046	0.046	0.046	0.046	0.046	0.046	0.046	0.046	0.046	0.046	0.046	0.046	0.046	0.046	0.046	0.046	0.046	0.046	0.046	0.046
A_5	0.025	0.025	0.025	0.025	0.025	0.025	0.025	0.025	0.025	0.025	0.025	0.025	0.025	0.025	0.025	0.025	0.025	0.025	0.025	0.025	0.025	0.025	0.025	0.025
A_6	0.017	0.017	0.017	0.017	0.017	0.017	0.017	0.017	0.017	0.017	0.017	0.017	0.017	0.017	0.017	0.017	0.017	0.017	0.017	0.017	0.017	0.017	0.017	0.017
A_7	0.016	0.016	0.016	0.016	0.016	0.016	0.016	0.016	0.016	0.016	0.016	0.016	0.016	0.016	0.016	0.016	0.016	0.016	0.016	0.016	0.016	0.016	0.016	0.016
B_1	0.042	0.042	0.042	0.042	0.042	0.042	0.042	0.042	0.042	0.042	0.042	0.042	0.042	0.042	0.042	0.042	0.042	0.042	0.042	0.042	0.042	0.042	0.042	0.042
B_2	0.041	0.041	0.041	0.041	0.041	0.041	0.041	0.041	0.041	0.041	0.041	0.041	0.041	0.041	0.041	0.041	0.041	0.041	0.041	0.041	0.041	0.041	0.041	0.041
B_3	0.023	0.023	0.023	0.023	0.023	0.023	0.023	0.023	0.023	0.023	0.023	0.023	0.023	0.023	0.023	0.023	0.023	0.023	0.023	0.023	0.023	0.023	0.023	0.023
B_4	0.017	0.017	0.017	0.017	0.017	0.017	0.017	0.017	0.017	0.017	0.017	0.017	0.017	0.017	0.017	0.017	0.017	0.017	0.017	0.017	0.017	0.017	0.017	0.017
B_5	0.011	0.011	0.011	0.011	0.011	0.011	0.011	0.011	0.011	0.011	0.011	0.011	0.011	0.011	0.011	0.011	0.011	0.011	0.011	0.011	0.011	0.011	0.011	0.011
C_1	0.042	0.042	0.042	0.042	0.042	0.042	0.042	0.042	0.042	0.042	0.042	0.042	0.042	0.042	0.042	0.042	0.042	0.042	0.042	0.042	0.042	0.042	0.042	0.042
C_2	0.01	0.01	0.01	0.01	0.01	0.01	0.01	0.01	0.01	0.01	0.01	0.01	0.01	0.01	0.01	0.01	0.01	0.01	0.01	0.01	0.01	0.01	0.01	0.01
C_3	0.03	0.03	0.03	0.03	0.03	0.03	0.03	0.03	0.03	0.03	0.03	0.03	0.03	0.03	0.03	0.03	0.03	0.03	0.03	0.03	0.03	0.03	0.03	0.03
C_4	0.017	0.017	0.017	0.017	0.017	0.017	0.017	0.017	0.017	0.017	0.017	0.017	0.017	0.017	0.017	0.017	0.017	0.017	0.017	0.017	0.017	0.017	0.017	0.017
C_5	0.002	0.002	0.002	0.002	0.002	0.002	0.002	0.002	0.002	0.002	0.002	0.002	0.002	0.002	0.002	0.002	0.002	0.002	0.002	0.002	0.002	0.002	0.002	0.002
D_1	0.099	0.099	0.099	0.099	0.099	0.099	0.099	0.099	0.099	0.099	0.099	0.099	0.099	0.099	0.099	0.099	0.099	0.099	0.099	0.099	0.099	0.099	0.099	0.099
D_2	0.072	0.072	0.072	0.072	0.072	0.072	0.072	0.072	0.072	0.072	0.072	0.072	0.072	0.072	0.072	0.072	0.072	0.072	0.072	0.072	0.072	0.072	0.072	0.072
D_3	0.047	0.047	0.047	0.047	0.047	0.047	0.047	0.047	0.047	0.047	0.047	0.047	0.047	0.047	0.047	0.047	0.047	0.047	0.047	0.047	0.047	0.047	0.047	0.047
D_4	0.04	0.04	0.04	0.04	0.04	0.04	0.04	0.04	0.04	0.04	0.04	0.04	0.04	0.04	0.04	0.04	0.04	0.04	0.04	0.04	0.04	0.04	0.04	0.04
E_1	0.039	0.039	0.039	0.039	0.039	0.039	0.039	0.039	0.039	0.039	0.039	0.039	0.039	0.039	0.039	0.039	0.039	0.039	0.039	0.039	0.039	0.039	0.039	0.039
E_2	0.025	0.025	0.025	0.025	0.025	0.025	0.025	0.025	0.025	0.025	0.025	0.025	0.025	0.025	0.025	0.025	0.025	0.025	0.025	0.025	0.025	0.025	0.025	0.025
E_3	0.017	0.017	0.017	0.017	0.017	0.017	0.017	0.017	0.017	0.017	0.017	0.017	0.017	0.017	0.017	0.017	0.017	0.017	0.017	0.017	0.017	0.017	0.017	0.017

七、计算局部权重和全局权重

在 Super Decisions 软件的"Computations"选项中选择"priorities"菜单，输出各项风险因素的全局权重和局部权重，具体操作过程及输出结果如图 8-4 所示。

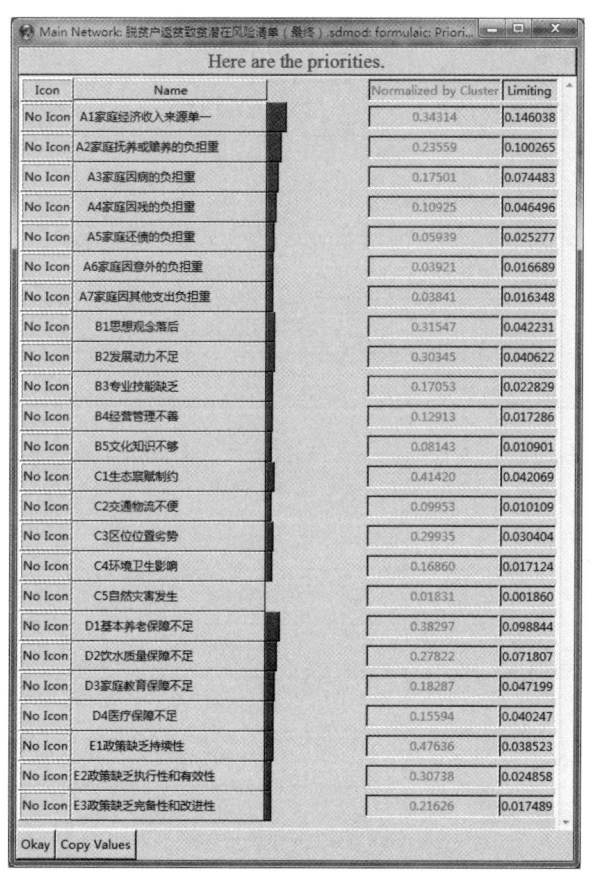

图 8-4 Super Decisions 软件中输出的局部权重和全局权重结果

将图 8-4 的结果转换为表格，各项风险因素权重如表 8-12 所示。

表 8-12 各项风险因素权重

风险因素	局部权重	全局权重
A_1 家庭经济收入来源单一	0.34314	0.146038

续表

风险因素	局部权重	全局权重
A_2 家庭抚养或赡养的负担重	0.23559	0.100265
A_3 家庭因病的负担重	0.17501	0.074483
A_4 家庭因残的负担重	0.10925	0.046496
A_5 家庭还债的负担重	0.05939	0.025277
A_6 家庭因意外的负担重	0.03921	0.016689
A_7 家庭因其他支出负担重	0.03841	0.016348
B_1 思想观念落后	0.31547	0.042231
B_2 发展动力不足	0.30345	0.040622
B_3 专业技能缺乏	0.17053	0.022829
B_4 经营管理不善	0.12913	0.017286
B_5 文化知识不够	0.08143	0.010901
C_1 生态禀赋制约	0.4142	0.042069
C_2 交通物流不便	0.09953	0.010109
C_3 区位位置劣势	0.29935	0.030404
C_4 环境卫生影响	0.1686	0.017124
C_5 自然灾害发生	0.01831	0.00186
D_1 基本养老保障不足	0.38297	0.098844
D_2 饮水质量保障不足	0.27822	0.071807
D_3 家庭教育保障不足	0.18287	0.047199
D_4 医疗保障不足	0.15594	0.040247
E_1 政策缺乏持续性	0.47636	0.038523
E_2 政策缺乏执行性和有效性	0.30738	0.024858
E_3 政策缺乏完备性和改进性	0.21626	0.017489

在表 8-12 的基础上，经数据整理及分析，得出各项风险因素权重的排序，具体如表 8-13 所示。

表 8-13 各项风险因素权重排序

风险类别及其权重	风险因素	局部权重	全局权重	排序
A 收支型风险 (0.425596)	A_1 家庭经济收入来源单一	0.34314	0.146038	1
	A_2 家庭抚养或赡养的负担重	0.23559	0.100265	2
	A_3 家庭因病的负担重	0.17501	0.074483	4
	A_4 家庭因残的负担重	0.10925	0.046496	7
	A_5 家庭还债的负担重	0.05939	0.025277	14
	A_6 家庭因意外的负担重	0.03921	0.016689	20
	A_7 家庭因其他支出负担重	0.03841	0.016348	21
B 发展型风险 (0.133869)	B_1 思想观念落后	0.31547	0.042231	8
	B_2 发展动力不足	0.30345	0.040622	10
	B_3 专业技能缺乏	0.17053	0.022829	16
	B_4 经营管理不善	0.12913	0.017286	18
	B_5 文化知识不够	0.08143	0.010901	22
C 环境型风险 (0.101566)	C_1 生态禀赋制约	0.4142	0.042069	9
	C_2 交通物流不便	0.09953	0.010109	23
	C_3 区位位置劣势	0.29935	0.030404	13
	C_4 环境卫生影响	0.1686	0.017124	19
	C_5 自然灾害发生	0.01831	0.00186	24
D 保障型风险 (0.258097)	D_1 基本养老保障不足	0.38297	0.098844	3
	D_2 饮水质量保障不足	0.27822	0.071807	5
	D_3 家庭教育保障不足	0.18287	0.047199	6
	D_4 医疗保障不足	0.15594	0.040247	11
E 政策型风险 (0.08087)	E_1 政策缺乏持续性	0.47636	0.038523	12
	E_2 政策缺乏执行性和有效性	0.30738	0.024858	15
	E_3 政策缺乏完备性和改进性	0.21626	0.017489	17

将表 8-13 中的全局权重的数值按降序排列，得出最终的风险因素（二级指标）的排序，如表 8-14 所示。

表 8-14　各项风险因素权重最终排序

风险因素	全局权重	排序
A_1 家庭经济收入来源单一	0.146038	1
A_2 家庭抚养或赡养的负担重	0.100265	2
D_1 基本养老保障不足	0.098844	3
A_3 家庭因病的负担重	0.074483	4
D_2 饮水质量保障不足	0.071807	5
D_3 家庭教育保障不足	0.047199	6
A_4 家庭因残的负担重	0.046496	7
B_1 思想观念落后	0.042231	8
C_1 生态禀赋制约	0.042069	9
B_2 发展动力不足	0.040622	10
D_4 医疗保障不足	0.040247	11
E_1 政策缺乏持续性	0.038523	12
C_3 区位位置劣势	0.030404	13
A_5 家庭还债的负担重	0.025277	14
E_2 政策缺乏执行性和有效性	0.024858	15
B_3 专业技能缺乏	0.022829	16
E_3 政策缺乏完备性和改进性	0.017489	17
B_4 经营管理不善	0.017286	18
C_4 环境卫生影响	0.017124	19
A_6 家庭因意外的负担重	0.016689	20
A_7 家庭因其他支出负担重	0.016348	21
B_5 文化知识不够	0.010901	22

续表

风险因素	全局权重	排序
C_2 交通物流不便	0.010109	23
C_5 自然灾害发生	0.00186	24

第三节 基于模糊综合评价法的返贫风险预警评估

一、模糊综合评价指标构建

设 $U = \{u_1, u_2, \cdots, u_m\}$ 为被评价的 m 种因素（即评价指标），m 取 24，分别代表 A_1 家庭经济收入来源单一、A_2 家庭抚养或赡养的负担重、D_1 基本养老保障不足、A_3 家庭因病的负担重、D_2 饮水质量保障不足、D_3 家庭教育保障不足、A_4 家庭因残的负担重、B_1 思想观念落后、C_1 生态禀赋制约、B_2 发展动力不足、D_4 医疗保障不足、E_1 政策缺乏持续性、C_3 区位位置劣势、A_5 家庭还债的负担重、E_2 政策缺乏执行性和有效性、B_3 专业技能缺乏、E_3 政策缺乏完备性和改进性、B_4 经营管理不善、C_4 环境卫生影响、A_6 家庭因意外的负担重、A_7 家庭因其他支出负担重、B_5 文化知识不够、C_2 交通物流不便、C_5 自然灾害发生 24 个二级风险因素。

二、建立风险评价集

利用模糊数学的方法建立风险评价集 $V = \{v_1, v_2, v_3, v_4, v_5\}$，根据每一个风险因素对该项目的影响程度不同，将风险等级划分为 5 个等级，评价集为 {低风险、较低风险、一般风险、较高风险、高风险}。参照前期相关研究，结合专家咨询情况及相关文献中相关返贫风险评价经验，将该项目评价集的隶属度设定为 {0.2、0.4、0.6、0.8、1}，具体如表 8-15 所示。

表8-15 返贫风险评价集及其隶属区间

风险评价等级	主要表现	风险隶属区间
低风险	风险发生的概率十分小,损失极其微小	[0, 0.2)
较低风险	风险发生的概率相对较小,损失轻微且可控	[0.2, 0.4)
一般风险	风险发生的概率一般,会造成一定的损失,但影响不大	[0.4, 0.6)
较高风险	风险发生的概率比较大,会造成较大的损失,影响比较难控制	[0.6, 0.8)
高风险	风险发生的概率极其大,会造成不可估量的损失,需要重点防控	[0.8, 1)

三、构造评判矩阵和确定权重

此过程采用专家打分法,邀请20位相关专家,就返贫风险情况进行模糊评价,详细问卷内容参见附件相关内容,相应风险等级下评价专家人数如表8-16和表8-17所示。例如"A收支型风险",选择高风险的专家人数为13人,选择较高风险的专家人数为6人,选择一般风险的专家人数为1人,无人选择较低风险和低风险。

表8-16 一级风险指标专家评价情况

一级风险因素	相应风险等级评价专家人数				
	高风险	较高风险	一般风险	较低风险	低风险
A 收支型风险	13	6	1	0	0
B 发展型风险	6	10	3	1	0
C 环境型风险	3	5	10	2	0
D 保障型风险	1	4	12	2	1
E 政策型风险	0	2	2	10	6

表8-17 二级风险指标专家评价情况

风险因素		相应风险等级评价专家人数				
		高风险	较高风险	一般风险	较低风险	低风险
二级风险因素A	A_1 家庭经济收入来源单一	14	4	2	0	0
	A_2 家庭抚养或赡养的负担重	12	5	3	0	0
	A_3 家庭因病的负担重	10	5	3	2	0
	A_4 家庭因残的负担重	7	5	6	2	0
	A_5 家庭还债的负担重	2	8	7	2	1
	A_6 家庭因意外的负担重	0	0	5	7	8
	A_7 家庭其他支出负担重	0	0	5	13	2
二级风险因素B	B_1 思想观念落后	8	10	2	0	0
	B_2 发展动力不足	5	10	4	1	0
	B_3 专业技能缺乏	3	7	8	2	0
	B_4 经营管理不善	0	9	6	3	2
	B_5 文化知识不够	0	0	2	10	8
二级风险因素C	C_1 生态禀赋制约	3	8	6	2	1
	C_2 交通物流不便	0	0	7	10	3
	C_3 区位位置劣势	0	0	3	5	12
	C_4 环境卫生影响	0	0	2	3	15
	C_5 自然灾害发生	0	0	0	2	18
二级风险因素D	D_1 基本养老保障不足	8	7	2	3	0
	D_2 饮水质量保障不足	0	0	3	2	15
	D_3 家庭教育保障不足	0	0	2	5	13
	D_4 医疗保障不足	0	0	0	2	18
二级风险因素E	E_1 政策缺乏持续性	0	0	10	5	5
	E_2 政策缺乏执行性和有效性	0	0	6	10	4
	E_3 政策缺乏完备性和改进性	0	0	3	5	12

相应地，分别将各风险等级下专家评价人数除以专家总人数（20），得到一级和二级模糊综合评价矩阵，分别如表8-18、表8-19所示。

表8-18　一级综合评价矩阵

一级风险因素	相应风险等级评价专家人数				
	高风险	较高风险	一般风险	较低风险	低风险
A 收支型风险	0.65	0.3	0.05	0	0
B 发展型风险	0.3	0.5	0.15	0.05	0
C 环境型风险	0.15	0.25	0.5	0.1	0
D 保障型风险	0.05	0.2	0.6	0.1	0.05
E 政策型风险	0	0.1	0.1	0.5	0.3

表8-19　二级综合评价矩阵

	风险因素	相应风险等级评价专家人数				
		高风险	较高风险	一般风险	较低风险	低风险
二级风险因素A	A_1 家庭经济收入来源单一	0.70	0.20	0.10	0.00	0.00
	A_2 家庭抚养或赡养的负担重	0.60	0.25	0.15	0.00	0.00
	A_3 家庭因病的负担重	0.50	0.25	0.15	0.10	0.00
	A_4 家庭因残的负担重	0.35	0.25	0.30	0.10	0.00
	A_5 家庭还债的负担重	0.10	0.40	0.35	0.10	0.05
	A_6 家庭因意外的负担重	0.00	0.00	0.25	0.35	0.40
	A_7 家庭其他支出负担重	0.00	0.00	0.25	0.65	0.10
二级风险因素B	B_1 思想观念落后	0.40	0.50	0.10	0.00	0.00
	B_2 发展动力不足	0.25	0.50	0.20	0.05	0.00
	B_3 专业技能缺乏	0.15	0.35	0.40	0.10	0.00
	B_4 经营管理不善	0.00	0.45	0.30	0.15	0.10
	B_5 文化知识不够	0.00	0.00	0.10	0.50	0.40

续表

风险因素		相应风险等级评价专家人数				
		高风险	较高风险	一般风险	较低风险	低风险
二级风险因素 C	C_1 生态禀赋制约	0.15	0.40	0.30	0.10	0.05
	C_2 交通物流不便	0.00	0.00	0.35	0.50	0.15
	C_3 区位位置劣势	0.00	0.00	0.15	0.25	0.60
	C_4 环境卫生影响	0.00	0.00	0.10	0.15	0.75
	C_5 自然灾害发生	0.00	0.00	0.00	0.10	0.90
二级风险因素 D	D_1 基本养老保障不足	0.40	0.35	0.10	0.15	0.00
	D_2 饮水质量保障不足	0.00	0.00	0.15	0.10	0.75
	D_3 家庭教育保障不足	0.00	0.00	0.10	0.25	0.65
	D_4 医疗保障不足	0.00	0.00	0.00	0.10	0.90
二级风险因素 E	E_1 政策缺乏持续性	0.00	0.00	0.50	0.25	0.25
	E_2 政策缺乏执行性和有效性	0.00	0.00	0.30	0.50	0.20
	E_3 政策缺乏完备性和改进性	0.00	0.00	0.15	0.25	0.60

四、进行模糊合成

利用上文中 ANP 法得到的各风险权重及前面建立的模糊关系矩阵，对各层级的返贫风险因素进行模糊评价，根据公式：

$$\boldsymbol{B} = \boldsymbol{W} \cdot \boldsymbol{R} = [W_1 \ W_2 \ \cdots \ W_n] \cdot \begin{bmatrix} R_1 \\ R_2 \\ \vdots \\ R_n \end{bmatrix},$$

分别得出各风险因素的模糊综合评价结果，如表 8-20 所示。

表 8-20　模糊综合评价结果汇总表

W	R	B
$W_A = [0.34314\ 0.23559\ 0.17501\ 0.10925\ 0.05939\ 0.3921\ 0.03841]$	$R_B = \begin{bmatrix} 0.70 & 0.20 & 0.10 & 0.00 & 0.00 \\ 0.60 & 0.25 & 0.15 & 0.00 & 0.00 \\ 0.50 & 0.25 & 0.15 & 0.10 & 0.00 \\ 0.35 & 0.25 & 0.30 & 0.10 & 0.00 \\ 0.10 & 0.40 & 0.35 & 0.10 & 0.05 \\ 0.00 & 0.00 & 0.25 & 0.35 & 0.40 \\ 0.00 & 0.00 & 0.00 & 0.25 & 0.65 & 0.10 \end{bmatrix}$	$B_A = [0.513230\ 0.22235\ 0.16887\ 0.07306\ 0.02249]$
$W_B = [0.315470\ 0.303450\ 0.17053\ 0.12913\ 0.08143]$	$R_B = \begin{bmatrix} 0.40 & 0.50 & 0.10 & 0.00 & 0.00 \\ 0.25 & 0.50 & 0.20 & 0.05 & 0.00 \\ 0.15 & 0.35 & 0.40 & 0.10 & 0.00 \\ 0.00 & 0.45 & 0.30 & 0.15 & 0.10 \\ 0.00 & 0.00 & 0.10 & 0.50 & 0.40 \end{bmatrix}$	$B_B = [0.22763\ 0.42725\ 0.20733\ 0.09231\ 0.04549]$
$W_C = [0.4142\ 0.09953\ 0.29935\ 0.1686\ 0.01831]$	$R_C = \begin{bmatrix} 0.15 & 0.40 & 0.30 & 0.10 & 0.05 \\ 0.00 & 0.00 & 0.35 & 0.50 & 0.15 \\ 0.00 & 0.00 & 0.15 & 0.25 & 0.60 \\ 0.00 & 0.00 & 0.10 & 0.15 & 0.75 \\ 0.00 & 0.00 & 0.00 & 0.10 & 0.90 \end{bmatrix}$	$B_C = [0.06213\ 0.16568\ 0.22086\ 0.19314\ 0.35818]$
$W_D = [0.38297\ 0.27822\ 0.18287\ 0.15594]$	$R_D = \begin{bmatrix} 0.40 & 0.35 & 0.10 & 0.15 & 0.00 \\ 0.00 & 0.00 & 0.15 & 0.10 & 0.75 \\ 0.00 & 0.00 & 0.10 & 0.25 & 0.65 \\ 0.00 & 0.00 & 0.00 & 0.10 & 0.90 \end{bmatrix}$	$B_D = [0.15319\ 0.13404\ 0.09832\ 0.14658\ 0.46788]$
$W_E = [0.47636\ 0.30738\ 0.21626]$	$R_E = \begin{bmatrix} 0.00 & 0.00 & 0.50 & 0.25 & 0.25 \\ 0.00 & 0.00 & 0.30 & 0.50 & 0.20 \\ 0.00 & 0.00 & 0.15 & 0.25 & 0.60 \end{bmatrix}$	$B_E = [0.00000\ 0.00000\ 0.36283\ 0.32685\ 0.31032]$

得出各一级风险指标的模糊判断向量 B_n 后，根据"最大隶属度"原则，可得"A 收支型风险"的风险等级为一般风险，"B 发展型风险"的风险等级为一般风险，"C 环境型风险"的风险等级为较低风险，"D 保障型风险"的风险等级为一般风险，"E 政策型风险"的风险等级为较低风险，详细如表 8-21 所示。

表 8-21 一级指标风险等级结果

风险因素	模糊判断向量 B_n	模糊评价结果				
		高风险	较高风险	一般风险	较低风险	低风险
A 收支型风险	[0.51223 0.22235 0.16887 0.07306 0.02249]			√		
B 发展型风险	[0.22763 0.42725 0.20733 0.09231 0.04549]			√		
C 环境型风险	[0.06213 0.16568 0.22086 0.19314 0.35818]				√	
D 保障型风险	[0.15319 0.13404 0.09832 0.14658 0.46788]			√		
E 政策型风险	[0.00000 0.00000 0.36283 0.32685 0.31032]				√	

同理，得出总体风险评价结果，模糊综合评价结果为 $B_{总}$=[0.29475 0.20325 0.17678 0.12733 0.19789]。根据"最大隶属度"原则，模糊综合评价结果为 0.29475，属于五个风险等级中的"较低风险"，如表 8-22 所示。

表 8-22 总体风险评价结果

W	R	B	模糊综合评价结果
$W_{总}$=[0.425596 0.133869 0.101566 0.258097 0.08087]	$R_{总}=\begin{bmatrix} 0.51323 & 0.22235 & 0.16887 & 0.07306 & 0.02249 \\ 0.22763 & 0.42725 & 0.20733 & 0.09231 & 0.04549 \\ 0.06213 & 0.16568 & 0.22086 & 0.19314 & 0.35818 \\ 0.15319 & 0.13404 & 0.09832 & 0.14658 & 0.46788 \\ 0.00000 & 0.00000 & 0.36283 & 0.32685 & 0.31032 \end{bmatrix}$	$B_{总}$=[0.29475 0.20325 0.17678 0.12733 0.19789]	一般风险

第四节 返贫风险评估结果分析及预警信号灯设置

一、返贫风险评估结果分析

基于网络层次分析法的模糊综合评价模型对返贫风险进行综合评价，得出的风险评价结果如下：

(1) 返贫风险模糊评价等级为"一般风险"，表明现时期返贫风险较小，会出现一部分农户的返贫现象，但不会出现大面积返贫现象，说明从精准扶贫现实成效和专家主观判断方面，都比较认可脱贫攻坚成果。政府相关单位要加强对脱贫户的监测和持续关注，及时发现他们潜在的返贫风险因素，从各方面进一步加强对他们的帮扶，以防再出现返贫现象。

(2) 根据网络层次分析法计算出的各风险指标的权重可以得出，一级指标权重 A 收支型风险＞D 保障型风险＞B 发展型风险＞C 环境型风险＞E 政策型风险。该结果表明，在现有返贫风险中收支型风险、保障型风险是潜在的较大风险，其次是发展型风险和环境型风险，政策型风险是比较小的风险。一方面，相关单位在预防返贫风险时应充分考虑收支型风险、保障型风险、发展型风险等方面的因素，另一方面对环境型风险、政策型风险也应当引起适当的注意。

(3) 返贫风险的二级指标风险权重从高到低排序分别为 A_1 家庭经济收入来源单一、A_2 家庭抚养或赡养的负担重、D_1 基本养老保障不足、A_3 家庭因病的负担重、D_2 饮水质量保障不足、D_3 家庭教育保障不足、A_4 家庭因残的负担重、B_1 思想观念落后、C_1 生态禀赋制约、B_2 发展动力不足、D_4 医疗保障不足、E_1 政策缺乏持续性、C_3 区位位置劣势、A_5 家庭还债的负担重、E_2 政策缺乏执行性和有效性、B_3 专业技能缺乏、E_3 政策缺乏完备性和改进性、B_4 经营管理不善、C_4 环境卫生影响、A_6 家庭因意外的负担重、A_7 家庭因其他支出负担重、B_5 文化知识不够、C_2 交通物流不便、C_5 自然灾害发生。该结果表明，家庭经济收入来源单一、家庭抚养或赡养的负担重、基本养老保障不足、家庭因病的负担重等是导致脱贫户返贫的重要风险因素，这些风险点不容忽视。

（4）由返贫风险的模糊评价结果可知，收支型风险、发展型风险、保障型风险等一级指标的风险等级为一般风险，环境型风险、政策型风险的风险等级为较低风险。

二、返贫风险预警区间划分及信号灯设置

根据 ANP-模糊综合评价法对返贫风险的评价，结合专家意见将风险由大到小划分 5 个预警区，即 5—高风险区（ANP 权重排序 1~5 名）、4—较高风险区（ANP 权重排序 6~11 名）、3——般风险区（ANP 权重排序 12~16 名）、2—较低风险区（ANP 权重排序 17~21 名）、1—低风险区（ANP 权重排序 22~24 名），分别用红色、橙色、黄色、绿色、蓝色五种颜色的信号灯进行区分，其风险关注程度分别为"五颗星""四颗星""三颗星""二颗星""一颗星"。风险预警区间划分及信号灯设置对应关系如表 8-23 所示。

表 8-23 风险预警区间划分及信号灯设置对应关系表

风险因素	ANP 全局权重	权重排序	风险预警区	风险关注程度	预警信号灯
A_1 家庭经济收入来源单一	0.146038	1	高风险区	★★★★★	红灯
A_2 家庭抚养或赡养的负担重	0.100265	2			
D_1 基本养老保障不足	0.098844	3			
A_3 家庭因病的负担重	0.074483	4			
D_2 饮水质量保障不足	0.071807	5			
D_3 家庭教育保障不足	0.047199	6	较高风险区	★★★★	橙灯
A_4 家庭因残的负担重	0.046496	7			
B_1 思想观念落后	0.042231	8			
C_1 生态禀赋制约	0.042069	9			
B_2 发展动力不足	0.040622	10			
D_4 医疗保障不足	0.040247	11			

续表

风险因素	ANP全局权重	权重排序	风险预警区	风险关注程度	预警信号灯
E_1 政策缺乏持续性	0.038523	12	一般风险区	★★★	黄灯
C_3 区位位置劣势	0.030404	13			
A_5 家庭还债的负担重	0.025277	14			
E_2 政策缺乏执行性和有效性	0.024858	15			
B_3 专业技能缺乏	0.022829	16			
E_3 政策缺乏完备性和改进性	0.017489	17	较低风险区	★★	绿灯
B_4 经营管理不善	0.017286	18			
C_4 环境卫生影响	0.017124	19			
A_6 家庭因意外的负担重	0.016689	20			
A_7 家庭因其他支出负担重	0.016348	21			
B_5 文化知识不够	0.010901	22	低风险区	★	蓝灯
C_2 交通物流不便	0.010109	23			
C_5 自然灾害发生	0.00186	24			

由表 8-23 可知：A_1 家庭经济收入来源单一、A_2 家庭抚养或赡养的负担重、D_1 基本养老保障不足、A_3 家庭因病的负担重、D_2 饮水质量保障不足等风险因素为高风险预警区，其预警信号为"红灯"，应保持最高等级的风险关注程度；D_3 家庭教育保障不足、A_4 家庭因残的负担重、B_1 思想观念落后、C_1 生态禀赋制约、B_2 发展动力不足、D_4 医疗保障不足等风险因素为较高风险预警区，其预警信号为"橙灯"，应保持高等级的风险关注程度；E_1 政策缺乏持续性、C_3 区位位置劣势、A_5 家庭还债的负担重、E_2 政策缺乏执行性和有效性、B_3 专业技能缺乏等风险因素为一般风险预警区，其预警信号为"黄灯"，应保持一般等级的风险关注程度；E_3 政策缺乏完备性和改进性、B_4 经营管理不善、C_4 环境卫生影响、A_6 家庭因意外的负担重、A_7 家庭因其他支出负担重等风险因素为较低风险预警区，其预警信号为"绿灯"，应保持较低等级的风险关注程度；B_5 文化知识不

够、C_2 交通物流不便、C_5 自然灾害发生等风险因素为低风险预警区，其预警信号为"蓝灯"，应保持低等级的风险关注程度。

第五节 返贫风险监测与防范

由返贫风险评价结果可知：家庭经济收入来源单一、家庭抚养或赡养的负担重、基本养老保障不足、家庭因病的负担重、饮水质量保障不足等风险需要重点关注，总结起来就是收入少、支出大的风险，而饮水质量保障属于自然环境范畴。确定好返贫风险等级后，通过开展长期监测，提前采取针对性防范措施，可以将风险发生的概率降到最低。

一、返贫风险监测的原则

根据国内多数地区开展返贫风险监测的经验，工作中需重点关注三个方面的内容：一是家庭收入方面，判断家庭人均收入是否超过国家扶贫标准的1.5倍；二是"两不愁"方面，是否不愁吃、不愁穿；三是义务教育、基本医疗、住房安全是否有保障。以上三点是判定是否脱贫的通用标准。实施中，需坚持以下原则：

第一，坚持早发现、早帮扶、早稳定原则。返贫风险监测的主要目的就是要提前发现高风险点，识别出存在返贫致贫风险的人口，及时采取针对性的帮扶措施，防止脱贫人口返贫、边缘人口致贫。

第二，自我发展和兜底保障相结合。"精准识别、精准帮扶、精准脱贫"是精准扶贫工作的核心内容。不同的致贫原因对应于不同的帮扶措施，对于有劳动能力的家庭，主要采取开发式帮扶措施，支持发展产业、转移就业，通过劳动增收致富。对于缺乏劳动能力、家庭主要成员为老人小孩的家庭，进一步强化综合性保障措施，做好社会兜底。

第三，政府主导与社会参与相结合。与扶贫相关的政策属于一般公共政策，其主要目的是为了保障社会的公平性，因此政府需要充分发挥主导作用；但为了充分发挥社会力量在扶贫工作中的辅助作用，对于一些有市场价值的扶贫项目，可通过制定相关政策吸引社会资本进入，鼓励先富帮后富，形成防止返贫致贫的工作合力。

第四，坚持扶贫和"扶志""扶智"相结合。扶贫的目的不仅仅是让贫困户从经济上摆脱贫困，随着乡村振兴战略的全面实施，对乡风文明、社会治理等也提出了较高的要求，因此在采取各种经济手段帮助贫困户提高经济收入的同时，也要鼓励贫困户家庭树立致富信心、帮助其提高家庭成员的文化素质，培育发展的内生动力。

二、返贫风险监测的程序及主要内容

(一) 返贫监测的程序

准确识别监测对象是有效开展监测工作的前提，具体实践中重点监测人群主要包括：通过大数据分析识别出的重点监测户；已纳入扶贫信息系统的边缘户；特困人员、低保户等重点对象；遭遇重大疾病、重大灾情以及突发性支出增加的家庭。

返贫监测一般遵照以下程序：①初核申报。主要包括：村干部、结对帮扶干部通过实地核查确定的对象；通过公共信箱、电子邮件、口头反馈等方式自主向上反馈的对象；通过口口相传、网络舆情等发现的对象等。各村民小组长组织相关人员严格按照标准核实后，报支村委。②民主评议。由支村委召开党员、组长、贫困户代表、群众代表对初核申报的对象进行民主评议，确定拟监测名单。③乡镇复核。由乡镇扶贫干部联合村两委、村民小组组长、驻村工作队员等逐户上门核实，根据核实情况进行协商调整后上报到县级主管部门。④县级核查。由县主管部门组织相关人员或委托有相关资质和力量的第三方，对上报的名单进行抽查，采取随机原则并力求做到村级层面全覆盖，以确保核查结果的准确性，并将抽查情况反馈到乡镇、村。⑤公开公示。对经过县级层面抽查核定后的名单进行张榜公示，确保无异议。

(二) 返贫监测的内容

结合前期风险评估结果情况，返贫监测主要包括两点：

（1）家庭收入和支出情况。一是监测产业发展及农业收入情况，包括产业的可持续性、农产品价格波动、销售渠道稳定性情况等；二是监测务工收入情况。通过精准扶贫第三方评估实地调查可知，务工收入已经成为贫穷户家庭收入的主要来源，因此务工性质、务工地点、工作环境、工资发放等情况是重点监测内容；三是资产性收入方面，包括土地流转收入、参与农民专业合作社、其他如光伏电站收入分红等；最后就是支出情况，主要关注是否存在因病、因学、因灾、因意外事故等因素导致家庭产生大额支出，超出家庭承受能力，继而导致家庭生活出现困难的情况。

（2）"三保障"和饮水安全情况。一是重点监测教育、医疗、住房、饮水等相关政策落实情况，各种资金发放是否及时到位等；二是监测精准扶贫期间投入建设的道路、安全饮水，农业基础设施等使用、维护及运行情况，确认是否存在返贫风险点；三是监测各类数据信息采集、上报以及返贫监测系统数据更新、大数据分析是否及时等情况。

三、帮扶措施

根据"脱贫不脱政策"的总体要求，为确保脱贫户稳固脱贫、减少返贫，精准落实对监测对象的帮扶十分必要。

（1）产业帮扶。对于有产业发展能力和发展条件的监测对象，通过技能培训、技术指导、小额贷款等方式，鼓励农户发展生产，增加农业收入；鼓励农业龙头企业在监测户集中的地方发展产业，带头成立专业合作社，发挥规模效益，同时通过制定相关政策鼓励吸引监测户参股分红；充分发挥自媒体、直播带货、农村电商、跨境电商等便利条件，帮扶监测户扩大农产品影响力和销路，提高产业变现能力。

（2）就业帮扶。多渠道开展创业、就业技能培训，鼓励监测户劳动力在现有条件下从事有一定技术含量、单位时间收入更高的岗位；对于有大学生、高中生、中专生的监测户家庭，在生源地助学贷款、学校勤工助学、就业帮扶等方面给予重点关注，协助学校和监测户家庭增进互动，确保信息畅通、措施精准；与优质资源多、社会信誉好的人力资源公司开展长期合作，为监测户家庭务工就业提供更多便利和机会；配合各级主管部门在监测户家庭所在的村及周边地区开发更多的公益性岗位，例如道路养护工、森林看护等岗位，优先安排监测户家庭从事上述岗位工作，以增加稳定性收入来源。

（3）其他帮扶。围绕住房、医疗、上学、饮水等方面，积极争取政策，确保相关帮扶措施及时落地生效。

第九章 研究结论与政策建议

第一节 研究结论

基于我国已经全面脱贫并进入乡村振兴的事实，本书在理清精准扶贫、返贫风险、风险预警等基本概念以及贫困代际传递理论、风险管理理论、公共政策理论等理论内涵的基础上，回顾了我国扶贫工作历程，分析了精准扶贫工作成效，在识别返贫风险要素的基础上，探究了返贫风险预警实践。本研究主要结论如下：

（1）理论研究表明，贫困作为特定的社会经济现象一直长期存在，反贫困将成为人类社会发展史上的永恒话题。由于受到人口与健康因素、社会关系网络因素、教育因素、生活环境因素等影响，贫困具有代际传递的一般属性，随着人类社会发展程度的提高，社会对于公平性的呼声也越发强烈，适时开展贫困治理工作成为必然要求。鉴于风险客观存在的事实，风险管理理论应运而生，目前已经历了传统风险管理理论、整体化风险管理理论和全面风险管理理论三个发展阶段，日趋成熟的风险管理理论为返贫风险识别、预警与防范提供了思路。扶贫政策属于公共政策，因而具有较强的时效性与流变性，扶贫政策能否满足政策制定者、政策受益者以及与政策相关联的其他社会公众的公共利益需要成为体现政策效果的关键。

（2）新中国成立以来，党中央、国务院高度重视贫困治理工作，尤其是党的十八大以来，我国在扶贫工作上的人、财、物投入更是史无前例。回顾我国贫困治理工作历程，先后经历了：救济式扶贫、参与式扶贫、开发式扶贫、八七攻坚扶贫、整村推进式扶贫、集中连片和精准扶贫六个阶段，每一个阶段的扶贫工作都是顺应当时的社会发展需要进而采取的相关措施，持续稳定的扶贫治理为我国全面建成小康社会打下了坚实基础。精准扶贫思想不是凭空而来的，其产生既是历史使命，也是现实要求。精准扶贫的主要任务就是解决好"扶持谁""谁来扶""怎么扶""如何退"的问题。精准扶贫第三方评估调查发现，现阶段各级政府都非常重视扶贫工作，从精准识别率、精准退出率、帮扶措施精准率、对驻村工作队的满意度、对脱贫攻坚政策认可度、帮扶措施认可度、对脱贫退出的认可度、群众认可度等指标来看，精准扶贫成效明显、满意度高。

（3）扶贫政策发文分析表明：第一，从政策类型来看，主要有办法、意见、方案、通知、规划、纲要、计划、决定、要点等多种类型。在54份政策文件中，数量最多的《意见》有22份，其次是《通知》有13份；《规划》《决定》《行动》等综合统领性政策文件各有1份。第二，从发文机构或部门看，仅国家层面就有35个部门或机构参与了扶贫政策的制定和发布工作，主要包括：国务院、国务院扶贫办、中共中央办公厅、国家发展改革委员会、人力资源社会保障部、教育部等。其中，国务院、国务院办公厅、国务院扶贫办、中共中央办公厅等在扶贫政策制定中起主导作用，参与制定的政策数量分别为：9份、10份、20份和10份。第三，从发文时间来看，呈现明显的阶段性特征，2013年以前，相关政策文件发布量较少，2013年以后发布数量明显增多。第四，从发文内容来看，涵盖基础设施建设、产业发展、金融保障、教育、医疗、就业等方方面面。第五，目前围绕精准扶贫政策的相关研究主要集中在：政策内涵、政策执行、政策影响、政策效果、跟踪审计、专项政策等方面，在实证研究中数据来源主要包括：中国家庭追踪调查（CFPS）数据、中国家庭金融调查（CHFS）数据、其他调查数据等，研究方法以断点回归和双重差分法为主，辅助随机占优方法、A-F双界限法、VEP法等。

（4）我国精准扶贫工作在减少贫困人口数量、提升贫困地区居民收入、夯实贫困地区民生保障上成效显著。目前，全国各地也积累了大量经验，例如：贵州精准扶贫的"六个到村到户"、易地扶贫搬迁"十堰"模式、四川凉山州的"一村一幼"计划、陕西安康市汉滨区教育精准扶贫"345"模式等。在扶贫成效评价方面，不同学者根据被评价地区的差异提出了异质性的评价指标，尚未能提出扶贫绩效评价的通用指标体系。由于政府、社会、市场等多元主体的共同参与，扶贫的形势已逐渐由政府主导式的扶贫转向多元主体的协同扶贫，呈现一种多元化的趋势。因此，在对精准扶贫成效进行评价时，不能仅局限于某一主体，应考虑大扶贫主体的多维度特征。基于湖北相关数据应用 DEA 模型对精准扶贫成效评价结果显示，湖北精准扶贫投入产出情况良好，从侧面反映出精准识别和精准帮扶程度较高；从规模效率来看，随着各种扶贫项目规模效益和经济效益的发挥，将会产生更好的扶贫效果；分年度来看，2016 年、2017 年和 2020 年三年的综合技术效率为 1，即达到 DEA 有效，这三年的技术效率和规模效率同时有效，说明在精准扶贫工作中资源得到充分利用，成效明显；2018 年、2019 年两年低于综合效率平均值，导致这一现象可能是因为项目投入和产出间存在时滞。以 D 市调查数据为例，基于贫困户满意度视角的精准扶贫成效评价显示，D 市的精准帮扶工作在某些方面的做法具有一定典型性；通过精准扶贫工作在 D 市的开展，使该市的整体经济水平有较为明显的提高，其产业发展因地制宜地出现了绿色生态势头；通过对 D 市的评价结论可以看出，随着精准扶贫工作的稳步推进，扶贫成效及满意度不断提升，进而为我国全面脱贫奠定了较好的基础。

（5）基于精准扶贫第三方评估调研数据，从 35 个问题中筛选出 24 个指标，通过简单随机抽样随机数表法从 1628 份问卷中选取 100 个样本作为研究对象，采用主成分分析法从 24 个指标中归纳出 7 个主要影响因素，分别是扶贫工作执行及政策落实情况、基本生活情况、贫困户评选公平情况、基础设施建设、教育保障、脱贫情况和住房状况。其中扶贫工作执行及政策落实情况是最主要影响因素，它的贡献率权重占比达到了 49.119%，满意度得分最小，即满意程度最高；第二个重要影响因素是基本生活情况，它的贡献率权重为 13.884%，满意度得分 1.322626，介于很满意与较满意之间；第三个重要影响因素是贫困户评选公平情况，它的贡献率权重为 9.380%，满意度得分 0.358519，为很满意的情况；第四个影响因素是基础设施建设情况，它的贡献率权重为 8.111%，满意度得分 1.260736，介于很满意与较满意之间；第五个影响因素为教育保障情况，它的贡献率权重为 6.922%，满意度得分 0.138551，为很满意；第六个影响因素为脱贫情况，它的贡献率权重为 6.512%，满意度得分 6.735095，为很不满意的情况；最后一个影响因素是住房情况，它的贡献率权重为 6.072%，满意度得分 1.011256，介于很满意与较满意之间。最后影响因素的总体满意度综合得分为 0.769，说明精准扶贫农户满意度很高。

（6）系统梳理风险预警流程、方法及研究进展后发现：①风险预警指事先多方位、详细地信息搜集以监控风险因素的变动趋势，采用恰当的方法对风险因素的强弱程度进行科学评价，并向决策层发出预警信号以便提前采取预控对策的过程；②风险预警的过程主要包括：信息收集与反馈、风险要素识别与分类、构建风险预警模型、风险评判和确定风险等级、风险预警、风险防范及效果检验、总结与改进等；③风险预警主要方法有：logistic 模型、BP 神经网络、网络层次分析法（ANP）、模糊综合评价法（Fuzzy）、TOPSIS 法、贝叶斯网络方法、支持向量机（SVM）等；④从研究领域来看，金融风险预警、财务风险预警、信用风险预警以及安全风险预警是该领域研究的主流，此外，社会风险预警、市场风险预警也是研究的热点领域。准确、及时、大量的数据获取是返贫风险动态预警的前提，因此，返贫风险动态预警数据资源建设十分必要，主要包括返贫风险户基础数据提取、农业大数据资源建设、扶贫政策及帮扶情况等。返贫风险预警遵从风险预警的一般流程，完整的返贫风险动态预警体系通常包括：风险识别、风险评价、风险预警、风险防范、风险监控五个部分。

（7）返贫风险识别是返贫风险预警的前提，已返贫人群、脱贫不稳固人群、边缘易致贫人群、突发困难人群是返贫风险监测的主要对象，村两委、乡镇干部、县级相关部门是返贫风险监测的主体，帮扶干部、当地农村经济发展相关部门是返贫风险防范主体。返贫原因主要包括主观原因和客观原因两个方面：劳动力缺乏、突发性支出增加、内生动力不足是返贫的主观原因，缺乏稳定的增收渠道、资源禀赋不足、基础设施落后、帮扶措施不精准是返贫的客观原因。经过初始风险要素选择、风险要素修正等环节，最终确定收支型风险、发展型风险、环境型风险、保障型风险、政策型风险等 5 个风险点，以及家庭经济收入来源单一、思想观念落后、生态禀赋制约、基本养老保障不足、政策缺乏持续性等 24 个风险要素。

（8）基于网络层次分析法（ANP）和模糊综合评价法（Fuzzy）相结合的方法对返贫风险进行分析，结果表明：第一，从各风险指标的权重来看，一级指标权重 A 收支型风险＞D 保障型风险＞B 发展型风险＞C 环境型风险＞E 政策型风险。由此说明，在现有返贫风险中收支型风险、保障型风险是潜在的较大的风险，其次是发展型风险和环境型风险，政策型风险是比较小的风险。一方面，相关单位在预防返贫风险时应充分考虑收支型风险、保障型风险、发展型风险等方面的因素，另一方面，对环境型风险、政策型风险也应当引起适当的注意。第二，返贫风险的二级指标风险权重从高到低排序分别为A_1家庭经济收入来源单一、A_2家庭抚养或赡养的负担重、D_1基本养老保障不足、A_3家庭因病的负担重、D_2饮水质量保障不足、D_3家庭教育保障不足、A_4家庭因残的负担重、B_1思想观念落后、C_1生态禀赋制约、B_2发展动力不足、D_4医疗保障不足、E_1政策缺乏持续性、C_3区位位置劣势、A_5家庭还债的负担重、E_2政策缺乏执行性和有效性、B_3专业技能缺乏、E_3政策缺乏完备性和改进性、B_4经营管理不善、C_4环境卫生影响、A_6家庭因意外的负担重、A_7家庭因其他支出负担重、B_5文化知识不够、C_2交通物流不便、C_5自然灾害发生。该结果表明，家庭经济收入来源单一、家庭抚养或赡养的负担重、基本养老保障不足、家庭因病的负担重等是导致脱贫户返贫的重要风险因素，这些风险点不容忽视。

第二节 政策建议

消除贫困、改善民生、逐步实现共同富裕，是中国特色社会主义的本质要求。脱贫攻坚战取得全面胜利后，近年来，中共中央、国务院连续发布中央一号文件，对新发展阶段优先发展农业农村、全面推进乡村振兴作出总体部署。可见，乡村振兴已经成为我国未来一定时期农业农村发展的主要战略。确保稳固脱贫、不返贫是乡村振兴的基础，结合前期研究以及笔者参与精准扶贫和乡村振兴工作经验，特提出以下政策建议。

一、加强返贫风险预警理论与方法研究

研究发现，我国现有围绕返贫的理论研究以返贫实际发生的后期治理为主，对于返贫发生前的风险预警研究相对较少。随着我们进入全面脱贫和乡村振兴阶段，对于返贫问题的关注显得越发重要。为使返贫风险预警工作更加科学化、系统化，其前提需要有更加系统的理论作为指导、需要有更多的路径作为参考。

(一) 加强返贫风险预警理论研究

目前围绕风险管理的研究已经进入全面风险管理阶段，相关理论框架以及方法论日益成熟。全面风险管理理论为返贫风险预警研究提供了良好的基础，

探索全面风险管理理论在返贫风险预警领域的应用也十分必要。一是细化返贫风险因素研究。理清返贫风险因素是开展返贫风险预警的基础，现有围绕返贫风险因素的研究已经进入了精细化阶段，但在指标分类、指标解释方面需要进一步细化，每一个因素背后的形成机理需要进一步探究。二是加强返贫风险预警案例研究。具体到操作层面，返贫风险预警工作是由一个个具体的、鲜活的案例构成，每一个案例对应于一个解决方案，在实际工作中如果有现成的路径作为参考指导，无疑会提升该项工作的成效、节约中间成本。新中国成立以来，我国在贫困治理、返贫防范方面积累了丰富的经验，但现有研究尚没有对这些经验进行系统的归纳总结，因此有必要成立专门的机构对我国历年贫困治理案例进行系统的整理与分析，形成具体的行动方案供后期返贫风险预警工作参考。三是加大对中国家庭追踪调查和中国家庭金融调查的支持力度。为使返贫风险预警工作更加科学、准确，精准的一线数据必不可少，目前，中国家庭追踪调查数据和中国家庭金融调查数据在实证研究中应用最为广泛，但现有的数据中存在调查周期长、样本数量少的问题，为提高研究结论的准确度，有必要加大调查频次、扩大调查范围，由于一线调查工作需要耗费大量的人力和物力，因此，就需要有专门的资金对调查工作予以支持。

(二) 重视返贫风险预警方法探索

数据获取和数据分析是返贫风险预警的关键环节，同时也是返贫风险防范策略更加科学有效的保障。在获取精准的一线数据后，如果没有对数据进行系统、全面的分析，依然无法产生有效的风险预警方案。为使数据获取、数据分析更加有效，需要做好以下工作：一是在使用好传统数据获取方法的基础上，加大现代信息技术在数据获取中的应用。传统的数据获取方法以问卷调查、结构化访谈、电话访谈、实地调查为主。以问卷调查为例，实践中为了获取更加全面的数据，就需要细化问卷内容、增加问卷篇幅，加大调查频次，笔者在对调查问卷测试中发现，如果问卷的内容过多，填写人到最后往往因为缺乏耐心放弃填写或者胡乱选择答案，频繁的调研也会让被访者心生厌倦。为了解决这一问题，就需要加大现代信息技术在数据采集中的应用，一些标准化的信息可以考虑重复使用，在多次调研中，对于变化较少的问卷可以设置"有变化""无变化"等简单选项，尽量减少被访者重复性劳动。二是精选调查样本，建立信息员制度。为了获取返贫风险的共性因素或者进行趋势预测，可以考虑选择一些代表性农户作为样本,可参考国家统计局调查总队的相关经验,在样本农户中聘任信息员,指导定期记录自己的各种收入、开销情况数据及返贫的其他情况,并做到定期上报。为调动信息员的积极性,可以根据信息上报情况提供一定的报酬,同时开展优秀信息员评选活动,激发信息员的工作热情,确保数据真实有效。三是合理应用第三方数据。返贫风险户的收入情况、开支情况、用电、用水、用气情况等,可以从一定程度反映该户的生活状态,为此,可联合银行、支付宝、微信支付平台、电力公司、供水公司、燃气公司等,借助第三方平台获取相关数据,并对上述数据进行统计分析,从而可以对返贫风险户家庭的生活变化情况进行一个初步预判,对于上述数据有明显波动的进行重点关注。

二、重视现行返贫治理政策梳理和新政策发布

(一)重视返贫治理相关政策梳理

随着脱贫攻坚战的全面胜利,我国各项新政策的制定与发布也逐渐转向乡村振兴领域,在脱贫不脱政策的要求下,过去的围绕脱贫攻坚的许多政策依然有效,这为返贫风险预警工作提供了保障,但在针对性和时效性方面,也存在种种问题。一是对现有扶贫政策进行系统梳理。笔者研究发现,我国现有的扶贫政策以2013年为界分为两个阶段,2013年之前政策相对较少,2013年以后各项政策从中央到地方出台都比较密集,政策内容涵盖了产业发展、务工就业、就学就医、社会保障等方方面面。全面脱贫阶段,返贫问题已经成为贫困治理的主要关注点,为使返贫风险预警工作更加有效,就需要对现有的扶贫相关政策进行系统梳理,对返贫风险预警有关的政策进行重点研究与分析,并结合当地实际进行应用路径探索。二是加强对发达国家相关政策的研究。发达国家的居民收入已经进入了较高的水平、其城市化发展也进入了较高的阶段,因此,其返贫发生的概率相对较低,但任何一个发达国家都经历了一个从不发达到发达的过程,贫困治理问题也在这些国家有过具体的实践,因此,加强对发达国家相关政策研究和经验总结,能够为我国返贫风险预警实践提供借鉴。三是加强对地方政策执行情况评价和经验总结。为确保脱贫攻坚战的全面胜利,各地在实践中结合当地实际情况制定了一些地方扶贫政策,上述政策成为国家政策的有效补充。国家和省域层面的政策主要通过精准扶贫第三方评估和政府

绩效考核来进行检阅，而对于地方政策的绩效评估相对较少，为及时总结地方政策经验，有必要对重点地区的地方政策进行绩效评价，对于成效显著的地方政策尝试探讨在全国其他地区推广，进而为后期的国家层面新政策的发布奠定现实基础。

(二) 适时颁布新的返贫风险预警政策和精准扶贫后期评估政策

相较于精准扶贫而言，返贫风险预警有其特殊性，该项工作更加注重返贫实际发生前的信息搜集和精准监测，为确保数据信息的准确性和规范性，就需要制定专门的政策方案，通过制度明确工作程序、工作要求和工作内容，进一步强化责任主体，并通过激励约束机制形成闭环，进而确保扣好返贫风险预警的"第一颗纽扣"。与此同时，可考虑借鉴精准扶贫第三方评估经验，开展精准扶贫后期评估，通过评估进一步强化地方政府的主体责任，提振驻村工作队和帮扶干部的工作热情，进而夯实稳固脱贫基础，加快乡村振兴步伐。

三、加强返贫风险动态监测及大数据分析

返贫风险要素的数据采集、精准识别、动态更新是开展大数据分析以及风险预警的前提。返贫风险动态预警的基础在"数据获取"、关键在"数据分析"、成败在"结果应用"，因此，动态监测返贫风险要素状况、适时开展大数据分析十分必要。

(一) 合理设置返贫风险人群认定标准

精准识别返贫风险人群是开展返贫风险监测的前提，与脱贫标准不同，返贫风险人群认定标准因人而异、因地而异。一是收入标准的认定，脱贫验收中通常以固定的家庭人均可支配收入为标准，入户算账后人均可支配收入高于脱贫标准即认定为收入达标。返贫风险人群认定标准的不同之处就在于没有一个固定的标准线，需要确立一个相对科学的区间。例如某地经济基础较好、未来收入增长的空间大，这一区间的设置可以偏小一点；但若某地基础差、未来发展潜力不足，则这一区间的设置应该相对偏大一点。二是，潜在大额支出的预判。首先是大病支出，可通过常规化体检做出预判，对于有重大疾病风险的予以重点关注；其次是子女就学支出，现行制度下，义务教育支出是免费的，但非义务教育支出，如高等教育支出额度差异较大。以大学本科、专科为例，每年学费在4000~20000元不等，加上住宿、学习资料以及其他开支，资金压力

可想而知；最后就是家庭主要收入来源方面，如果以种养殖业收入为主，物价波动对家庭收入的影响也很大，以生猪为例，近几年就经历了从 5 元 / 斤到 20 元 / 斤的剧烈波动；除此之外，如果家庭的收入以务工为主，不同行业间也存在波动风险，例如 2016 年之前房地产市场的异常火爆，建筑行业工人收入高、从业人口数量大，但近几年各地很多楼盘出现了滞销、烂尾等情况，致使该行业就业的人员失去工作或者收入减少，进而增加了返贫风险。鉴于返贫风险人群认定的特殊性和复杂性，需要在精准调查、科学预判、分类实施的基础上确定认定标准。

(二) 升级全国层面的动态检测网络，加强大数据分析与应用

精准扶贫期间，为实现对扶贫工作的精准管理和精准指导，国家开发了"全国扶贫开发信息系统"，全面脱贫以后，该系统升级为"全国巩固脱贫攻坚成果和防返贫监测信息系统"，系统内相关数据为返贫风险要素识别奠定了坚实的基础。但由于该系统开发的最初目的是针对扶贫工作的，因此在数据维度、类型等方面与返贫风险预警工作有一些差异。为此，一是系统梳理各地各部门现有涉及精准扶贫、脱贫攻坚、乡村振兴等信息填报的各种渠道，分析信息更新时效、使用效率等情况，尝试从市、县层面打通人社、医疗、教育等部门间的信息壁垒，最大限度地实现数据共享，实现返贫监测系统与地方数据平台间的良性互动。二是完善各地现有大数据中心，加快数据分析结果的应用。近年来，随着 5G 等新一代信息技术的普及应用，各地智慧城市及大数据中心建设步伐不断加快，但地方现有的大数据中心在功能上更多偏向于城市管理与服务方面，涉及农村发展方面的内容较少。因此，为充分发挥大数据中心的作用与功能，可尝试探索"全国巩固脱贫攻坚成果和防返贫监测信息系统"与大数据中心的互联互通，实现优势互补。通过大数据中心分析功能，及时对返贫风险进行预判、预警和防范。

四、加强基层治理，夯实农村发展底盘

确保稳固脱贫、不返贫，发展是第一要务。为使农村经济平稳有序发展，就需要有良好的发展环境，其中加强基层治理尤为重要。

(一) 加强基层党组织建设，发挥战斗堡垒作用

基层党组织是贯彻落实党中央决策部署的"最后一公里"，同时也是最具有

创新性、最具活力和最具可塑性的乡村治理主体。基层党组织在整个乡村治理过程中起着重要的核心主体作用。在脱贫攻坚期间，先后采取了派驻扶贫第一书记、驻村工作队，落实干部与贫困户结对帮扶等组织工作形式，使脱贫工作取得了良好的效果。后脱贫时期，为保持农业农村可持续发展，基层党组织的作用不容忽视。现阶段，要发挥基层党组织在乡村治理中的核心和引领作用，还需要从以下几方面改进：一是将基层党组织在农村贫困治理中的成功经验进行总结提炼，并持续推广运用到稳固脱贫、返贫治理以及乡村振兴工作中。二是进一步提升基层党组织骨干成员的理论水平，通过主题党日、专题学习以及中心组学习等形式，定期组织骨干成员开展理论学习，确保党中央决策部署到哪里，基层党组织就执行到哪里，修通"断头路"、激活"神经末梢"。三是建立农村基层干部的考核监督机制，把村民众的意见反馈纳入农村基层干部的考核范围，并制定相关规范政策，依靠强制力保证实施。

(二) 引导村民积极参与村级自治

党的十九大报告提出，"要加强农村基层基础工作，健全自治、法治、德治相结合的乡村治理体系"。村民参与村级政务决策，是提升治理有效的重要路径。当前一些乡村的重大事项决策中，仍然存在村支书（或村主任）"一言堂"现象，"开大会、议小事，开小会、议大事"现象时有发生。许多村民对村级重大事项不知情，进而容易滋生腐败和激发群众不满。当然，导致上述现象的原因也有很多，例如农村"空心化"导致各种决策无人参与、无人关心，留守农村的老人和小孩不具备参与决策的知识和能力，等等。前文的精准扶贫满意度影响因素分析发现，扶贫工作执行与政策落实情况是农户最关切的问题之一，因此政策执行情况群众是否知晓、扶贫资源分配是否公平等直接关系到群众的满意度。通过邀请更多的村民参与到村级政务决策中，既发挥了群策群力作用、减少了决策失误风险，又增强了村民主人翁意识和责任感，进而有利于农村的长久和谐。

(三) 增强基层政务公开透明及公平性

政务越透明，越能增强人民群众的公平性。在脱贫攻坚成效第三方评估过程中，笔者也深刻地感受到这一点。例如，许多农户对国家的扶贫政策非常满意，但对村级干部却不甚满意，其中，不公平感是主因。当前，我国乡村振兴中有许多惠农政策都需要村级组织去落实，例如，集体经济分红、各种补贴、宅基地划定、低保户评定等工作都会涉及公平性问题，如果不能做到公开、公平、公正，就容易引起纠纷，上访事件就随之而来，古人云"君子不患寡，而患不均"，说的就是这个理。所以，强化乡村基层政务公正、公平、公开、透明，有利于增强社会和谐，而社会和谐正是治理有效的最高标准。

(四) 加强基层组织人才建设

2020年12月28日，习近平总书记在中央农村工作会议上的讲话中指出："乡村振兴，关键在人、关键在干。必须建设一支政治过硬、本领过硬、作风过硬的乡村振兴干部队伍。"[1] 当前我国乡村基层组织中人才建设面临许多难题。一是在职的党员干部年龄偏大，在体力上、思想上、技能上不易跟上时代步伐，许多老同志连基本的计算机操作都不会，更何况引领农村电商发展。二是懂技术、善经营的年轻人不多。调查发现，贫困户越多的农村，年轻人越少，懂技术、善经营的人更少，多数年轻人都选择了外出打工，进入村委会领导班子的较少。因此，加强基层党组织人才建设是当务之急。那么如何才能有效地建设呢？笔者认为，必须精挑细选，一是可以从一批公认的新乡贤中选拔，也可以对大学生村官多加培养，发挥其应有的作用。二是强化农村基层组织人才的教育培训，提高基层管理人才的素质和能力。三是探索与高等院校建立合作关系，将广大的农村作为大学生劳动教育的场所，作为涉农专业大学生实验场地，通过吸引年轻大学生的入驻，发挥大学生脑子活、知识新、点子多的特点，为农作物种植技术推广、养殖技能培训、农产品电商等提供帮助。四是进一步做好农村基层干部和农村专业技术人员的培训工作，通过党校、职业学校、农村现代远程教育网络和农业技术推广培训机制等渠道进行不断学习深造。五是切实提高基层干部福利待遇，建立人才激励机制，切实提高农村中基层组织人才的各项待遇，建立与人才贡献相适应的人才薪酬激励机制。

五、坚持"产业帮扶"不动摇

发展产业是实现农民持续稳定增收的主要手段，产业兴旺是实现农业强、农村美、农民富的经济基础，是统筹推进脱贫攻坚和乡村振兴的支撑点和着力点 (郭亚坤和杨琛华，2020)。继续实施产业扶贫政策和做好产业布局规划，是

---

[1] 中国政府网. 政务. http://www.gov.cn,2022-3-31.

确保稳固脱贫、不返贫的关键环节。精准脱贫后，要实现稳固脱贫、不返贫，需要将简单的产业扶贫模式升级到产业兴旺的长效机制上来。

(一) 加强科技在农业生产中的推广应用

科学技术是第一生产力，是已被实践证明了的真理。加强科技在农业生产中的指导作用，既可以增加产量，又可以提升产品品质。一是加快优良品种和高效生产技术的推广应用，巩固提升一批优质农产品品牌效应，走出一条以科技提升品质、以品质铸就品牌的发展路子。二是加强农业科技培训和产业科技致富带头人培养，为农村稳定脱贫奔小康提供智力支撑。三是大力推进农村互联网信息化基础设施建设，为信息化农业、智慧农业的发展提供数字服务基础，用信息化带动现代农业发展 (徐腊梅，2019)；在条件允许的地方优先发展设施农业和智慧农业。四是加大科技特派员培养、选派和支持力度。建立科技特派员进驻制度，支持和鼓励科技特派员进村入户，发挥科技特派员在新品种、新技术、新模式综合应用和良种良法推广应用中的积极作用。五是强化示范引领。重点培育一批示范效应好、技术集成度高、辐射带动性强的科技精品示范区，促进科技成果在田间地头转化应用，建立农业部门创办示范样板的考核机制，用示范引导推进科技兴农不断深入。

(二) 引进农业龙头企业入驻乡村

目前，我国广大农村产业发展依然以"小农经济"为主，农户各自为政、重竞争轻合作现象时有发生，同时由于许多农产品具有产量大、易腐烂、难储存的特点，加之与市场需求主体相距甚远，在缺乏保鲜技术和深加工技术的情况下，往往导致农产品大量集中上市，从而容易产生滞销以及"谷贱伤农"情况。为解决上述问题，引入农业龙头企业入驻农村，是国内多个省市成功的经验。一是引进农业生产型龙头企业。农户通过土地流转、入股等方式参与龙头企业生产活动，龙头企业发挥其在选种育苗、田间管理以及机械化程度高的特点，实现在企业所在区域的规模化种养殖，进而提升农产品品质，发挥规模种植效益。二是引进农产品深加工龙头企业。通过深加工企业就地将农产品转化成适销对路的深加工产品，既解决了农产品难以储存的问题，也提升了农产品的附加值。三是引进农产品销售龙头企业。借助销售企业的客户优势、技术优势和平台优势，实现商超直供、直播带货、跨境电商的完美结合，以更快的速度将农产品及其加工制成品销售出去。

六、重视"易地搬迁"后续帮扶

精准扶贫期间,为解决许多贫困地区"一方水土养不活一方人"的问题,我国实施了浩大的"易地扶贫搬迁"工程。通过易地扶贫搬迁,既解决了贫困户的住房问题,也解决了其生计问题。具体实施中,采取了分散安置和集中安置多种模式,最终是要将贫困户从条件恶劣地区搬到适宜务农和方便务工的地区。实践中,由于贫困户不适应以及后续帮扶跟进不及时,增加了搬迁户的返贫风险,因此需要重点予以关注。

(一)加强对搬迁户的精神帮扶

搬迁初期,由于离开了生活多年的故乡,导致搬迁户有一种"背井离乡"的感觉,加上到了新的地方,需要适应新的文化、适应新的生活方式。所以在这个过渡期,对搬迁户的精神帮扶至关重要。一方面迁入地村两委要加强与搬迁户的沟通交流,在当地安排帮扶干部,及时解决搬迁户在生产生活中遇到的各种问题;同时也要做好迁入地当地居民的思想工作,尽量消除"排外思想",对搬迁户多一份包容和理解,也可探索制定相关政策鼓励当地居民与搬迁户结对认亲。

(二)重视对搬迁户的就业帮扶

集中安置搬迁户通常临近工业区或交通要道,在务工就业方面有一定优势。但由于信息不对称等问题,导致企业无工可用、农户就业无门。为此需要加大对搬迁户的就业帮扶:一是深入了解搬迁户的劳动力状况和就业意向,在条件允许的情况下,可针对性地开展相关技能培训;二是积极与安置地周边企业对接,摸清企业的用工需求及薪资状况,并及时将用工信息反馈给有务工意愿的搬迁户;三是针对部分有外地就业需求的搬迁户,也予以关注,并会同人社、招商等部门积极为搬迁户外出务工提供力所能及的帮助。

(三)加强对集中安置点的环境整治

搬迁之前,多数农户居住分散、活动场地广,在垃圾处理、卫生设施方面没有过高的要求。集中安置后,人口密度会大幅度增加、活动空间上也会受到一定限制,如果不培养良好的卫生习惯,垃圾处理问题、生活环境恶化问题时有发生。为此,需要从早期开始,加强对集中安置点的环境整治,多渠道普及公共卫生知识,培育良好卫生习惯。以良好的环境促成"搬得出、稳得住"。

(四) 完善对搬迁户的公共服务

农村宜居、留得住人是确保稳固脱贫、不返贫的基础，因此需要加快补齐围绕搬迁户的农村公共服务短板。一是及时解决搬迁户适龄人口的义务教育问题；二是加强与地方医疗卫生机构的对接，及时办理医保、社保迁移手续；三是加大政府财政资金对搬迁户养老的投入力度，切实减轻贫困家庭负担。

参考文献

[1] 尼尔·A. 多尔蒂. 综合风险管理——控制公司风险的技术与策略 [M]. 陈秉正，王珺，译. 北京：经济科学出版社，2005.

[2] 《当代中国》丛书编辑委员会. 当代中国的民政（下）[M]. 北京：当代中国出版社，1994.

[3] CHAMES A, COOPER W W, RHODES E. Measuring the efficiency of decision making units[J].European Journal Operational Research, 1978,2:429–444.

[4] Chronic Poverty Research Centre. Chronic poverty report 2004–05[R]. Manchester: CPRC, University of Manchester, 2004.

[5] DU X, WAN B, LONG W, et al. Evaluation of manufacturing innovation performance in Wuhan city circle based on DEA-BCC model and DEA-malmquist index method[J]. Discrete Dynamics in Nature and Society, 2022,1:1–9.

[6] SAATY T L. Multicriteria Decision Making[M]. Pittsburgh: RWS Publications, 1990.

[7] 白宝光，朱洪磊，范清秀. BP 神经网络在乳制品质量安全风险预警中的应用 [J]. 中国乳品工业，2020, 48(7):42–45,57.

[8] 白少布. 基于有序 logistic 模型的企业供应链融资风险预警研究 [J]. 经济经纬，2010，6:66–71.

[9] 包国宪，杨瑚. 我国返贫问题及其预警机制研究 [J]. 兰州大学学报（社会科学版），2018，46,6:123–130.

[10] 包军军，严江平. 基于村民感知的旅游扶贫效应研究——以龙湾村为例 [J]. 中国农学通报，2015，31(6):278–283.

[11] 边俊杰，赵天宇. 精准扶贫政策对农村贫困居民家庭消费的影响——基于赣南苏区的入户调查数据分析 [J]. 江西财经大学学报，2019，1:63-73.

[12] 蔡长昆，李悦箫. 权力重塑、政策调适与复杂政策执行：来自县域精准扶贫政策执行的经验 [J]. 公共管理与政策评论，2021，10(4):36-48.

[13] 曹冉，母赛花，朱彩霞，等. 乡村振兴战略背景下云南热区乡村产业发展实现路径分析 [J]. 农村经济与科技，2018，29,13:191-192.

[14] 曾勇. 中国东西扶贫协作绩效研究 [D]. 上海：华东师范大学，2017.

[15] 昌业云. 公共政策理论：研究群体性事件的一个重要范式 [J]. 国家行政学院学报，2009，6:60-63.

[16] 陈爱雪，刘艳. 层次分析法的我国精准扶贫实施绩效评价研究 [J]. 华侨大学学报(哲学社会科学版)，2017，1:116-129.

[17] 陈怀叶. 参与式整村推进扶贫开发模式与新农村建设的耦合研究 [D]. 兰州：西北师范大学，2009.

[18] 陈建中，张辉智. 基于 Logistic-SVM 的文化创意众筹项目违约风险预警研究 [J]. 系统科学与数学，2020，40(12):2320-2331.

[19] 陈杰，朱红根，翁辰. 精准扶贫政策对贫困户增收效应的科学评估 [J]. 财经科学，2021，11:106-117.

[20] 陈丽君，傅衍. 我国公共政策执行逻辑研究述评 [J]. 北京行政学院学报，2016，5:37-46.

[21] 陈林，伍海军. 国内双重差分法的研究现状与潜在问题 [J]. 数量经济技术经济研究，2015，32(7):133-148.

[22] 陈美球，胡春晓. 协同推进脱贫攻坚与乡村振兴的实践与启示：基于江西三地的调研 [J]. 农林经济管理学报，2019，18(2):266-272.

[23] 陈美球，廖彩荣，刘桃菊. 乡村振兴、集体经济组织与土地使用制度创新——基于江西黄溪村的实践分析 [J]. 南京农业大学学报(社会科学版)，2018，18(2):27-34.

[24] 陈秋玲，薛玉春，肖璐. 金融风险预警：评价指标、预警机制与实证研究 [J]. 上海大学学报(社会科学版)，2009，16(5):127-144.

[25] 陈蓉. 云南省精准扶贫对象满意度现状及影响因素研究 [D]. 昆明：云南师范大学，2018.

[26] 陈守东，杨莹，马辉. 中国金融风险预警研究 [J]. 数量经济技术经济研究，2006，7:36-48.

[27] 陈晓萍. 新疆乡村振兴与脱贫攻坚协调发展的重要性与协同性分析 [J]. 现代经济信息，2018，19:498.

[28] 陈晓伟，赵慧勇. 乡村文明建设背景下的农村厕所革命问题探究 [J]. 农村经济与科技，2020，31(5):275-276.

[29] 陈艳. 喀什地区返贫测度及阻断机制研究 [D]. 乌鲁木齐：新疆大学，2020.

[30] 陈裕. 返贫风险预警机制研究 [J]. 合作经济与科技，2021，8:155-157.

[31] 陈振明. 是政策科学，还是政策分析？——政策研究领域的两种基本范式 [J]. 政治学研究，1996，4:80-88.

[32] 程铁军，冯兰萍. 大数据背景下我国食品安全风险预警因素研究 [J]. 科技管理研究，2018，38(17):175-181.

[33] 邓爱民，熊剑，张凡. 基于 BP 神经网络的订单融资风险预警模型 [J]. 情报杂志，2010，29(11):23-28.

[34] 邓大松，钟悦，杨晶. 精准扶贫对农户多维贫困的影响机制分析：外出务工的中介作用 [J]. 经济与管理评论，2020，36(5):27-41.

[35] 邓晶，秦涛，黄珊. 基于 logistic 模型的我国上市公司信用风险预警研究 [J]. 金融理论与实践，2013，2:22-26.

[36] 邓永超. 乡村振兴下精准扶贫中防治返贫的优化机制 [J]. 湖南财政经济学院学报，2018，34(4):49-56.

[37] 丁德光. 社会风险视阈下返贫风险的类型与防控机制建设 [J]. 天水行政学院学报，2017，18(3):26-30.

[38] 丁日佳，张亦冰. 基于 AHP-IE-MEA 模型的矿山生态安全风险预警 [J]. 干旱区资源与环境，2017，31(10):83-89.

[39] 董春宇，栾敬东，谢彪. 对返贫现象的一个分析 [J]. 经济问题探索，2008，3:176-178.

[40] 董良雄. 船舶机务安全系统风险预警研究 [D]. 武汉：武汉理工大学，2012.

[41] 豆书龙，叶敬忠. 乡村振兴与脱贫攻坚的有机衔接及其机制构建 [J]. 改革，2019，1:19-29.

[42] 杜红兵，李晖，袁乐平，等. 基于 Fuzzy-ANP 的空管安全风险评估研究

[J]. 中国安全科学学报，2010，20(12):79-85.

[43] 杜庆昊. 中国贫困治理演进逻辑与相对贫困治理机制 [J]. 理论视野，2021，2:75-80.

[44] 杜小艳，舒靖钧. 全面脱贫背景下我国返贫问题研究进展——基于 Cite Space 的可视化分析 [J]. 武汉商学院学报，2021，35(6):73-78

[45] 段小力. 返贫的特征、成因及阻断 [J]. 人民论坛，2020，3:90-91.

[46] 范和生. 返贫预警机制构建探究 [J]. 中国特色社会主义研究，2018，1:57-63.

[47] 范瑾. "四维"框架下精准扶贫政策执行效果跟踪审计研究——以 A 省为例 [J]. 财会通讯，2020,21:124-128.

[48] 范西川. 精准扶贫视域下农村返贫治理对策研究 [D]. 重庆：中共重庆市委党校，2017.

[49] 范小建. 扶贫开发常用词汇释义 [M]. 北京：中国财政经济出版社，2013.

[50] 方菲，吴志华. 双重脱嵌：精准扶贫政策的基层实践困境解析——基于湖北省 X 镇的调查 [J]. 学习与实践，2019，1:12-19.

[51] 方匡南，范新妍，马双鸽. 基于网络结构 logistic 模型的企业信用风险预警 [J]. 统计研究，2016，33,4:50-55.

[52] 方匡南，章贵军，张惠颖. 基于 Lasso-logistic 模型的个人信用风险预警方法 [J]. 数量经济技术经济研究，2014，31(2):125-136.

[53] 方毅，卫剑，王浩宇，等. 基于随机占优视角的精准扶贫政策评价 [J]. 统计与决策，2021，37(4):164-169.

[54] 费佳. 基于竞争情报要素的图书馆安全风险预警管理模式研究 [J]. 新世纪图书馆，2021，6:45-49.

[55] 冯朝睿，张叶菁. 乡村振兴背景下西南地区大扶贫绩效评价研究 [J]. 云南行政学院学报，2020，22(5):92-102.

[56] 冯丹萌，高强. 全面脱贫下多维防返贫网络体系构建 [J]. 当代经济管理，2021，43(8):60-63.

[57] 付寿康，李忠斌. 脱贫攻坚与乡村振兴统筹衔接的策略研究——以湖北省为例 [J]. 改革与战略，2020，36(7):102-110.

[58] 傅利平，陈琴，董永庆，等. 技术治理何以影响乡镇干部行动？——基于

X 市精准扶贫政策执行过程的分析 [J]. 公共行政评论，2021，14(4):119-136,199.

[59] 甘灿业. 返贫原因及防止返贫机制构建路径 [J]. 宜春学院学报，2021，43(5):29-32,69.

[60] 高静，武彤，王志章. 深度贫困地区脱贫攻坚与乡村振兴统筹衔接路径研究：凉山彝族自治州的数据 [J]. 农业经济问题，2020，3:125-135.

[61] 高强. 脱贫攻坚与乡村振兴有机衔接的逻辑关系及政策安排 [J]. 南京农业大学学报（社会科学版），2019，19(5):15-23.

[62] 耿新. 民族地区返贫风险与返贫人口的影响因素分析 [J]. 云南民族大学学报（哲学社会科学版），2020，37(5):68-75.

[63] 龚冰，吕方. "摘帽县"如何巩固拓展脱贫成果？——基于兰考县案例的思考 [J]. 甘肃社会科学，2020，1:53-60.

[64] 龚亮保. 从脱贫攻坚到乡村振兴 [J]. 老区建设，2017，21:1.

[65] 龚曼，陈骏兰，江晓梅. 脱贫人口返贫问题对策之可持续脱贫 [J]. 山西农经，2018，9:5-6.

[66] 苟鹏程，王子丰，姚熙迎，等. 精准脱贫视域下于田县返贫风险识别及预警机制研究 [J]. 今日财富（中国知识产权），2021，10:25-27.

[67] 谷秀云，薛选登. 脱贫户返贫风险评估研究——基于豫西典型贫困县区的调查 [J]. 河南理工大学学报（社会科学版），2021，22,1:22-30.

[68] 顾建光，吴明华. 公共政策工具论视角述论 [J]. 科学学研究，2007，1:47-51.

[69] 管睿，余劲. 精准扶贫政策与劳动力市场的双重排斥对贫困地区乡村治理的影响研究——基于6个集中连片贫困地区1045户农户数据 [J]. 农业技术经济，2022，4:18-31.

[70] 郭露，郭同济，仲黍林. 精准扶贫政策是否有助于缓解多维相对贫困？——基于中国农村的准自然实验 [J]. 农村经济，2022，3:32-39.

[71] 郭倩，廖和平，王子羿，等. 秦巴山区村域稳定脱贫测度及返贫防控风险识别——以重庆市城口县为例 [J]. 地理科学进展，2021，40(2):232-244.

[72] 郭昕，孟晔. 大数据的力量 [M]. 北京：机械工业出版社，2013.

[73] 郭亚坤，杨琛华. 实现脱贫攻坚与乡村振兴有机衔接的路径研究 [J]. 中共

山西省委党校学报, 2020, 43(3):55-58.

[74] 哈秀珍, 陈小昆, 陈海龙. 精准扶贫政策的减贫效应: 基于 CFPS 数据的实证 [J]. 统计与决策, 2021, 37(22):68-71.

[75] 韩春. 中国农村贫困代际传递问题根源探究 [J]. 经济研究导刊, 2010, 16:46-48.

[76] 韩立达, 史敦友. 民族地区乡村产业振兴实践研究——以西藏山南市滴新村为例 [J]. 西北民族大学学报 (哲学社会科学版), 2018, 5:113-120.

[77] 韩培. 乡村振兴视角下贵州省剑河县生态旅游脱贫与融资模式研究 [J]. 开发性金融研究, 2018,4:73-80.

[78] 郝儒杰. 精准扶贫政策的时代内涵、理论品格及价值特色 [J]. 理论导刊, 2019,5:34-38.

[79] 何华征, 盛德荣. 论农村返贫模式及其阻断机制 [J]. 现代经济探讨, 2017, 7:95-102.

[80] 贺纯纯, 王应明. 网络层次分析法研究述评 [J]. 科技管理研究, 2014, 34(3):204-208,213.

[81] 贺东航, 孔繁斌. 公共政策执行的中国经验 [J]. 中国社会科学, 2011, 5:61-79,220-221.

[82] 胡伟益, 王波. 整体风险管理理论的沿革、内涵及展望 [J]. 保险研究, 2007, 2:57-58,90.

[83] 黄承伟. 打好脱贫攻坚战是实施乡村振兴战略的优先任务 [N]. 贵州日报, 2018-11-20(010).

[84] 黄国庆, 刘钇, 时朋飞. 民族地区脱贫户返贫风险评估与预警机制构建 [J]. 华中农业大学学报 (社会科学版), 2021,4:79-88,181-182.

[85] 黄海棠, 蔡创能, 滕剑仑. 基于 AHP-TOPSIS 的返贫风险评估预警方法 [J]. 宜宾学院学报, 2022, 22(1):13-20.

[86] 黄薇, 曹杨. 常态化精准扶贫政策的完善: 反福利依赖的视角 [J]. 经济研究, 2022, 57(4):172-190.

[87] 黄薇, 祝伟. 精准帮扶政策的多维评估: 基于 G 省 B 市扶贫实践的经验分析 [J]. 管理世界, 2021, 37(10):111-128.

[88] 黄薇. 医保政策精准扶贫效果研究——基于 URBMI 试点评估入户调查数

据[J]. 经济研究, 2017, 52(9):117-132.

[89] 季元杰. "科学发展观与公共政策理论和实践"研讨会综述[J]. 理论探讨, 2009, 1:156-158.

[90] 江春龙. 乡村旅游扶贫绩效评价研究[D]. 西安:长安大学, 2020.

[91] 江静. 公共政策对企业创新支持的绩效——基于直接补贴与税收优惠的比较分析[J]. 科研管理, 2011, 32(4):1-8,50.

[92] 江训艳. 基于BP神经网络的商业银行信用风险预警研究[J]. 财经问题研究, 2014(S1):46-48.

[93] 蒋和胜, 李小瑜, 田永. 阻断返贫的长效机制研究[J]. 吉林大学社会科学学报, 2020, 60(6):24-34,231-232.

[94] 焦克源, 徐彦平. 少数民族贫困县扶贫开发绩效评价的实证研究——基于时序主成分分析法的应用[J]. 西北人口, 2015, 36(1):91-96.

[95] 金小苗. 初中生学习生活满意度量表的编制与应用[D]. 金华:浙江师范大学, 2006.

[96] 赖雄麟, 李健. 从价值观教育功能论网络微电影的发展生态建构[J]. 电影评介, 2015, 23:79-81.

[97] 雷安琪, 杨国涛. 中国精准扶贫政策的国际比较——基于印度、巴西扶贫政策的案例分析[J]. 价格理论与实践, 2018, 12:103-106.

[98] 雷望红. 论精准扶贫政策的不精准执行[J]. 西北农林科技大学学报(社会科学版), 2017, 17(1):1-8.

[99] 李承宇. 后脱贫攻坚时代河北省返贫预警机制优化研究[D]. 石家庄:河北师范大学, 2021.

[100] 李芳华, 张阳阳, 郑新业. 精准扶贫政策效果评估——基于贫困人口微观追踪数据[J]. 经济研究, 2020, 55(8):171-187.

[101] 李会琴, 张婷. 基于风险因素识别的返贫预警机制构建[J]. 国土资源科技管理, 2020, 37(4):104-113.

[102] 李杰, 陈超美. CiteSpace科技文本挖掘及可视化[M]. 北京:首都经济贸易大学出版社, 2016.

[103] 李金龙, 董宴廷. 目标群体参与精准扶贫政策执行的现实困境与治理策略[J]. 西北农林科技大学学报(社会科学版), 2019, 19(6):52-61.

[104] 李金龙,杨洁. 基层精准扶贫政策执行梗阻的生成机制及其疏解之道 [J]. 学习与实践,2018(06):65-73.

[105] 李鲁,李剑芳,钱力. 深度贫困地区乡村振兴评价指标体系构建与实证研究——以安徽省大别山连片特困地区为例 [J]. 北京化工大学学报(社会科学版),2019,2:29-35.

[106] 李倩. 旅游精准扶贫效应分析——以产业链条跟踪法为视角 [J]. 社会科学家,2018,8:76-79.

[107] 李外禾. 乡村振兴背景下涪陵区精准脱贫对策研究 [J]. 农村经济与科技,2018,29(13):129-130.

[108] 李晓冬,马元驹,南星恒,等. 精准扶贫政策落实跟踪审计:理论基础、实践困境与路径优化——基于审计结果公告文本分析的证据 [J]. 理论月刊,2020,8:51-63.

[109] 李晓冬,马元驹. 精准扶贫政策落实跟踪审计研究进展——兼论后精准扶贫时代扶贫政策落实跟踪审计的研究进路 [J]. 哈尔滨工业大学学报(社会科学版),2021,23(2):143-153.

[110] 李晓明. 贫困代际传递理论述评 [J]. 广西青年干部学院学报,2006,2:75-78,84.

[111] 李晓明. 我国山区少数民族农民贫困代际传递的基本特征 [J]. 内蒙古社会科学(汉文版),2005,6:155-157.

[112] 李晓园,汤艳. 返贫问题研究40年:脉络、特征与趋势 [J]. 农林经济管理学报,2019,18(6):812-821.

[113] 李晓园,钟伟. 乡村振兴中的精准扶贫:出场逻辑、耦合机理与共生路径 [J]. 中国井冈山干部学院学报,2018,11(5):122-130.

[114] 李燚,葛国耀. 扶贫开发绩效评价指标体系及实证应用 [J]. 经济与社会发展,2018,16(1):49-54.

[115] 李玉山,卢敏,朱冰洁. 多元精准扶贫政策实施与脱贫农户生计脆弱性——基于湘鄂渝黔毗邻民族地区的经验分析 [J]. 中国农村经济,2021,5:60-82.

[116] 李月玲,何增平. 多维视角下深度贫困地区返贫风险——以定西市深度贫困地区为例 [J]. 天水行政学院学报,2018,19(3):112-115.

[117] 李长亮. 深度贫困地区贫困人口返贫因素研究 [J]. 西北民族研究, 2019, 3:109-115.

[118] 李长山. 基于 logistic 回归法的企业财务风险预警模型构建 [J]. 统计与决策, 2018, 34(6):185-188.

[119] 李志铭. 走共同富裕的道路——对我党扶贫济困政策的研究与思考 [J]. 新长征 (党建版), 2015, 3:46-47.

[120] 梁华伟, 原颜东, 薛红卫. 基于 BP 神经网络的体育赛事风险预警模型 [J]. 统计与决策, 2018, 34(16):85-88.

[121] 廖冰, 邝晓燕, 邹佳敏. 后扶贫时代"三类户"返贫风险识别与测度研究 [J]. 干旱区资源与环境, 2022, 36(10):25-33.

[122] 廖彩荣, 郭如良, 尹琴, 等. 协同推进脱贫攻坚与乡村振兴: 保障措施与实施路径 [J]. 农林经济管理学报, 2019, 18(2):273-282.

[123] 廖芳园. 龙岩市精准扶贫政策贫困户满意度及影响因素分析 [D]. 福州: 福建农林大学, 2017.

[124] 林万龙, 孙颖. 精准到户: 产业精准扶贫政策评价及下一步改革思考 [J]. 中国农业大学学报 (社会科学版), 2020, 37(6):12-21.

[125] 凌国顺. 能力供给与返贫现象探析 [J]. 江汉论坛, 2000, 11:12-15.

[126] 刘刚. 目标价格视角下主要畜产品价格风险预警研究 [D]. 北京: 中央财经大学, 2016.

[127] 刘焕, 秦鹏. 脱贫攻坚与乡村振兴的有机衔接: 逻辑、现状和对策 [J]. 中国行政管理, 2020, 1:155-157.

[128] 刘梦航, 李俊伟, 李强. 精准扶贫政策对城乡居民收入差距的影响研究——以山西省为例 [J]. 中国农业资源与区划, 2020, 41(8):228-237.

[129] 刘倩. 商业银行信用风险预警模型的实证研究 [J]. 财经理论与实践, 2010, 31(4):13-16.

[130] 刘希, 龚轩, 郭小珊. 后 2020 时期集中连片特困区返贫风险防控及预警机制研究——以武陵山片区为例 [J]. 山西农经, 2021, 15:100-101.

[131] 刘雪明, 沈志军. 公共政策传播机制的优化路径 [J]. 吉首大学学报 (社会科学版), 2013, 34(2):77-83.

[132] 刘彦随, 周成虎, 郭远智, 等. 国家精准扶贫评估理论体系及其实践应用

[J]. 中国科学院院刊, 2020, 35(10):1235-1248.

[133] 刘钊, 王作功. 基于双重差分模型的精准扶贫政策评估与长效性研究——来自中国家庭追踪调查(CFPS)的证据 [J]. 江淮论坛, 2020, 3: 12-17.

[134] 柳志, 王善平. 精准视角下扶贫绩效模糊综合评价——以湘西土家族苗族自治州为例 [J]. 云南财经大学学报, 2020, 36(5):104-112.

[135] 鲁靖, 嵇欣欣. 公共政策审计绩效评价体系构建——基于平衡计分卡 [J]. 财会月刊, 2018, 12:135-141.

[136] 陆垚, 王帆. 精准扶贫政策跟踪审计监管职责研究 [J]. 财会月刊, 2020, 19:92-96.

[137] 陆益龙. 乡村振兴中精准扶贫的长效机制 [J]. 甘肃社会科学, 2018, 4:28-35.

[138] 罗良清, 平卫英, 单青松, 等. 中国贫困治理经验总结: 扶贫政策能够实现有效增收吗? [J]. 管理世界, 2022, 38(2):5-8,70-83,115.

[139] 罗璐. 基于DEA-Malmquist指数的江西省城镇化效率研究 [D]. 南昌: 江西财经大学, 2015.

[140] 罗平汉. 中共党史知识问答 [M]. 北京: 人民出版社, 2021.

[141] 吕方, 梅琳. "复杂政策"与国家治理——基于国家连片开发扶贫项目的讨论 [J]. 社会学研究, 2017, 32(3):144-168,245.

[142] 吕联盟. 陕西省财政扶贫专项资金绩效审计评价指标体系构建研究 [J]. 辽宁农业科学, 2019, 3:46-50.

[143] 马立超. 教育精准扶贫政策体系建设的成效、困境与突破——基于政策设计的分析视角 [J]. 当代教育科学, 2020, 6:92-96.

[144] 马文武, 杨少垒, 韩文龙. 中国贫困代际传递及动态趋势实证研究 [J]. 中国经济问题, 2018, 2:13-23.

[145] 马有晶. 地方政府职业教育精准扶贫政策比较研究 [J]. 中国职业技术教育, 2021, 4:46-54.

[146] 缪小明, 罗丽. 精准扶贫政策执行偏差研究——以政策执行过程为框架 [J]. 山西大学学报(哲学社会科学版), 2020, 43(1):93-100.

[147] 南瑞江, 肖俊涛. 有效衔接乡村振兴视角下脱贫满意度影响因素研究

[J]. 湖北农业科学, 2022, 61(2):76-84.

[148] 潘秀珍, 周济南. 广西沿边地区精准脱贫效果持续性的阻碍及策略分析 [J]. 广西民族研究, 2019, 1:148-156.

[149] 彭妮娅. 教育扶贫成效如何?——基于全国省级面板数据的实证研究 [J]. 清华大学教育研究, 2019, 40(4):90-97.

[150] 彭玮, 龚俊梅. 基于系统聚类法的返贫风险预警机制分析 [J]. 江汉论坛, 2021, 12:23-31.

[151] 彭小霞. 精准扶贫政策实施中村民参与的困境及其突破 [J]. 理论导刊, 2019, 3:52-58.

[152] 漆敏. 我国农村返贫问题根源剖析与对策研究 [D]. 重庆:重庆大学, 2012.

[153] 钱力, 张陈, 宋俊秀. 安徽省大别山连片特困地区扶贫绩效评价——基于三阶段 DEA 模型和超效率 DEA 模型 [J]. 江汉大学学报(社会科学版), 2018, 35(5):55-64,125.

[154] 钱力, 张轲. 劳动力外流阻断多维相对贫困代际传递的效应研究——基于中国家庭追踪调查数据 [J]. 中国农业资源与区划, 2022, 43(7):132-143.

[155] 钱再见, 金太军. 公共政策执行主体与公共政策执行"中梗阻"现象 [J]. 中国行政管理, 2002, 2:56-57.

[156] 秦升泽, 李谷成. 精准扶贫政策对农户多维贫困的影响研究——来自准自然实验的经验证据 [J]. 海南大学学报(人文社会科学版), 2022, 40(3):100-111.

[157] 任保平, 张陈璇. 中国数字经济发展的安全风险预警与防范机制构建 [J]. 贵州财经大学学报, 2022, 2:1-13.

[158] 阮博. 论公共政策的社会支持系统及其优化 [J]. 理论与改革, 2011, 6:16-19.

[159] 申云, 彭小兵. 链式融资模式与精准扶贫效果——基于准实验研究 [J]. 财经研究, 2016, 42(9):4-15.

[160] 师磊, 朱红根. 相对贫困视域下的产业精准扶贫政策研究:机制与模式 [J]. 农村经济, 2021, 6:25-32.

[161] 施莉娟, 王健. 基于网络层次分析法与证据理论的无线闭塞中心风险评估研究 [J]. 城市轨道交通研究, 2018, 21(12):18-23.

[162] 宋俊秀，王嘉薇，钱力. 连片特困地区精准扶贫绩效评价与模式创新 [J]. 黑龙江八一农垦大学学报，2019，31(3):108-114.

[163] 宋彦峰. 普惠金融防止返贫的响应机理及长效机制——基于贫困脆弱性视角 [J]. 南方金融，2021，3:29-37.

[164] 苏罡，余尚兵，李凡. 基于舆情的信用风险预警模型 [J]. 保险研究，2021，10:90-105.

[165] 孙强强，代金金. 家户可行能力：内涵解释、发展矛盾与现代培育——对脱贫攻坚与乡村振兴有效衔接的思考 [J]. 四川行政学院学报，2020，1:72-84.

[166] 孙征. 我国农村脱贫户返贫类型与阻断机制研究 [D]. 长春：长春工业大学，2019.

[167] 唐任伍. 习近平精准扶贫思想阐释 [J]. 人民论坛，2015，30:28-30.

[168] 陶媛婷，王帆. 精准扶贫政策跟踪审计的问责方式与路径 [J]. 财会月刊，2019，17:124-129

[169] 童星，林闽钢. 我国农村贫困标准线研究 [J]. 中国社会科学，1994，3:86-98.

[170] 完世伟. 基于网络层次分析法 (ANP) 的商业银行风险评价研究 [J]. 金融理论与实践，2009，11:48-51.

[171] 万良杰，万铭师. 贫困家庭返贫因素测量及风险化解路径 [J]. 统计与决策，2021，37(6):10-14.

[172] 汪三贵，冯紫曦. 脱贫攻坚与乡村振兴有效衔接的逻辑关系 [J]. 贵州社会科学，2020，1:4-6.

[173] 汪三贵，郭子豪. 论中国的精准扶贫 [J]. 贵州社会科学，2015，5:147-150.

[174] 王爱云. 1978—1985年的农村扶贫开发 [J]. 当代中国史研究，2017，24(3):36-50,125.

[175] 王川，王克. 基于BP神经网络的我国农产品市场风险预警研究 [J]. 农业经济问题，2008(S1):152-156.

[176] 王春丽，胡玲. 基于马尔科夫区制转移模型的中国金融风险预警研究 [J]. 金融研究，2014，9:99-114.

[177] 王建洪，李伶俐，夏诗涵，等. 制度性合作机制下脱贫户生计可持续性评价与脱贫政策效应研究 [J]. 西南大学学报（社会科学版），2020，46(5):68-76,192.

[178] 王建军，唐娟. 论公共政策制定中的公民参与 [J]. 四川大学学报（哲学社会科学版），2006，5:57-61，89.

[179] 王瑾. 破解中国贫困代际传递的路径探析 [J]. 社会主义研究，2008，1:119-122.

[180] 王景卫. S 县返贫阻断机制构建研究 [D]. 郑州：河南大学，2020.

[181] 王立勇，许明. 中国精准扶贫政策的减贫效应研究：来自准自然实验的经验证据 [J]. 统计研究，2019，36(12):15-26.

[182] 王丽珍，张雨露. 信息化视野下教育精准扶贫政策比较研究——以美国与英国为例 [J]. 教育理论与实践，2021，41(25):28-32.

[183] 王莲芬. 网络分析法（ANP）的理论与算法 [J]. 系统工程理论与实践，2001，3:44-50.

[184] 王林雪，殷雪. 精准扶贫视角下教育扶贫绩效评价体系构建 [J]. 统计与决策，2019，35(3):65-68.

[185] 王秋蓉. 从脱贫攻坚到乡村振兴，做好绿色减贫大文章——访北京师范大学中国扶贫研究院院长张琦 [J]. 可持续发展经济导刊，2020，6:33-35.

[186] 王睿，骆华松. 贫困退出背景下返贫风险预警与评价 [J]. 统计与决策，2021，37(20):81-84.

[187] 王鑫. 基于一线帮扶责任人的视角对深度贫困县预防贫困户返贫的思考——以城口县为例 [J]. 乡村科技，2019，28:28-30.

[188] 王亚华，陈相凝. 探寻更好的政策过程理论：基于中国水政策的比较研究 [J]. 公共管理与政策评论，2020，9(6):3-14.

[189] 王雁红. 公共政策制定中的公民参与——基于杭州开放式政府决策的经验研究 [J]. 公共管理学报，2011，8(3):24-32,124.

[190] 王瑶. 我国农村镇域精准扶贫政策执行及其效果研究 [J]. 农业经济，2021，11:96-97.

[191] 王志刚，封启帆. 巩固贫困治理策略：从精准脱贫到乡村振兴 [J]. 财经问题研究，2021，10:14-23.

[192] 王志章，王静，魏晓博. 精准脱贫与乡村振兴能够统筹衔接吗？——基于88个贫困村1158户农户的微观调查数据 [J]. 湖南师范大学社会科学学报，2020，49(2):73-81.

[193] 王志章，杨志红. 西部地区脱贫攻坚与乡村振兴战略的融合之路——基于10省85村1143户的微观调查数据 [J]. 吉首大学学报（社会科学版），2020，41(2):71-81.

[194] 韦香. 返贫风险识别与防控研究 [D]. 上海：华东理工大学，2019.

[195] 魏凤春. 政府生命周期模型——对公共政策理论基础的重新阐释 [J]. 财经研究，2005，11:71-80.

[196] 魏娜，袁博. 城市公共政策制定中的公民网络参与 [J]. 中国行政管理，2009，3:82-85.

[197] 温彩璇，李晓鹏. 脱贫攻坚重在可持续 [J]. 人民论坛，2019，15:54-55.

[198] 温孚江. 大数据农业 [M]. 北京：中国农业出版社，2015.

[199] 吴本健，肖时花，马雨莲. 人口较少民族脱贫家庭的返贫风险：测量方法、影响因素与政策取向 [J]. 西北民族研究，2021，2:119-135.

[200] 吴晓俊. 中国农村返贫困境分析与可持续扶贫探索 [J]. 求实，2010，6:92-95.

[201] 吴宜勇，胡日东，袁正中. 基于MSBVAR模型的中国金融风险预警研究 [J]. 金融经济学研究，2016，31(5):13-23.

[202] 萧鸣政，张睿超. 中国后扶贫时代中的返贫风险控制策略——基于风险源分析与人力资源开发视角 [J]. 中共中央党校（国家行政学院）学报，2021，25(2):58-65.

[203] 肖宜滨，张立冬，包宗顺. 江苏脱贫攻坚历程、举措、绩效与展望 [J]. 南京农业大学学报（社会科学版），2019，19(6):39-48.

[204] 肖泽平，王志章. 脱贫攻坚返贫户的基本特征及其政策应对研究——基于12省（区）22县的数据分析 [J]. 云南民族大学学报（哲学社会科学版），2020，37(1):81-89.

[205] 肖争艳，任梦瑶. 媒体风险感知与系统性金融风险预警 [J]. 财经问题研究，2021，9:63-74.

[206] 谢国杰. 广东精准扶贫绩效评价体系研究 [D]. 广州：广州大学，2019.

[207] 辛晶，杨玉胜. 基于网络层次分析法的石油化工设施安全风险评估 [J]. 灾害学，2021，36(2):151-154.

[208] 徐灿，高洪波. 精准扶贫政策效应评价——基于双重差分法的实证 [J]. 统计与决策，2021，37(5):20-24.

[209] 徐俊杰，赵建斌. 西藏金融精准扶贫政策的着力点 [J]. 中国金融，2020，18:19-20.

[210] 徐腊梅. 基于乡村振兴的产业兴旺实现路径实证研究 [D]. 沈阳：辽宁大学，2019.

[211] 徐晓军，张楠楠. 乡村振兴与脱贫攻坚的对接：逻辑转换与实践路径 [J]. 湖北民族学院学报（哲学社会科学版），2019，37(6):101-108.

[212] 闫雅雯. 精准扶贫政策跟踪审计问责探究 [J]. 财会通讯，2021，21:113-116.

[213] 杨超. 中国精准扶贫政策及财政支出的减贫效应评估 [J]. 统计与决策，2021，37(16):19-23.

[214] 杨瑚. 返贫预警机制研究 [D]. 兰州：兰州大学，2019.

[215] 杨虎，易丹辉，肖宏伟. 基于大数据分析的互联网金融风险预警研究 [J]. 现代管理科学，2014，4:3-5.

[216] 杨建国，周君颖. 公共政策的时空演进特征及其扩散机理研究——基于31省级、38地级城市生活垃圾分类政策的分析 [J]. 地方治理研究，2021，2:16-29,78-79.

[217] 杨静凤. 可持续生计下民族旅游村寨农户返贫风险与阻断机制研究 [D]. 桂林：桂林理工大学，2020.

[218] 杨军，宋学锋. 煤炭企业安全风险预警的指标体系 [J]. 统计与决策，2012，24:194-195.

[219] 杨龙，谢昌凡，李萌. 脱贫人口返贫风险管理研究——基于"三区三州"M县的调查 [J]. 西北民族研究，2021，2:136-149.

[220] 姚兴会. 脱贫攻坚衔接乡村振兴战略微观考察——以重庆市黔江区李子村为例 [J]. 重庆行政（公共论坛），2018，19(5):74-76.

[221] 尹飞霄. 人力资本与农村贫困研究：理论与实证 [D]. 南昌：江西财经大学，2013.

[222] 尹志超，郭沛瑶，张琳琬."为有源头活水来"：精准扶贫对农户信贷的影响 [J]. 管理世界，2020，36(2):59-71,194,218.

[223] 尹志超，郭沛瑶. 精准扶贫政策效果评估——家庭消费视角下的实证研究 [J]. 管理世界，2021，37(4):64-83.

[224] 印重，孙萌晨，吴艺博. 精准扶贫政策能否缓解中国企业的融资约束？——基于政策导向的企业社会责任视角 [J]. 东北大学学报 (社会科学版)，2021，23(6):32-39.

[225] 臧雷振，徐湘林. 理解"专项治理"：中国特色公共政策实践工具 [J]. 清华大学学报 (哲学社会科学版)，2014，29(6):161-170,181.

[226] 张兵. 贫困代际传递理论发展轨迹及其趋向 [J]. 理论学刊，2008，4:46-49.

[227] 张博胜，曹筱杨. 精准扶贫政策对国家级贫困县城乡收入差距的影响 [J]. 资源科学，2021，43(8):1549-1561.

[228] 张春美，黄红娣. 农村居民对乡村旅游精准扶贫政策的满意度及影响因素——基于婺源旅游地搬迁移民和原住居民的调查 [J]. 江苏农业科学，2017，45(13):311-314.

[229] 张剑，黄萃，叶选挺，等. 中国公共政策扩散的文献量化研究——以科技成果转化政策为例 [J]. 中国软科学，2016，2:145-155.

[230] 张静，周慧. 中国到户扶贫资金政策效果——来自家庭层面的经验证据 [J]. 经济学 (季刊)，2022，22(2):385-404.

[231] 张立冬. 中国农村贫困代际传递实证研究 [J]. 中国人口、资源与环境，2013，23(6):45-50.

[232] 张立栋. 打赢脱贫攻坚战、实现乡村振兴需处理好"七个关系" [J]. 今日海南，2018，10: 59-61.

[233] 张琴，陈柳钦. 风险管理理论沿袭和最新研究趋势综述 [J]. 河南金融管理干部学院学报，2008，5:22-27.

[234] 张全红，周强. 精准扶贫政策效果评估——收入、消费、生活改善和外出务工 [J]. 统计研究，2019，36(10):17-29.

[235] 张涛，姚慧芹. 新时代中国精准扶贫模式与创新路径 [M]. 北京：中国社会科学出版社，2020.

[236] 张挺, 李闽榕, 徐艳梅. 乡村振兴评价指标体系构建与实证研究 [J]. 管理世界, 2018, 34(8):99-105.

[237] 张新红, 王瑞晓. 我国上市公司信用风险预警研究 [J]. 宏观经济研究, 2011, 1:50-54.

[238] 张耀文, 郭晓鸣. 中国反贫困成效可持续性的隐忧与长效机制构建——基于可持续生计框架的考察 [J]. 湖南农业大学学报(社会科学版), 2019, 20(1):62-69.

[239] 张岳, 段洪波. 基于平衡计分卡的财政专项扶贫资金绩效评价体系设计 [J]. 经济研究参考, 2017, 67:81-88.

[240] 张泽宇, 曹彬彬, 姚曼曼. 断点回归方法及其应用 [J]. 统计与决策, 2022, 38(4):54-59.

[241] 张忠良, 饶炰. 欠发达地区农村返贫问题的理性思考 [J]. 科学经济社会, 2009, 27(3):14-17.

[242] 章文光, 吴义熔, 宫钰. 建档立卡贫困户的返贫风险预测及返贫原因分析——基于2019年25省(区、市)建档立卡实地监测调研数据 [J]. 改革, 2020, 12:110-120.

[243] 章文光. 建立返贫风险预警机制化解返贫风险 [J]. 人民论坛, 2019, 23:68-69.

[244] 赵欢春. "总体国家安全"框架下的意识形态安全风险预警探究 [J]. 马克思主义研究, 2015, 11:92-100.

[245] 赵玺玉, 吴经龙, 李宏勋. 返贫:巩固扶贫开发成果需要解决的重大课题 [J]. 生产力研究, 2003, 3:140-142.

[246] 郑瑞强, 曹国庆. 脱贫人口返贫:影响因素、作用机制与风险控制 [J]. 农林经济管理学报, 2016, 15(6):619-624.

[247] 郑瑞强, 王英. 精准扶贫政策初探 [J]. 财政研究, 2016, 2:17-24.

[248] 郑有贵. 由脱贫向振兴转变的实现路径及制度选择 [J]. 宁夏社会科学, 2018, 1:87-91.

[249] 中共中央, 国务院. 关于全面推进乡村振兴加快农业农村现代化的意见 [N]. 人民日报, 2021-02-22(001).

[250] 中华人民共和国国务院新闻办公室. 人类减贫的中国实践 [J]. 农村工作

通讯，2021，8:12-28.

[251] 钟韶彬. 深化精准扶贫 助推乡村振兴 [J]. 南方农村，2018，34(1):39-42.

[252] 仲彬，刘念，毕顺荣. 区域金融风险预警系统的理论与实践探讨 [J]. 金融研究，2002，7:105-111.

[253] 周强，王乾领，罗良文. 精准扶贫政策影响居民主观幸福感对乡村振兴的启示——基于中国家庭追踪调查数据的实证分析 [J]. 贵州财经大学学报，2022，3:90-101.

[254] 周强，赵清云，王爱君. "志智双扶"：精准扶贫政策对农村居民努力程度的影响 [J]. 财贸研究，2021，32(12):37-49.

[255] 周强. 精准扶贫政策的减贫绩效与收入分配效应研究 [J]. 中国农村经济，2021，5:38-59.

[256] 朱家舜，王朗. 乡村振兴战略下精准扶贫策略 [J]. 合作经济与科技，2018，22:190-192.

[257] 朱玉福，伍淑花. 人口较少民族地区精准扶贫的成效及其经验——基于西藏边境地区南伊珞巴民族乡的调查 [J]. 黑龙江民族丛刊，2018，5:89-94.

[258] 庄天慧，孙锦杨，杨浩. 精准脱贫与乡村振兴的内在逻辑及有机衔接路径研究 [J]. 西南民族大学学报（人文社科版），2018，39(12):113-117.

[259] 卓晓宁，周海生. 西方公共政策理论模型及方法论演进述评 [J]. 南京社会科学，2010，7:68-72.

[260] 左停，刘文婧，李博. 梯度推进与优化升级：脱贫攻坚与乡村振兴有效衔接研究 [J]. 华中农业大学学报（社会科学版），2019，5:21-28.

[261] 左停，赵梦媛，金菁. 路径、机理与创新：社会保障促进精准扶贫的政策分析 [J]. 华中农业大学学报（社会科学版），2018，1:1-12,156.

[262] 左停. 脱贫攻坚与乡村振兴有效衔接的现实难题与应对策略 [J]. 贵州社会科学，2020，1:7-10.

附件1 脱贫成效第三方评估调查问卷

附件1-1 贫困村出列第三方评估核查验收表

_____县(市、区)_____乡(镇)_____村 村支部书记:_____ 电话:_____

指标名称	序号	脱贫状况评估(√选)	权重	验收量分标准	得分
贫困户脱贫	A₁	本村2014年户籍人口_____户_____人,该村贫困发生率_____‰ 脱贫人口错退率_____‰ 贫困人口漏评率_____‰ 群众认可度_____‰ 贫困人口识别准确率_____‰ 贫困人口退出准确率_____%	—	□村的贫困发生率≥2%的不能出列;□脱贫人口错退率>2%的不能出列;□贫困人口漏评率>2%的不能出列;□群众认可度<90%的不能出列	—
村集体经济收入	A₂	村集体经济收入(是□/否□)达到5万元 收入来源:项目一:_____收入_____;项目二:_____收入_____;项目三:_____收入_____;	—	若为否,该村出列一票否决	—
有主导产业	B₁	本村(是□/否□)形成了较为稳定的主导产业,若有,具体是1_____,规模是:_____;2_____,规模是:_____;3_____,规模是:_____;该村主导产业带动贫困户的比例为_____%。该村当年小额信贷金额为_____,小额贷款贫困户覆盖率达到_____%	10	有主导产业得4分,没有主导产业不得分,主导产业带动贫困户比例达到70%及以上得4分,达不到得分。小额贷款贫困户覆盖率达到30%得2分,否则不得分	

四确保

九有

· 210 ·

续表

指标名称		序号	脱贫状况评估（√选）	权重	验收量标准	得分
九有	有主导产业	B_2	本村（是□/否□）有带动贫困户的企业或农民专业合作社，若有，具体是_____，共带动多少贫困户_____，占全村贫困户的比例_____%	5	有合作社得2.5分；有50%以上贫困户参加合作社得2.5分，没有达到50%的不得分	
	有入户的安全饮水	C_1	（是□/否□）通自来水或有保障用水（水井、水窖等较近）	10	"是"计满分，"否"不计分	
		C_2	若为否，则饮水困难_____户_____人	—	数据分析选项，"否"不计分	
	有安全的农村电网	C_3	群众生产生活用电问题（是□/否□）得到解决	10	"否"不得分	
	有硬化的通村公路	C_4	本村村委会到20户以上村民小组（自然村）（是□/否□）通砂石路并能行车	5	"是"计满分，"否"不得分	
		C_5	本村到乡（镇）（是□/否□）通水泥路（柏油路）	5	"是"计满分，"否"不得分	
		C_6	本村（是□/否□）通广播电视	3	"是"计满分，"否"不得分	
	有广电硬化的宽带网络	C_7	本村广播电视综合入户率达到_____%	1	达到100%的计满分，每低一个百分点扣0.5分	
		C_8	本村（是□/否□）通宽带（光纤）	3	"是"计满分，"否"不得分	
		C_9	本村宽带（光纤）入户率达到_____%	2	达到40%的计满分，每低一个百分点扣0.5分	
		C_{10}	本村（是□/否□）有稳定的移动通信信号覆盖	4	"是"计满分，"无"不得分	
	有教育文化活动阵地	D_1	本村（是□/否□）有村级小学或与邻村共享的村级小学教学点	5	"是"计满分，"无"不得分	

续表

指标名称	序号	脱贫状况评估（√选）	权重	验收量分标准	得分
有教育文化活动阵地	D_2	本村（是□/否□）有公共文化活动阵地（活动室、图书室、活动场所）	5	"是"计满分，"否"不得分	
有医疗保障	D_3	本村（是□/否□）建有标准化村卫生室（或与邻村共享标准化卫生室）	5	"是"计满分，"否"不得分	
	D_4	本村贫困户医保参保率为_____%	5	达到100%的计满分，每低一个百分点扣0.5分	
有党员群众服务中心	D_5	（是□/否□）有标准的党群众便民服务中心	5	"是"计满分，"否"不得分	
有住房保障	D_6	本村符合易地扶贫搬迁条件的建档立卡贫困户，（是□/否□）全部确定了搬迁计划，年度搬迁任务（是□/否□）全面完成	5	"是"计满分，"否"不得分	
脱贫验收程序	E_1	县级（是□/否□）入村调查核实，（是□/否□）在乡镇所在地予以公示，县级（是□/否□）有报送报市级审批确认贫困村出列的报告	6	有一项为"否"不得分	
脱贫档案资料	E_2	（是□/否□）有贫困村脱贫出列规划文本 （是□/否□）有贫困村出列申请 （是□/否□）有"六个一批"政策清单 （是□/否□）有贫困村统计年报（人均可支配收入） （是□/否□）有集体经济收入（乡镇财政所出具账册） （是□/否□）有贫困村出列自查评估验收表 （是□/否□）有村民主评议会议记录 （是□/否□）有乡镇初审意见书	6	每项0.5分	

（九有出列管理）

续表

指标名称	序号	脱贫状况评估（√选）	权重	验收量分标准	得分
出列贫困村档案管理资料	E₂	（是□/否□）有县（市、区）核查意见书 （是□/否□）有县（市、区）关于请求确认贫困村出列的报告 （是□/否□）有市（州）关于同意贫困村出列的批复 （是□/否□）有出列贫困村公示	6	每项0.5分	
		该村评估得分			

注：90分以上认定为村出列。

附件1-2 贫困户脱贫第三方评估抽样核查表

县市区_____乡镇（场）_____村_____组，户主姓名：_____，身份证号码：_____
贫困户属性：一般贫困户□ 低保贫困户□ 五保贫困户□ 政策性生产生活补贴□ 脱贫年限：2014□ 2015□ 2016□ 2017□ 建档立卡家庭人口：____人

	指标名称	脱贫状况评估（√选）	权重	评定标准	得分
一有	1.家庭是否有稳定收入来源	A₁收入来源：种植业□ 养殖业□ 加工业□ 服务业□ 务工□ 经商□ 其他_____	10	收入来源稳定计满分，不稳定扣2分，无收入来源不得分	
	2.家庭人均纯收入是否达标	A₂经推算，家庭年人均纯收入达到_____元，（是□/否□）超过当年国家扶贫标准3300元	10	依据抽查的贫困户进行测算，"是"计满分，"否"不得分。一般情况下超过3300元即可	
两不愁	3.家庭成员是否愁吃	B₁家庭成员（是□/否□）一日三餐有保障，（是□/否□）能定期补充一定的肉、蛋、豆制品等营养物质。若否，缺_____	—	若选择"否"，该户脱贫一票否决	

续表

指标名称		脱贫状况评估（√选）	权重	评定标准	得分
两不愁	4.家庭成员是否愁穿	B_2 家庭成员（是□/否□）能自主购买或通过家属购买衣物 B_3 家庭成员（是□/否□）四季有换季衣物，有过冬棉被。若否，缺_____	—	若选择"否"，该户脱贫一票否决	
	5.教育是否有保障	C_1 家庭适龄成员（是□/否□）有因贫辍学现象	—	若选择"是"，该户脱贫一票否决	
		C_2 家庭适龄成员教育资助政策（是□/否□）落实到位	—	应落实而未落实，该户脱贫一票否决。家庭无适龄孩子上学，或属不应享受资助政策情形的，得满分	
		C_3 家庭经济条件（是□/否□）能够供养孩子完成义务教育	—	若选择"否"，该户脱贫一票否决	
七保障	6.医疗是否有保障	C_4 家庭成员（是□/否□）都参加新型农村合作医疗	—	C_6、C_7 项若选"否"，该户脱贫一票否决	
		C_5 家庭成员（是□/否□）享受大病、慢病、重病补充保险			
		C_6 家庭成员治病、住院（是□/否□）能担负起医疗费用			
		C_7 家庭成员出现感冒、发烧等一般病症（是□/否□）享受医疗补助			
		C_8 家庭成员一年来（是□/否□）有大病□ 重病□ 慢病□；一年医疗费用_____元，补助_____元			
	7.安全住房是否有保障	C_9 家庭（是□/否□）为易地扶贫搬迁对象。搬迁后住房面积_____平方米，搬迁地点为_____，（是□/否□）举债_____元，_____年_____月搬迁入住。若没有入住，原因是：已交钥匙尚未搬迁□，搬迁房在建□，搬迁房已建好，本人不愿搬迁入住□，其他原因□	—	无安全住房，该户脱贫一票否决	

续表

	指标名称	脱贫状况评估（√选）	权重	评定标准	得分
七保障	7.安全住房是否有保障	C_{10}非易地迁家庭（是口/否口）至少有一处安全住房。结构为：砖混口 砖木口 土木口 木结构；安全住房面积（是口/否口）在人均20平方米以上（含）	—	无安全住房，该户脱贫一票否决	
	8.安全饮水是否保障	C_{11}家庭（是口/否口）有安全稳定的饮水保障 C_{12}家庭饮水主要途径为：自来水口 水井水口 水窖口 其他	—	若选择"否"，该户脱贫一票否决	
	9.用电是否有保障（10分）	C_{13}家庭（是口/否口）通电	10	"是"计满分，"否"不得分	
	10.养老、残疾是否保障（5分）	C_{14}符合条件的老年人（是口/否口）享受老龄补贴；符合条件的残疾人（是口/否口）享受残疾人补贴	2	"是"计满分，"否"不得分，符合一项的得1分，无符合条件对象直接得分	
		C_{15}符合条件的老龄补贴和残疾人补助政策（是口/否口）及时足额兑现到位	3	"是"计满分，"否"不得分，无符合条件对象直接得分	
	11.低保五保是否有保障（10分）	C_{16}（是口/否口）为低保户口 五保户口；兜底保障政策（是口/否口）按月足额兑现到位	10	"是"计满分，"否"不得分，不符合低保五保对象直接得分	
知晓率	12.精准扶贫政策宣传执行是否到位（15分）	D_1（是口/否口）知道精准扶贫，（是口/否口）知晓精准扶贫政策	5	"是"计满分，"否"不得分，符合1项的得2.5分	

续表

指标名称		脱贫状况评估(√选)	权重	评定标准	得分
知晓率	12. 精准扶贫政策宣传执行是否到位(15分)	D_2 精准识别：村组(是□/否□)开会；评选结果(是□/否□)公开	3	"是"计满分，"否"不得分	
		D_3 (是□/否□)知道自己是贫困户，____年纳入贫困户，(是□/否□)知道自己是哪年脱贫____年脱贫	5	知道是贫困户计2分，知道纳入时间计1分；知道哪年脱贫计2分，反之相应扣分	
		D_4 (是□/否□)有不符合条件家庭纳入贫困户，是哪些户：____，(是□/否□)有不符合条件家庭未纳入贫困户，有哪些户：____	2	该项计满分	
满意度	13. 帮扶成效群众是否满意(20分)	E_1 (是□/否□)知晓有驻村工作队；家庭(是□/否□)有帮扶干部开展帮扶。姓名为____ 工作单位为____	4	知晓计1分，有包户干部计1分，能说出包户干部姓名计2分。反之，相应扣分	
		E_2 驻村工作队(是□/否□)开展帮扶；包户干部(是□/否□)定期入户走访，今年到你家来了____次	4	开展帮扶计2分，定期入户走访计2分。未开展帮扶不得分，未入户走访扣2分	
		E_3 帮扶项目落实(是□/否□)到位。享受的到户到人政策有____项：□产业奖补 □易地搬迁 □扶贫小额信贷 □技能培训 □电商扶贫 □农家乐补贴 □低保五保兜底 □危房改造 □生态扶贫 □教育扶贫 □健康扶贫 □宽带网络入户 □安全饮水 □电网改造 □道路硬化，其他	4	"是"计满分，"否"不得分	
		E_4 对帮扶干部(是□/否□)满意，对帮扶工作(是□/否□)满意，对脱贫成效(是□/否□)满意，该户(是□/否□)认可今年脱贫	8	一项不满意扣2分，扣完为止	

续表

指标名称		脱贫状况评估（√选）	权重	评定标准	得分
规范性	14.退出程序是否规范	F_1 脱贫退出（是□/否□）开展入户算账	2	"是"计满分，"否"不得分	
		F_2 脱贫退出村组（是□/否□）开会民主评议	3	"是"计满分，"否"不得分	
		F_3 脱贫名单（是□/否□）按要求公示	3	"是"计满分，"否"不得分	
		F_4 脱贫结果（是□/否□）得到贫困户确认	2	"是"计满分，"否"不得分	
		F_5 乡镇（是□/否□）逐户验收，（是□/否□）有普查验收资料	5	开展了逐户验收计3分，有验收资料计2分。未验收不得分	
	15.档案管理是否规范	F_6（是□/否□）有年度预脱贫户花名册；（是□/否□）有脱贫政策告知书；（是□/否□）有村组贫民主评议会议记录；（是□/否□）有贫困户脱贫民主评议互助确认书；（是□/否□）有贫困户精准脱贫评定验收表；（是□/否□）告知贫困户脱贫名单公示制度；（是□/否□）告知贫困户告知书资料；（是□/否□）计划送达光未脱贫告知书资料（是□/否□）齐全	5	查阅档案，每缺一项扣一分，扣完为止	
合计	结论	该户结论：□≥90分脱贫，□＜90分不能脱贫，有一票否决不能脱贫，一票否决项：□愁吃 □愁穿 □教育无保障 □医疗无保障 □住房无保障 □饮水无保障	100		

注：1. 90分及以上为脱贫；2. "一票否决"单项否全部。 调查员签字：　　　　　　年　月　日

附件1-3 贫困户入户调查问卷

一、基本情况

___省(区、市) ___市(地、州、盟) ___县(市、区、旗) ___镇(乡) ___村 ___组

户主姓名:___ 身份证号码:___ 性别:___ 出生年月:___年___月 联系电话:___

家庭常住人口___人,建档立卡(户档显示)___人,建档立时间:___年___月

家庭常住人口与村信息(户档信息)是否一致:□是、□否;具体情况是:

脱贫年限:□2014年度脱贫 □2015年度脱贫 □2016年度脱贫 □2017年度脱贫

家庭情况有关信息

	主要产业	规模	奖补金额	合计金额
发展产业状况				
	奖补类别:指达到奖补条件的到户项目,如种植奖补、养殖奖补、张三家养鸡,50只,奖补500元等。(根据当地产业奖补政策) 注:根据当地产业奖补政策填写,填写收入较高的2~3项			
住房状况	建档立卡时住房状况	□土危房(面积:___平方米)	□砖木结构安全住房(面积:___平方米)	□自建楼房(面积:___平方米)
	目前住房状况	□土危房(面积:___平方米)	□砖木结构安全住房(面积:___平方米)	□自建楼房(面积:___平方米)
	是否易迁户:□是,享受易迁人数___人,□否		易迁安置是否举债:□是,举债金额:___元,□否	
	易迁安置类型:□集中安置,建房面积___平方米 □分散安置,建房面积___平方米 □货币化安置,购房面积___平方米			
家庭耐用消费品(家电、汽车等)	□轿车,购买时间:___年;□空调,购买时间:___年;□冰箱,购买时间:___年;□电视机,购买时间:___年			

续表

一、基本情况

其他房屋（门面房、商品房、小产权房）	□商品房，购买时间：_____年；□门面房，购买时间：_____年；□小产权房，购买时间：_____年
有无公职人员	家庭成员中是否有国家公务人员：□是 □否；家庭成员中是否有村干部：□是 □否

二、生产生活条件

生产条件：	生活条件：	备注信息：
是否加入人农民合作社：□是 □否	与村主干路距离（公里）：	
耕地面积（亩）：不填	入户路类型：□泥土路 □砂石路 □水泥路 □沥青路	
有效灌溉面积（亩）：不填	是否通生活用电：□是 □否，全年电量：_____度，全年电费：_____元	
林地面积（亩）：不填	饮水是否困难：□是 □否	
是否通生产用电：□是 □否	饮水是否安全：□是 □否	
是否有卫生厕所：□是 □否	主要燃料类型：（单选）□柴草 □干畜粪 □煤炭 □清洁能源 □其他	

三、收入、减贫、基础设施及留守人员状况（注：收入情况核对贫困户档案中的入户测算表中内容，重点是贫困户是否认可该收入）

工资性收入（元）：	生产经营性收入（元）：	减贫成效满意度：2017年人均纯收入是否增加 □是 □否 □不清楚
财产性收入（元）：	转移性收入（元）：	减贫成效满意度：您对家里2017年的收入是否满意：□很满意 □比较满意 □不满意 □说不清

续表

三、收入、减贫、基础设施及留守人员状况（注：收入情况核对贫困户档案中的入户测算表中内容，重点是贫困户是否认可该收入）

种植业支出（元）：	牧业支出（元）：	是否有小额贷款：□是 □否	是否通固定宽带：□是 □否
林业支出（元）：	渔业支出（元）：	是否通电视：□是 □否	有无无线网络信号：□是 □否
其他家庭经营支出（租赁税费元）：			
可支配收入（元）： 总收入（元）：	人均可支配收入（元）： 人均纯收入（元）：	您家里是否有留守人员：□有留守老人 □有留守妇女 □有留守儿童。家里的留守老人是否得到政府的救助：□是 □否；家里的留守妇女是否获得生产生活方面的帮扶：□是 □否；家里的留守儿童是否参与"希望公益项目"（希望家园、希望小学、希望之星、圆梦行动、希望书屋）：□是 □否	

建档立卡当年人均可支配收入（参照扶贫手册或贫困户申请表中的数字）

人均可支配收入 = （工资性收入 + 生产经营性收入 + 财产性收入）/ 建档立卡人数。国家贫困收入标准：2014年2800元，2015年2855元，2016年2800元，2017年2952元。

人均纯收入 = 工资性收入 + 生产经营性收入 – 种植业支出 – 林业支出 – 牧业支出 – 渔业支出 / 家庭人口数。国家贫困标准：2014年2736元，2015年2855元，2016年2800元，2017年2952元。2017年国家人均纯收入的脱贫困标准是3300元，但评估时按4000元考核

四、"两不愁、三保障"及程序

是否不愁吃（一日三餐有保障，家庭成员不存在饿肚子的现象）□是 □否，若否，原因：
是否不愁穿（有应季衣被，家庭成员不存在挨冷受冻的现象）□有 □无，是否，原因：
教育有保障：家庭成员有无因贫辍学现象发生，□有 □无，若有，原因： 符合条件的家庭成员是否全部参加城乡居民医保 □是 □否
医疗有保障：家庭成员是否全部参加城乡居民医保，□是 □否，有无重大疾病住院患者，□有 □无，是否享受大病救助，□是 □否

续表

四、"两不愁、三保障"及程序	
住房有保障：是否有安全住房，且人均面积在20平方米以上。□是 □否	
程序性：贫困户评选是否经过民主评议：□是 □否；贫困户评选后是否公示公告：□是 □否；被认定贫困户后，是否给您家制定了脱贫方案：□是 □否	
程序性：脱贫户是否经过入户调查算账：□是 □否；是否经过村民评议：□是 □否；是否经过本户签字：□是 □否；是否经过公示公告：□是 □否	
脱贫有效性：针对您家的脱贫措施是否落实：□是 □否；针对您家的脱贫措施是否产生实际效益：□是 □否；对脱贫退出是否认可：□是 □否	
贫困户：判断是否识别不精准 □是 □否，原因：□有硬伤 □收入较高且无其他应纳入情形 □家庭成员信息不准 □程序不到位 □其他	
脱贫户：判断是否退出不精准 □是 □否，原因：□愁吃 □愁穿 □饮水困难 □因贫辍学 □没有参加医保 □住房无保障 □程序不到位	
五、帮扶工作、群众满意度及政策知晓情况	
帮扶及满意度：是否知道有帮扶工作队，□是 □否；工作队是否入户开展工作，□是 □否；今年入户几次： ；对工作队是否满意，□是 □否；帮扶干部是否入户，□是 □否；帮扶干部开展了什么工作： 。贫困户是否有帮扶干部，□是 □否；帮扶干部是否入户开展了帮扶：□是 □否；帮扶措施有：□产业帮扶 □外出务工帮扶 □技术帮扶 □医疗政策帮扶 □其他帮扶 □易地搬迁 □饮水帮扶 □小额信贷 □五保低保 □生活资助 □心理帮扶 □智力帮扶 □激灾帮扶 □其他；帮扶措施是否精准：□是 □否，对帮扶措施是否认可：□是 □否，对帮扶成效是否满意：□是 □否，对帮扶干部是否满意，□是 □否	

续表

五、帮扶工作、群众满意度及政策知晓情况
政策知晓情况：是否知道精准扶贫，□是□否；是否知晓精准扶贫有关政策，□是□否；对脱贫攻坚政策是否认可：□是□否；你认为符合贫困户评选是否公平；是否有应符合贫困户条件未纳入贫困户的农户？□是□否；贫困户退出是否公平：□是□否，若否，原因是什么： 是否有不符合贫困户条件的贫困户被纳入贫困户的？□是□否，若有，哪些户：原因是什么： 贫困户是否知晓自己是贫困户，□是□否；是否知道什么时候纳入扶贫对象，□是□否；是否知晓什么时候脱贫，□是□否 □否

调查员：　　　　　填表时间：　　　年　　月　　日

附件1-4 非贫困户入户调查表

省（区、市）＿＿＿　市（地、州、盟）＿＿＿　县（市、区、旗）＿＿＿　镇（乡）＿＿＿　村＿＿＿组

户主姓名：＿＿＿　身份证号码：＿＿＿　性别＿＿＿　出生年月＿＿＿年＿＿＿月　联系电话：＿＿＿

是否不愁吃	（一日三餐有保障，家庭成员不存在饿肚子的现象，安全饮水有保障）□是□否，原因：
是否不愁穿	（有应季衣被，家庭成员不存在挨冷受冻的现象）□有□无，若有，原因：
教育有保障	家庭成员有无因贫困辍学现象发生，□有□无，若有，原因：　符合条件的家庭成员是否全部参加养老保险　□是□否
医疗有保障	家庭成员是否全部参加城乡居民医保，□是□否，有无重大疾病的住院病人，□有□无，若有，是否享受大病救助政策，□是□否
住房有保障	是否有安全住房，且人均面积在20平方米以上，□是□否，若否，原因：
据您所知有无识别不精准的贫困户：□有□无，若有，原因是：　□收入较高且无其他应纳入情形□家庭成员信息不准程度不到位□其他：	

续表

据您所知有无脱贫不精准的贫困户：□有 □五；若有，原因是：□收入不达标 □愁吃 □愁穿 □饮水困难 □教育无保障 □医疗无保障 □住房无保障 □其他	
您觉得自己是否应当纳入贫困户：□是 □否；若是，原因：□收入不达标 □愁吃 □愁穿 □饮水困难 □教育无保障 □医疗无保障 □住房无保障 □其他：_____	
是否有符合贫困户未纳入的农户？□是 □否；若有，哪些户：_____ 原因是什么：_____	
是否有不符合贫困户条件被纳入贫困户的？□是 □否；若有，哪些户：_____ 原因是什么：_____	
您家里是否有留守人员：□有留守老人 □有留守妇女 □有留守儿童。家里的留守老人是否得到政府的救助 □是 □否；家里的留守妇女是否获得生产生活方面的帮扶 □是 □否；家里的留守儿童是否参与"希望公益项目"（希望小学、希望之星、圆梦家园、圆梦行动、希望书屋）□是 □否	
驻村情况：是否知道有扶贫工作队，□是 □否；工作队是否有人来过您家：□是 □否；您家是否有专门的帮扶责任人：□是 □否；帮扶责任人是否来过您家：□是 □否。帮扶成效：□是 □否；驻村帮扶人员是否为您介绍宣传过国家扶贫政策：□是 □否；驻村帮扶人员是否为您提升生产技能：□是 □否；驻村帮扶人员是否为您提升了生产或就业方面的技能：□是 □否；对驻村工作队是否满意：□是 □否	
政策知晓情况：是否知道精准扶贫：□是 □否；是否知晓精准扶贫有关政策：□是 □否；对脱贫攻坚政策是否认可：□是 □否；贫困户评选、退出是否组织开会，□是 □否；是否知道公示，□是 □否；评选结果是否公平，□是 □否；是否知晓金融扶贫政策 □是 □否	

调查员：　　　　　　　　　　　　　　填表时间：　　　年　　月　　日

附件1-5 基层干部访谈提纲

一、县级领导

(一) 基本情况

1. 全县贫困发生率、贫困村个数、建档立卡贫困人口数是多少？计划什么时候脱贫摘帽？

2. 今年完成脱贫人口多少人？出列贫困村多少个？

3. 全县主要产业是什么？有多少专业合作社、产业大户？带动贫困户多少户多少人？享受产业扶持的贫困户占比多少？扶持到户的产业奖补资金共多少？其中小额贴息贷款多少？

4. 全县计划易地扶贫搬迁多少户多少人？已搬迁多少户多少人？今年计划多少户多少人？目前进度怎么样？计划什么时候完成全部任务？今年危房改造多少户？还有多少户？补助多少？

5. 贫困家庭劳动力外出务工人数、户均多少人？主要地区、主要行业、年人均收入情况怎么样？与输入地建立对接机制没有？外出务工贫困户劳动力中有技能的占比多少？对外出务工有什么支持政策？

6. 贫困人口大病和慢性病患者有多少？医疗费用报销情况怎么样？有哪些保障措施？

7. 各阶段义务教育子女上学是否有保障？其人数是多少？高中阶段、中职教育、大学教育人数分别是多少？教育扶贫政策覆盖率是多少？

8. 五保、低保对象分别有多少？保障标准各多少？

9. 贫困村集体经济情况如何？

10. 全县居民人均可支配收入多少？增长率多少？

(二) 贫困原因

1. 实现"两不愁、三保障"哪一项难度最大，为什么？

2. 脱贫难度的乡镇、村各多少个？脱贫难度大的贫困对象有哪些？占全县贫困人口的比例是多少？

(三) 主要措施

1. 今年以来，县里得到的政策支持比以前有哪些明显变化？（一般性转移支付、专项扶贫资金、社会帮扶等）

2.扶贫资金整合使用情况如何？用于到村到户的资金有多少？整合中存在什么问题？

3.县里共派出多少支驻村工作队？帮扶责任有哪些？是如何落实的？

4.贫困识别、动态调整操作过程中，遇到哪些问题？

5.产业扶贫有哪些措施？如何带动贫困户增收？

6.全县推进劳务输出有哪些举措？

7.现有扶贫措施中，见效最明显的是哪些措施？

(四) 意见建议

1.脱贫攻坚政策举措落实过程中，有哪些形式主义问题？如何防止？还有哪些倾向性苗头现象？

2.扶贫资金监管方面有哪些问题？在整治和预防扶贫领域职务犯罪方面做了哪些工作？

3.对如期实现脱贫目标有没有信心？

4.对中央、省、市的扶贫政策有什么看法？有哪些改进的建议？

5.如期实现脱贫攻坚目标还需要解决哪些问题？主要困难是什么？有什么解决问题的举措？

6.怎样解决特困地区、特困群众的特殊困难？有什么建议？

二、乡村干部

(一) 基本情况

1.全乡、村贫困发生率、贫困村人数、建档立卡贫困人口数、已经脱贫人数分别是多少？计划什么时候完成脱贫任务？今年出列多少村，脱贫多少人口？

2.全乡、村主要产业是什么？有多少专业合作社、产业大户？带动贫困户多少户多少人？享受产业扶持的贫困户占比多少？扶持到户的产业奖补资金共多少？其中小额贴息贷款多少？

3.全乡、村计划易地扶贫搬迁多少户多少人？已搬迁多少户多少人？今年计划多少户多少人？目前进度怎么样？计划什么时候完成全部任务？今年危房改造多少户？还有多少户？补助多少？

4.全乡村贫困家庭劳动力外出务工人数、主要地区、主要行业、年人均收入情况怎么样？与输入地建立对接机制没有？外出务工贫困户劳动力中有技能的占比多少？对外出务工有什么支持政策？

5. 全乡、村贫困大病和慢性病患者有多少？主要地方病有哪些？慢性病患者医疗费用报销情况怎么样？有哪些保障措施？

6. 各阶段义务教育人数是多少？高中阶段、中职教育、大学教育人数分别是多少？教育扶贫政策覆盖率是多少？

7. 五保、低保对象分别有多少？保障标准各多少？

8. 贫困村集体经济情况如何？

9. "两不愁、三保障"哪一项难度最大，为什么？

10. 扶贫工作有哪些困难？

(二) 主要措施

1. 今年以来，乡（村）里享受了哪些帮扶政策？

2. 贫困识别、动态调整操作过程中遇到了哪些问题？

3. 已经脱贫的贫困户主要采取了哪些政策措施？

4. 驻村干部在村里主要做了哪些工作？

5. 产业扶贫中，如何动员贫困群众参与？享受产业扶持的贫困户占比多少？

6. 乡（村）有没有小微企业？带动多少贫困户就业？他们的发展主要面临哪些问题？

7. 推进劳务输出有哪些举措？

8. 贫困大病慢性病患者是否能得到及时有效的治疗？医疗费报销比例多少？

9. 在现有扶贫措施中，见效最明显的是哪些措施？

10. 识别贫困户经过了哪些程序？贫困户退出标准是什么？经过哪些程序？贫困户不愿脱贫退出的占比多少？为什么？

(三) 意见建议

1. 脱贫攻坚政策举措落实过程中，有哪些形式主义问题？还有哪些倾向性苗头现象？

2. 扶贫资金监管方面有哪些问题？是否进行了公示，项目是否实行了专班验收？

3. 对如期实现脱贫目标有没有信心？

4. 对中央、省、市的扶贫政策有什么看法？有哪些改进的建议？

5. 你认为要如期实现脱贫攻坚目标，政府最应该做些什么？目前最主要的困难是什么？有什么解决问题的举措？

三、驻村干部

(一) 基本情况

1. 村里建档立卡贫困户数量，计划什么时候脱贫摘帽？已脱贫多少户？今年脱贫多少户？

2. 全村共计多少易地搬迁户、多少人？今年计划易地搬迁多少人？目前进度怎么样？

3. 贫困家庭劳动力外出务工情况怎么样？

4. 贫困大病慢性病患者治疗费用报销情况怎样？有哪些保障措施？

5. 义务教育阶段孩子上学是否有保障，奖补政策到位率多高？

6. 村集体经济情况如何？

7. 你原来在哪个单位工作？工作队几个人？驻村多久了？

8. 每个月有多少时间在村里？吃住怎么解决？

9. 实现"两不愁、三保障"哪一项难度最大，为什么？

(二) 主要措施

1. 今年以来，村里主要享受了哪些帮扶政策？

2. 贫困识别、动态调整操作过程中，遇到哪些问题？

3. 已经脱贫的贫困户主要采取了哪些政策举措？

4. 你在驻村时主要做了哪些工作？今年包户干部入户最少有几次？

5. 产业扶贫中，如何动员贫困群众参与？

6. 建档立卡贫困户对贷款需求大不大？是否都能享受到扶贫小额信贷政策？

7. 推进劳务输出有哪些举措？

8. 贫困大病慢性病患者是否能得到及时有效的治疗？

9. 在现有扶贫措施中，见效最明显的是哪些措施？

(三) 意见建议

1. 驻村工作中遇到的主要困难和问题是什么？

2. 你认为驻村干部最主要的职责任务是什么？

3. 你认为脱贫攻坚工作中有没有走形式的现象？有什么意见建议？

4. 扶贫资金监管方面有哪些问题？在整治和预防扶贫领域职务犯罪方面有何建议？

5. 对中央、省、市驻村工作的要求有什么看法？有哪些改进的建议？

附件2 返贫风险要素识别调查问卷

附件2-1 脱贫户返贫和边缘户致贫风险因素调查问卷

您好！我们正在进行一项关于返贫风险预警的研究，需要对脱贫户返贫及边缘户致贫风险因素进行罗列和归类，现诚挚地邀请您参与该问卷的填写。

问卷调查以匿名的方式进行，您填写的相关内容将会严格保密，并且仅用于学术研究，希望您能够积极参与，放心填写。

一、您的相关背景资料（请您根据实际情况，在选定的"□"中打"√"）

1. 您所在的单位类型是？（可多选）
   □ A. 政府机关　　□ B. 驻村扶贫干部　　□ C. 村干部
   □ D. 农户　　□ E. 高校科研机构　　□ F. 其他（请注明）_____

2. 您从事相关工作的年限是？
   □ A. 1年及以下　　□ B. 2～5年　　□ C. 5～10年　　□ D. 10年以上

3. 您的职称（职级）等级为？
   □ A. 初级　　□ B. 中级　　□ C. 高级　　□ D. 其他（请注明）_____

4. 您是否参加过精准扶贫项目？
   □ A. 是　　□ B. 否

5. 您是否对国家精准扶贫的政策比较熟悉和了解？
   □ A. 是　　□ B. 否

二、脱贫户返贫及边缘户致贫潜在风险因素调查

根据相关文献及初步调查的结果，现将脱贫户返贫及边缘户致贫潜在风险因素初始清单罗列如下（具体如下表所示）。请您根据自己掌握的相关情况及本人工作实际，对该清单进行修订。您可以对相应风险因素进行删除、增加、合并、修改及更换名称等，以便尽可能真实地反映已存在或潜在的风险情况。

若您认同某一项风险因素，请您在备注栏打"√"；若您不认同某一项风险因素，请在相应风险因素备注栏后面打"×"，并给出相应理由；若您有其他意见、建议或不同观点要另行说明，请在表下方的空白处进行补充说明。

脱贫户返贫及边缘户致贫潜在风险因素初始清单

指标	致贫返贫风险点	序号	风险因素	主要表现	备注
1	政策制度型风险点	1	政策的持续性（政策变更）	贫困标准升高、扶助政策减少、政策变更，扶贫结束后失去资助	
		2	政策的完备程度（相关政策缺失）	政策缺失、政策疏漏	
		3	政策偏离、保障不足或落实不到位	协同不足风险、社会保障不足、责任不清风险、决策参与不足风险	
		4	制度政策缺乏监控和评估的风险	选择性实施政策的风险、政策的满意度、不重视评估结果	
		5	扶贫专干能力不足、数量减少	扶贫专干能力不足、数量减少，帮扶人或单位不够积极；瞒报、漏报、错报风险	
2	资源环境型风险点	6	生态环境恶劣	自然环境被破坏，导致生产生活条件差	
		7	自然灾害频发（因灾）	因气候、自然灾害等不可抗因素，导致农作物减产或绝收	
		8	自然资源匮乏	土地抗自然灾害能力差，防汛抗旱能力薄弱，农业收成不稳定	
		9	环境制约发展	地区经济发展水平低、产业发展有限，导致地区整体发展乏力滞后。自然环境限制，产业结构单一，经济收入严重依赖农业。交通条件落后，基础设施、公共服务设施滞后	
3	收入型风险点	10	收入来源少	收入来源少，除农业外无其他收入，人均年纯收入低。家庭年人均纯收入低于国家扶贫标准	
		11	年迈缺劳动力（因老）	因老，劳动力不足；家庭主要劳动力因故死亡，家庭主要收入来源终止；家庭主要劳动力因年龄超过聘用单位规定而失业。老龄人口和小孩为主，青壮年劳动力缺乏。无劳动力或者因病丧失劳力	

续表

指标	致贫返贫风险点	序号	风险因素	主要表现	备注
3	收入型风险点	12	突发事件(意外事故)	因疫情或重大事件影响,导致较长一段时间不能正常务工或开展经营生产。因意外事故,致使他人伤残需赔偿支付数额较大,导致家庭支出骤增	
		13	大病重疾隐患(因病)	因大病,家庭主要劳动力因患大病无法正常务工,身体健康状况差;因突发疾病支出医疗费用较多。医疗支出负担较重	
		14	因残(残疾或者治疗重残)	家庭成员残疾或者治疗重残	
		15	缺生产资本(技术、资金、土地)	人均耕地少,缺土地、缺技术。缺发展启动资金,无长期可靠的发展项目。无专业技能,不具备劳务输出的条件	
		16	因就业不稳定(疫情)	因务工企业经营不善、倒闭或破产,或因新冠肺炎疫情导致家庭主要劳动力失业或长期无法正常领取工资的	
		17	家庭人口多	因人口自然增加(新生儿或与老人合户)导致人均收入较上年度相比明显减少。小孩较多,学生较多,家庭日常开销支出巨大,抚养子女负担重	
		18	因丧、因婚	因婚(彩礼)丧(丧葬费)或其他人情世故支出多,导致支出数额较大。人情支出数额较大	
		19	因借贷	因故欠下高额债务,主要收入用于偿还债务	
4	保障型风险点	20	住房条件差(住房安全)	因自然灾害等导致安全住房无保障(或维修加固支出费用较大)。房屋破旧,无力维修,危房	
		21	子女非义务教育开支大(因学)	因负担非义务教育阶段学生上学高额学费,子女教育支出上升	
		22	安全饮水无保障(缺水)	因季节性缺水导致安全饮水无保障的,因自然灾害导致水质不达标的,或供水管网出现故障的	

续表

指标	致贫返贫风险点	序号	风险因素	主要表现	备注
4	保障型风险点	23	义务教育无保障(教育保障)	6~15岁适龄儿童：不愿上学、厌学；因家庭不愿负担开支，辍学在家；因身体原因不能到校，送教上门服务未落实	
		24	医疗保险及救助(基本医疗)	不愿参加城乡居民基本医疗和大病保险	
		25	养老保障	养老无保障	
		26	看病就医条件(健康保障)	农村医疗救助、看病就医条件差	
5	发展型风险点(能力习惯型)	27	知识文化水平低	家庭成员受教育程度不高，脱贫能力不足	
		28	产业经营失败	因缺乏技术能力，不善经营管理，导致产业投资支出大于收入。因病虫害、天气变化、气候原因，导致产业投资失败	
		29	思想观念落后	思想认知程度不高、存在酗酒赌博等其他陋习	
		30	技能培训缺乏	就业服务和技能培训缺乏，家庭成员技能低下，没有较好的生存技能	
		31	自身发展动力不足	内生动力不足，脱贫主观能动性差。主要表现为存在等靠要思想，致使种植业或养殖业减产或绝收	

初始风险清单修订意见：

_____

_____

_____

_____

_____

_____

附件2-2 脱贫户返贫及边缘户致贫最终风险因素清单

各位专家，现将最终确定的脱贫户返贫及边缘户致贫风险因素清单向您反馈，以便进行后续的调查。再次对您的配合和付出表示感谢！

致贫返贫风险点	风险因素	主要表现
A 收支型风险	A_1 家庭经济收入来源单一	家庭仅仅依靠外出打工、种植养殖或其他方式（土地租赁收入、房屋租赁收入、金融保险收入、投资入股收益等）的某一种方式获得收入，养活一家人较为困难，经济收入来源单一、收入少且不稳定
	A_2 家庭抚养或赡养的负担重	随着国家生育政策的逐步放开及人口老龄化现象，一些家庭因新增人口或赡养老人导致家庭日常开销增加，家庭负担较重
	A_3 家庭因病的负担重	家庭主要劳动力因患大病无法正常务工，身体健康状况差；因突发疾病支出医疗费用较多，或慢性病治疗等医疗支出负担较重
	A_4 家庭因残的负担重	家庭成员残疾或者治疗重残，开销较大，家庭负担重
	A_5 家庭还债的负担重	家庭因故欠下高额债务，主要收入用于偿还债务
	A_6 家庭因意外的负担重	因疫情或重大突发事件影响，导致较长一段时间不能正常务工或开展经营生产。因意外事故，致使他人伤残需赔偿支付数额较大，导致家庭支出骤增等
	A_7 家庭因其他支出负担重	家庭因婚（彩礼）丧（丧葬费）或其他人情世故支出多，导致支出成为负担
B 发展型风险	B_1 思想观念落后	家庭成员思想认知没有与时俱进，受旧观念束缚大，缺乏开拓创新和勇于实践的精神
	B_2 发展动力不足	家庭成员有"等靠要"思想、攀比思想或心里不平衡，或本身没有更大更好的发展想法，维持现状即可
	B_3 专业技能缺乏	家庭成员缺乏农业技能，缺乏就业技能，缺乏产业技能
	B_4 经营管理不善	从事产业或其他行业经营的，由于经营管理不善，导致经营失败

续表

致贫返贫风险点	风险因素	主要表现
B 发展型风险	B_5 文化知识不够	家庭成员受教育程度不高,文化知识不够,稳定脱贫能力不足
C 环境型风险	C_1 生态禀赋制约	自然环境较差,土地不肥沃,土地抗自然灾害能力差,防汛抗旱能力薄弱,农业收成不稳定
	C_2 交通物流不便	道路等基础设施不完善,交通不够便利,乡村没有设置物流点
	C_3 区位位置劣势	处于山区、老少边穷地区、革命老区等区位位置较偏,有的还是红线受限制开发区域,产业结构单一,总体经济收入较低
	C_4 环境卫生影响	地区环境卫生条件差且不达标,公共服务低,美丽乡村建设严重滞后
	C_5 自然灾害发生	因气候、天气、自然灾害等不可抗拒因素发生自然灾害
D 保障型风险	D_1 基本养老保障不足	农村养老难问题突出,家庭成员养老保障不足
	D_2 饮水质量保障不足	因自然灾害导致水质不达标,或供水管网出现故障等
	D_3 家庭教育保障不足	公办幼儿园数量少(很难上),民营幼儿园收费高,学前教育保障不足。因负担高中、大学等非义务教育阶段学生学费,子女教育支出上升,家庭教育负担重
	D_4 医疗保障不足	家庭成员没有全部参加城乡居民基本医疗和大病保险;商业保险产品与基本医疗保障衔接不够,医疗救助能力有限
E 政策型风险	E_1 政策缺乏持续性	巩固脱贫攻坚成果政策没有形成有效衔接机制,政策变化大,缺乏延续性,扶贫结束后失去资助
	E_2 政策缺乏执行性和有效性	政策在地方没有执行,或执行走样,或执行不力。政策执行者,含扶贫专干能力不足、数量不够等。政策实施效果不明显,没有达到预期目标,甚至产生负面影响风险,政策执行效果满意度低
	E_3 政策缺乏完备性和改进性	政策体系不完善,政策有缺失、有疏漏。政策没有因地而异,没有因时变化、与时俱进

附件2-3 脱贫户返贫及边缘户致贫风险因素间关联情况调查表

影响因素		被影响因素																							
		A 收支型风险							B 发展型风险					C 环境型风险					D 保障型风险				E 政策型风险		
		A_1	A_2	A_3	A_4	A_5	A_6	A_7	B_1	B_2	B_3	B_4	B_5	C_1	C_2	C_3	C_4	C_5	D_1	D_2	D_3	D_4	E_1	E_2	E_3
A 收支型风险	A_1家庭经济收入来源单一		√	√	√	√	√	√											√	√	√	√			
	A_2家庭抚养或赡养的负担重																		√	√	√				
	A_3家庭因病的负担重																		√	√	√	√			
	A_4家庭因残的负担重																		√	√	√	√			
	A_5家庭还债的负担重																		√	√	√				
	A_6家庭因意外的负担重																		√	√	√	√			
	A_7家庭其他支出负担重																		√	√	√				
B 发展型风险	B_1思想观念落后	√	√			√				√	√	√							√	√	√				
	B_2发展动力不足	√	√	√	√	√	√	√			√	√							√	√	√				
	B_3专业技能缺乏	√	√	√	√	√	√			√															
	B_4经营管理不善	√	√	√	√	√				√									√	√	√				
	B_5文化知识不够	√	√	√	√	√	√	√											√	√	√				

续表

影响因素		被影响因素																						
		A 收支型风险							B 发展型风险					C 环境型风险					D 保障型风险				E 政策型风险		
		A_1	A_2	A_3	A_4	A_5	A_6	A_7	B_1	B_2	B_3	B_4	B_5	C_1	C_2	C_3	C_4	C_5	D_1	D_2	D_3	D_4	E_1	E_2	E_3
C 环境型风险	C_1 生态禀赋制约	√	√	√	√	√	√	√	√	√	√	√	√						√	√	√				
	C_2 交通物流不便	√	√	√	√	√	√	√								√			√	√	√				
	C_3 区位位置劣势	√	√	√	√	√	√	√																	
	C_4 环境卫生影响	√	√	√	√	√	√	√																	
	C_5 自然灾害发生	√	√	√	√	√	√							√	√	√	√		√	√	√				
D 保障型风险	D_1 基本养老保障不足		√																						
	D_2 饮水质量保障不足	√												√		√									
	D_3 家庭教育保障不足	√	√							√	√	√	√			√			√	√					
	D_4 医疗保障不足		√	√													√								
E 政策型风险	E_1 政策缺乏持续性	√	√	√	√	√	√	√	√	√	√	√	√	√	√	√	√	√	√	√	√	√		√	√
	E_2 政策缺乏执行性和有效性	√	√	√	√	√	√	√	√	√	√	√	√	√	√	√	√	√	√	√	√	√			√
	E_3 政策缺乏完备性和改进性	√	√	√	√	√	√	√	√	√	√	√	√	√	√	√	√	√	√	√	√	√			

各位专家,依据之前确定的脱贫户返贫及边缘户致贫最终风险因素清单,请对各风险因素之间的关联性进行判断。顶部元素为被影响的风险因素,左列为可能对顶部风险因素产生影响的因素。请在左列因素对顶部因素造成影响的相应空格处打"√",同一名称(如 A_1-A_1)的风险之间不造成影响。

附件2-4 脱贫户返贫及边缘户致贫风险因素重要度评价调查问卷

您好!我们正在进行一项关于返贫风险预警的相关研究,需要对脱贫户返贫及边缘户致贫风险因素的重要度进行评价,现诚挚地邀请您参与该问卷的填写。

问卷调查以匿名的方式进行,您填写的相关内容将会严格保密,并且仅用于学术研究,再次感谢!

一、您的相关背景资料(请您根据实际情况,在选定的"□"中打"√")

1. 您所在的单位类型是?(可多选)
   □ A. 政府机关　　□ B. 驻村扶贫干部　　□ C. 村干部
   □ D. 农户　　□ E. 高校科研机构　　□ F. 其他(请注明)_____

2. 您从事相关工作的年限是?
   □ A. 1年及以下　　□ B. 2~5年　　□ C. 5~10年　　□ D. 10年以上

3. 您的职称(职级)等级为?
   □ A. 初级　　□ B. 中级　　□ C. 高级　　□ D. 其他(请注明)_____

4. 您是否参加过精准扶贫项目?
   □ A. 是　　□ B. 否

5. 您是否对国家精准扶贫的政策比较熟悉和了解?
   □ A. 是　　□ B. 否

二、脱贫户返贫及边缘户致贫风险因素重要度评价

请您参照前期确定的脱贫户返贫及边缘户致贫最终风险清单及其相互间关联情况,根据你掌握的实际情况和工作经验,判断各风险因素的重要程度,并在相应的位置"√"。本调查问卷采用Saaty的"1~9标度法"来衡量各因素的重要程度,1、3、5、7、9分别表示两个要素之间重要程度相同、稍强、强、明显强、绝对强。具体示意如下表所示。

标度	含 义
1	第 i 个因素与第 j 个因素的影响相同
3	第 i 个因素比第 j 个因素的影响稍强
5	第 i 个因素比第 j 个因素的影响强
7	第 i 个因素比第 j 个因素的影响明显强
9	第 i 个因素比第 j 个因素的影响绝对地强
2,4,6,8	表示第 i 个因素相对于第 j 个因素的影响介于上述两个相邻等级之间
倒数	因素 i 与 j 比较的判断 a_{ij},则因素 j 与 i 比较的判断 $a_{ji}=\dfrac{1}{a_{ij}}$

重要性比较

a_{ij} 尺度	1	2	3	4	5	6	7	8	9
$C_i:C_j$ 的重要性	相同		稍强		强		明显强		绝对强

在您填答时,请依照每一对照题目左右两侧所呈现不同的指标选项,以"两两比较"的方式,找出各个评估指标的相对重要性,若您认为左边的指标重要性较大,请在偏左的适当强度中勾选;若您认为右边的指标重要性较大,请在偏右的适当强度中勾选。偏右位置强度值不代表相应判断矩阵的数值,其判断矩阵数值为相应强度值的倒数。

备注:相同因素比较,同等重要,其重要度为"1"。因素 i 和 j 比较的判断矩阵数值互为倒数,为减轻数据填写工作量,保持前后数据的一致性和准确性,故只填写将 i 和 j 中某一方作为比较因素的判断矩阵数值,另外一个数值后期根据 $a_{ij}=1/a_{ji}$ 求出。

【示例】请问在 A 和 B 中,您认为何者较为重要?

强度 指标	相对重要性程度																	强度 指标
	非常重要					一样重要					非常重要							
	9	8	7	6	5	4	3	2	1	2	3	4	5	6	7	8	9	
A														√				B

→此结果显示:受访者认为 B 较 A 重要。

【问卷开始】

1. 一级指标间的重要度评价

(1) 在下列的风险因素中,您认为何者对"A 收支型风险"较为重要?

强度 比较因素: A 收支型风险 指标	相对重要性程度 非常重要　一样重要　非常重要 9 8 7 6 5 4 3 2 1 2 3 4 5 6 7 8 9	强度 比较因素: A 收支型风险 指标
A 收支型风险		D 保障型风险

(2) 在下列的风险因素中,您认为何者对"B 发展型风险"较为重要?

强度 比较因素: B 发展型风险 指标	相对重要性程度 非常重要　一样重要　非常重要 9 8 7 6 5 4 3 2 1 2 3 4 5 6 7 8 9	强度 比较因素: B 发展型风险 指标
A 收支型风险		B 发展型风险
A 收支型风险		D 保障型风险
B 发展型风险		D 保障型风险

(3) 在下列的风险因素中,您认为何者对"C 环境型风险"较为重要?

强度 比较因素: C 环境型风险 指标	相对重要性程度 非常重要　一样重要　非常重要 9 8 7 6 5 4 3 2 1 2 3 4 5 6 7 8 9	强度 比较因素: C 环境型风险 指标
□		B 发展型风险
A 收支型风险		C 环境型风险
A 收支型风险		D 保障型风险
B 发展型风险		C 环境型风险
B 发展型风险		D 保障型风险
C 环境型风险		D 保障型风险

(4) 在下列的风险因素中,您认为何者对"D 保障型风险"较为重要?

强度比较因素: D 保障型风险 指标	相对重要性程度																	强度比较因素: D 保障型风险 指标
	非常重要							一样重要						非常重要				
	9	8	7	6	5	4	3	2	1	2	3	4	5	6	7	8	9	
A 收支型风险																		B 发展型风险
A 收支型风险																		C 环境型风险
A 收支型风险																		D 保障型风险
B 发展型风险																		C 环境型风险
B 发展型风险																		D 保障型风险
C 环境型风险																		D 保障型风险

(5) 在下列的风险因素中,您认为何者对"E 政策型风险"较为重要?

强度比较因素: E 政策型风险 指标	相对重要性程度																	强度比较因素: E 政策型风险 指标
	非常重要							一样重要						非常重要				
	9	8	7	6	5	4	3	2	1	2	3	4	5	6	7	8	9	
A 收支型风险																		B 发展型风险
A 收支型风险																		C 环境型风险
A 收支型风险																		D 保障型风险
A 收支型风险																		E 政策型风险
B 发展型风险																		C 环境型风险
B 发展型风险																		D 保障型风险
B 发展型风险																		E 政策型风险
C 环境型风险																		D 保障型风险
C 环境型风险																		E 政策型风险
D 保障型风险																		E 政策型风险

2. 二级指标间的重要度评价

(1) 在下列的风险因素中,您认为何者对"A_1家庭经济收入来源单一"较为重要?

强度 比较因素: 指标＼A_1家庭经济收入来源单一	相对重要性程度 非常重要　　一样重要　　非常重要																		强度 比较因素: A_1家庭经济收入来源单一＼指标
	9	8	7	6	5	4	3	2	1	2	3	4	5	6	7	8	9	
A_2家庭抚养或赡养的负担重																			A_3家庭因病的负担重
A_2家庭抚养或赡养的负担重																			A_4家庭因残的负担重
A_2家庭抚养或赡养的负担重																			A_5家庭还债的负担重
A_2家庭抚养或赡养的负担重																			A_6家庭因意外的负担重
A_2家庭抚养或赡养的负担重																			A_7家庭其他支出负担重
A_3家庭因病的负担重																			A_4家庭因残的负担重
A_3家庭因病的负担重																			A_5家庭还债的负担重
A_3家庭因病的负担重																			A_6家庭因意外的负担重
A_3家庭因病的负担重																			A_7家庭其他支出负担重
A_4家庭因残的负担重																			A_5家庭还债的负担重
A_4家庭因残的负担重																			A_6家庭因意外的负担重
A_4家庭因残的负担重																			A_7家庭其他支出负担重

续表

强度 比较因素: A_1家庭经济收来源单一 指标	相对重要性程度																		强度 比较因素: A_1家庭经济收来源单一 指标
	非常重要					一样重要							非常重要						
	9	8	7	6	5	4	3	2	1	2	3	4	5	6	7	8	9		
A_5家庭还债的负担重																			A_6家庭因意外的负担重
A_5家庭还债的负担重																			A_7家庭其他支出负担重
A_6家庭因意外的负担重																			A_7家庭其他支出负担重
D_1基本养老保障不足																			D_2饮水质量保障不足
D_1基本养老保障不足																			D_3家庭教育保障不足
D_1基本养老保障不足																			D_4医疗保障不足
D_2饮水质量保障不足																			D_3家庭教育保障不足
D_2饮水质量保障不足																			D_4医疗保障不足
D_3家庭教育保障不足																			D_4医疗保障不足

（2）在下列的风险因素中，您认为何者对"A_2家庭抚养或赡养的负担重"较为重要？

强度 比较因素: A_2家庭抚养或赡养的负担重 指标	相对重要性程度																		强度 比较因素: A_2家庭抚养或赡养的负担重 指标
	非常重要					一样重要							非常重要						
	9	8	7	6	5	4	3	2	1	2	3	4	5	6	7	8	9		
D_1基本养老保障不足																			D_2饮水质量保障不足

续表

强度 比较因素: A_2家庭抚养或 赡养的负担重 指标	相对重要性程度																		强度 比较因素: A_2家庭抚养或 赡养的负担重 指标
	非常重要							一样重要								非常重要			
	9	8	7	6	5	4	3	2	1	2	3	4	5	6	7	8	9		
D_1基本养老保障不足																			D_3家庭教育保障不足
D_1基本养老保障不足																			D_4医疗保障不足
D_2饮水质量保障不足																			D_3家庭教育保障不足
D_2饮水质量保障不足																			D_4医疗保障不足
D_3家庭教育保障不足																			D_4医疗保障不足

(3) 在下列的风险因素中,您认为何者对"A_3家庭因病的负担重"较为重要?

强度 比较因素: A_3家庭因病的 负担重 指标	相对重要性程度																		强度 比较因素: A_1家庭经济收 来源单一 指标
	非常重要							一样重要								非常重要			
	9	8	7	6	5	4	3	2	1	2	3	4	5	6	7	8	9		
D_1基本养老保障不足																			D_2饮水质量保障不足
D_1基本养老保障不足																			D_3家庭教育保障不足
D_1基本养老保障不足																			D_4医疗保障不足
D_2饮水质量保障不足																			D_3家庭教育保障不足
D_2饮水质量保障不足																			D_4医疗保障不足

续表

指标＼比较因素：A₃家庭因病的负担重＼强度	相对重要性程度																	强度＼比较因素：A₁家庭经济收来源单一＼指标
	非常重要					一样重要					非常重要							
	9	8	7	6	5	4	3	2	1	2	3	4	5	6	7	8	9	
D₃家庭教育保障不足																		D₄医疗保障不足

（4）在下列的风险因素中，您认为何者对"A₄家庭因残的负担重"较为重要？

指标＼比较因素：A₄家庭因残的负担重＼强度	相对重要性程度																	强度＼比较因素：A₁家庭经济收来源单一＼指标
	非常重要					一样重要					非常重要							
	9	8	7	6	5	4	3	2	1	2	3	4	5	6	7	8	9	
D₁基本养老保障不足																		D₂饮水质量保障不足
D₁基本养老保障不足																		D₃家庭教育保障不足
D₁基本养老保障不足																		D₄医疗保障不足
D₂饮水质量保障不足																		D₃家庭教育保障不足
D₂饮水质量保障不足																		D₄医疗保障不足
D₃家庭教育保障不足																		D₄医疗保障不足

（5）在下列的风险因素中，您认为何者对"A₅家庭还债的负担重"较为重要？

强度 比较因素： A_5家庭还债的 指标 负担重	相对重要性程度																	强度 比较因素： A_5家庭还债的 负担重 指标
	非常重要					一样重要				非常重要							
	9	8	7	6	5	4	3	2	1	2	3	4	5	6	7	8	9	
D_1基本养老保障不足																		D_2饮水质量保障不足
D_1基本养老保障不足																		D_3家庭教育保障不足
D_1基本养老保障不足																		D_4医疗保障不足
D_2饮水质量保障不足																		D_3家庭教育保障不足
D_2饮水质量保障不足																		D_4医疗保障不足
D_3家庭教育保障不足																		D_4医疗保障不足

（6）在下列的风险因素中，您认为何者对"A_6家庭因意外的负担重"较为重要？

强度 比较因素： A_6家庭因意外 指标 的负担重	相对重要性程度																	强度 比较因素： A_6家庭因意外 的负担重 指标
	非常重要					一样重要				非常重要							
	9	8	7	6	5	4	3	2	1	2	3	4	5	6	7	8	9	
D_1基本养老保障不足																		D_2饮水质量保障不足
D_1基本养老保障不足																		D_3家庭教育保障不足
D_1基本养老保障不足																		D_4医疗保障不足
D_2饮水质量保障不足																		D_3家庭教育保障不足
D_2饮水质量保障不足																		D_4医疗保障不足

续表

指标 比较因素: A_6家庭因意外的负担重	强度	相对重要性程度																	强度	比较因素: A_6家庭因意外的负担重 指标
		非常重要						一样重要						非常重要						
		9	8	7	6	5	4	3	2	1	2	3	4	5	6	7	8	9		
D_3家庭教育保障不足																				D_4医疗保障不足

(7) 在下列的风险因素中,您认为何者对"A_7家庭其他支出负担重"较为重要?

指标 比较因素: A_7家庭其他支出负担重	强度	相对重要性程度																	强度	比较因素: A_6家庭因意外的负担重 指标
		非常重要						一样重要						非常重要						
		9	8	7	6	5	4	3	2	1	2	3	4	5	6	7	8	9		
D_1基本养老保障不足																				D_2饮水质量保障不足
D_1基本养老保障不足																				D_3家庭教育保障不足
D_1基本养老保障不足																				D_4医疗保障不足
D_2饮水质量保障不足																				D_3家庭教育保障不足
D_2饮水质量保障不足																				D_4医疗保障不足
D_3家庭教育保障不足																				D_4医疗保障不足

(8) 在下列的风险因素中,您认为何者对"B_1思想观念落后"较为重要?

指标 比较因素: B_1思想观念落后	强度	相对重要性程度																	强度	比较因素: B_1思想观念落后 指标
		非常重要						一样重要						非常重要						
		9	8	7	6	5	4	3	2	1	2	3	4	5	6	7	8	9		
A_1家庭经济收入来源单一																				A_2家庭抚养或赡养的负担重

续表

强度 比较因素: B_1思想观念落后 指标	相对重要性程度																	强度 比较因素: B_1思想观念落后 指标
	非常重要				一样重要						非常重要							
	9	8	7	6	5	4	3	2	1	2	3	4	5	6	7	8	9	
A_1家庭经济收入来源单一																		A_7家庭其他支出负担重
A_2家庭抚养或赡养的负担重																		A_7家庭其他支出负担重
B_2发展动力不足																		B_3专业技能缺乏
B_2发展动力不足																		B_4经营管理不善
B_2发展动力不足																		B_5文化知识不够
B_3专业技能缺乏																		B_4经营管理不善
B_3专业技能缺乏																		B_5文化知识不够
B_4经营管理不善																		B_5文化知识不够
D_1基本养老保障不足																		D_2饮水质量保障不足
D_1基本养老保障不足																		D_3家庭教育保障不足
D_1基本养老保障不足																		D_4医疗保障不足
D_2饮水质量保障不足																		D_3家庭教育保障不足
D_2饮水质量保障不足																		D_4医疗保障不足
D_3家庭教育保障不足																		D_4医疗保障不足

（9）在下列的风险因素中，您认为何者对"B_2发展动力不足"较为重要？

比较因素 指标	强度 B₂发展动力不足	相对重要性程度																	强度 B₂发展动力不足	指标
		非常重要						一样重要		非常重要										
		9	8	7	6	5	4	3	2	1	2	3	4	5	6	7	8	9		
A₁家庭经济收入来源单一																				A₂家庭抚养或赡养的负担重
A₁家庭经济收入来源单一																				A₃家庭因病的负担重
A₁家庭经济收入来源单一																				A₄家庭因残的负担重
A₁家庭经济收入来源单一																				A₅家庭还债的负担重
A₁家庭经济收入来源单一																				A₆家庭因意外的负担重
A₁家庭经济收入来源单一																				A₇家庭其他支出负担重
A₂家庭抚养或赡养的负担重																				A₃家庭因病的负担重
A₂家庭抚养或赡养的负担重																				A₄家庭因残的负担重
A₂家庭抚养或赡养的负担重																				A₅家庭还债的负担重
A₂家庭抚养或赡养的负担重																				A₆家庭因意外的负担重
A₂家庭抚养或赡养的负担重																				A₇家庭其他支出负担重
A₃家庭因病的负担重																				A₄家庭因残的负担重
A₃家庭因病的负担重																				A₅家庭还债的负担重
A₃家庭因病的负担重																				A₆家庭因意外的负担重

续表

比较因素：指标	强度 B$_2$发展动力不足	相对重要性程度 非常重要　　一样重要　　非常重要																	比较因素：B$_2$发展动力不足	强度 指标
		9	8	7	6	5	4	3	2	1	2	3	4	5	6	7	8	9		
A$_3$家庭因病的负担重																			A$_7$家庭其他支出负担重	
A$_4$家庭因残的负担重																			A$_5$家庭还债的负担重	
A$_4$家庭因残的负担重																			A$_6$家庭因意外的负担重	
A$_4$家庭因残的负担重																			A$_7$家庭其他支出负担重	
A$_5$家庭还债的负担重																			A$_6$家庭因意外的负担重	
A$_5$家庭还债的负担重																			A$_7$家庭其他支出负担重	
A$_6$家庭因意外的负担重																			A$_7$家庭其他支出负担重	
B$_1$思想观念落后																			B$_3$专业技能缺乏	
B$_1$思想观念落后																			B$_4$经营管理不善	
B$_1$思想观念落后																			B$_5$文化知识不够	
B$_3$专业技能缺乏																			B$_4$经营管理不善	
B$_3$专业技能缺乏																			B$_5$文化知识不够	
B$_4$经营管理不善																			B$_5$文化知识不够	
D$_1$基本养老保障不足																			D$_2$饮水质量保障不足	
D$_1$基本养老保障不足																			D$_3$家庭教育保障不足	
D$_1$基本养老保障不足																			D$_4$医疗保障不足	

续表

比较因素：指标 强度	相对重要性程度 非常重要　一样重要　非常重要																		比较因素：B_2 发展动力不足 指标
B_2 发展动力不足	9	8	7	6	5	4	3	2	1	2	3	4	5	6	7	8	9	
D_2 饮水质量保障不足																			D_3 家庭教育保障不足
D_2 饮水质量保障不足																			D_4 医疗保障不足
D_3 家庭教育保障不足																			D_4 医疗保障不足

（10）在下列的风险因素中，您认为何者对"B_3 专业技能缺乏"较为重要？

比较因素：指标 强度	相对重要性程度 非常重要　一样重要　非常重要																		比较因素：B_3 专业技能缺乏 指标
B_3 专业技能缺乏	9	8	7	6	5	4	3	2	1	2	3	4	5	6	7	8	9	
A_1 家庭经济收入来源单一																			A_2 家庭抚养或赡养的负担重
A_1 家庭经济收入来源单一																			A_3 家庭因病的负担重
A_1 家庭经济收入来源单一																			A_4 家庭因残的负担重
A_1 家庭经济收入来源单一																			A_5 家庭还债的负担重
A_1 家庭经济收入来源单一																			A_6 家庭因意外的负担重
A_1 家庭经济收入来源单一																			A_7 家庭其他支出负担重
A_2 家庭抚养或赡养的负担重																			A_3 家庭因病的负担重
A_2 家庭抚养或赡养的负担重																			A_4 家庭因残的负担重

续表

强度比较因素：B₃ 专业技能缺乏 指标	相对重要性程度																			强度比较因素：B₃ 专业技能缺乏 指标
	非常重要							一样重要			非常重要								
	9	8	7	6	5	4	3	2	1	2	3	4	5	6	7	8	9	
A₂ 家庭抚养或赡养的负担重																		A₅ 家庭还债的负担重
A₂ 家庭抚养或赡养的负担重																		A₆ 家庭因意外的负担重
A₂ 家庭抚养或赡养的负担重																		A₇ 家庭其他支出负担重
A₃ 家庭因病的负担重																		A₄ 家庭因残的负担重
A₃ 家庭因病的负担重																		A₅ 家庭还债的负担重
A₃ 家庭因病的负担重																		A₆ 家庭因意外的负担重
A₃ 家庭因病的负担重																		A₇ 家庭其他支出负担重
A₄ 家庭因残的负担重																		A₅ 家庭还债的负担重
A₄ 家庭因残的负担重																		A₆ 家庭因意外的负担重
A₄ 家庭因残的负担重																		A₇ 家庭其他支出负担重
A₅ 家庭还债的负担重																		A₆ 家庭因意外的负担重
A₅ 家庭还债的负担重																		A₇ 家庭其他支出负担重
A₆ 家庭因意外的负担重																		A₇ 家庭其他支出负担重
B₂ 发展动力不足																		B₄ 经营管理不善

续表

比较因素: 指标	强度 B₃专业技能缺乏	相对重要性程度																	强度 B₃专业技能缺乏	比较因素: 指标
		非常重要						一样重要						非常重要						
		9	8	7	6	5	4	3	2	1	2	3	4	5	6	7	8	9		
D₁基本养老保障不足																				D₂饮水质量保障不足
D₁基本养老保障不足																				D₃家庭教育保障不足
D₁基本养老保障不足																				D₄医疗保障不足
D₂饮水质量保障不足																				D₃家庭教育保障不足
D₂饮水质量保障不足																				D₄医疗保障不足
D₃家庭教育保障不足																				D₄医疗保障不足

(11) 在下列的风险因素中,您认为何者对"B_4经营管理不善"较为重要?

比较因素: 指标	强度 B₄经营管理不善	相对重要性程度																	强度 B₄经营管理不善	比较因素: 指标
		非常重要						一样重要						非常重要						
		9	8	7	6	5	4	3	2	1	2	3	4	5	6	7	8	9		
A₁家庭经济收入来源单一																				A₂家庭抚养或赡养的负担重
A₁家庭经济收入来源单一																				A₃家庭因病的负担重
A₁家庭经济收入来源单一																				A₄家庭因残的负担重
A₁家庭经济收入来源单一																				A₅家庭还债的负担重
A₁家庭经济收入来源单一																				A₆家庭因意外的负担重

续表

比较因素：强度 指标	相对重要性程度																		比较因素：强度 B₄ 经营管理不善 指标
B₄ 经营管理不善	非常重要								一样重要			非常重要							
	9	8	7	6	5	4	3	2	1	2	3	4	5	6	7	8	9		
A₁ 家庭经济收入来源单一																			A₇ 家庭其他支出负担重
A₂ 家庭抚养或赡养的负担重																			A₃ 家庭因病的负担重
A₂ 家庭抚养或赡养的负担重																			A₄ 家庭因残的负担重
A₂ 家庭抚养或赡养的负担重																			A₅ 家庭还债的负担重
A₂ 家庭抚养或赡养的负担重																			A₆ 家庭因意外的负担重
A₂ 家庭抚养或赡养的负担重																			A₇ 家庭其他支出负担重
A₃ 家庭因病的负担重																			A₄ 家庭因残的负担重
A₃ 家庭因病的负担重																			A₅ 家庭还债的负担重
A₃ 家庭因病的负担重																			A₆ 家庭因意外的负担重
A₃ 家庭因病的负担重																			A₇ 家庭其他支出负担重
A₄ 家庭因残的负担重																			A₅ 家庭还债的负担重
A₄ 家庭因残的负担重																			A₆ 家庭因意外的负担重
A₄ 家庭因残的负担重																			A₇ 家庭其他支出负担重
A₅ 家庭还债的负担重																			A₆ 家庭因意外的负担重

续表

强度 比较因素: B_4经营管理不善 指标	相对重要性程度																	强度 比较因素: B_4经营管理不善 指标
	非常重要								一样重要	非常重要								
	9	8	7	6	5	4	3	2	1	2	3	4	5	6	7	8	9	
A_5家庭还债的负担重																		A_7家庭其他支出负担重
A_6家庭因意外的负担重																		A_7家庭其他支出负担重
D_1基本养老保障不足																		D_2饮水质量保障不足
D_1基本养老保障不足																		D_3家庭教育保障不足
D_1基本养老保障不足																		D_4医疗保障不足
D_2饮水质量保障不足																		D_3家庭教育保障不足
D_2饮水质量保障不足																		D_4医疗保障不足
D_3家庭教育保障不足																		D_4医疗保障不足

（12）在下列的风险因素中，您认为何者对"B_5文化知识不够"较为重要？

强度 比较因素: B_5文化知识不够 指标	相对重要性程度																	强度 比较因素: B_5文化知识不够 指标
	非常重要								一样重要	非常重要								
	9	8	7	6	5	4	3	2	1	2	3	4	5	6	7	8	9	
A_1家庭经济收入来源单一																		A_2家庭抚养或赡养的负担重
A_1家庭经济收入来源单一																		A_3家庭因病的负担重
A_1家庭经济收入来源单一																		A_4家庭因残的负担重

续表

强度 比较因素：B_5文化知识不够 指标	相对重要性程度																			强度 比较因素：B_5文化知识不够 指标
	非常重要							一样重要			非常重要								
	9	8	7	6	5	4	3	2	1	2	3	4	5	6	7	8	9	
A_1家庭经济收入来源单一																		A_5家庭还债的负担重
A_1家庭经济收入来源单一																		A_6家庭因意外的负担重
A_1家庭经济收入来源单一																		A_7家庭其他支出负担重
A_2家庭抚养或赡养的负担重																		A_3家庭因病的负担重
A_2家庭抚养或赡养的负担重																		A_4家庭因残的负担重
A_2家庭抚养或赡养的负担重																		A_5家庭还债的负担重
A_2家庭抚养或赡养的负担重																		A_6家庭因意外的负担重
A_2家庭抚养或赡养的负担重																		A_7家庭其他支出负担重
A_3家庭因病的负担重																		A_4家庭因残的负担重
A_3家庭因病的负担重																		A_5家庭还债的负担重
A_3家庭因病的负担重																		A_6家庭因意外的负担重
A_3家庭因病的负担重																		A_7家庭其他支出负担重
A_4家庭因残的负担重																		A_5家庭还债的负担重
A_4家庭因残的负担重																		A_6家庭因意外的负担重

续表

强度比较因素: B_5 文化知识不够 / 指标	相对重要性程度																			强度比较因素: B_5 文化知识不够 / 指标
	非常重要								一样重要			非常重要								
	9	8	7	6	5	4	3	2	1	2	3	4	5	6	7	8	9	
A_4 家庭因残的负担重																		A_7 家庭其他支出负担重
A_5 家庭还债的负担重																		A_6 家庭因意外的负担重
A_5 家庭还债的负担重																		A_7 家庭其他支出负担重
A_6 家庭因意外的负担重																		A_7 家庭其他支出负担重
B_1 思想观念落后																		B_2 发展动力不足
B_1 思想观念落后																		B_3 专业技能缺乏
B_1 思想观念落后																		B_4 经营管理不善
B_2 发展动力不足																		B_3 专业技能缺乏
B_2 发展动力不足																		B_4 经营管理不善
B_3 专业技能缺乏																		B_4 经营管理不善
D_1 基本养老保障不足																		D_2 饮水质量保障不足
D_1 基本养老保障不足																		D_3 家庭教育保障不足
D_1 基本养老保障不足																		D_4 医疗保障不足
D_2 饮水质量保障不足																		D_3 家庭教育保障不足
D_2 饮水质量保障不足																		D_4 医疗保障不足
D_3 家庭教育保障不足																		D_4 医疗保障不足

(13) 在下列的风险因素中，您认为何者对"C_1 生态禀赋制约"较为重要？

强度 比较因素： C_1 生态禀赋制约 指标	相对重要性程度																		强度 比较因素： B_5 文化知识不够 指标
	非常重要								一样重要							非常重要			
	9	8	7	6	5	4	3	2	1	2	3	4	5	6	7	8	9		
A_1 家庭经济收入来源单一																			A_2 家庭抚养或赡养的负担重
A_1 家庭经济收入来源单一																			A_3 家庭因病的负担重
A_1 家庭经济收入来源单一																			A_4 家庭因残的负担重
A_1 家庭经济收入来源单一																			A_5 家庭还债的负担重
A_1 家庭经济收入来源单一																			A_6 家庭因意外的负担重
A_1 家庭经济收入来源单一																			A_7 家庭其他支出负担重
A_2 家庭抚养或赡养的负担重																			A_3 家庭因病的负担重
A_2 家庭抚养或赡养的负担重																			A_4 家庭因残的负担重
A_2 家庭抚养或赡养的负担重																			A_5 家庭还债的负担重
A_2 家庭抚养或赡养的负担重																			A_6 家庭因意外的负担重
A_2 家庭抚养或赡养的负担重																			A_7 家庭其他支出负担重
A_3 家庭因病的负担重																			A_4 家庭因残的负担重
A_3 家庭因病的负担重																			A_5 家庭还债的负担重
A_3 家庭因病的负担重																			A_6 家庭因意外的负担重

续表

强度 比较因素: C_1 生态禀赋 制约 指标	相对重要性程度																	强度 比较因素: B_5 文化知识 不够 指标
	非常重要						一样重要			非常重要								
	9	8	7	6	5	4	3	2	1	2	3	4	5	6	7	8	9	
A_3 家庭因病的负担重																		A_7 家庭其他支出负担重
A_4 家庭因残的负担重																		A_5 家庭还债的负担重
A_4 家庭因残的负担重																		A_6 家庭因意外的负担重
A_4 家庭因残的负担重																		A_7 家庭其他支出负担重
A_5 家庭还债的负担重																		A_6 家庭因意外的负担重
A_5 家庭还债的负担重																		A_7 家庭其他支出负担重
A_6 家庭因意外的负担重																		A_7 家庭其他支出负担重
B_1 思想观念落后																		B_2 发展动力不足
B_1 思想观念落后																		B_3 专业技能缺乏
B_1 思想观念落后																		B_4 经营管理不善
B_1 思想观念落后																		B_5 文化知识不够
B_2 发展动力不足																		B_3 专业技能缺乏
B_2 发展动力不足																		B_4 经营管理不善
B_2 发展动力不足																		B_5 文化知识不够
B_3 专业技能缺乏																		B_4 经营管理不善
B_3 专业技能缺乏																		B_5 文化知识不够
B_4 经营管理不善																		B_5 文化知识不够
D_1 基本养老保障不足																		D_2 饮水质量保障不足

续表

强度比较因素: C_1 生态禀赋制约 指标	相对重要性程度																			强度比较因素: B_5 文化知识不够 指标
	非常重要							一样重要			非常重要								
	9	8	7	6	5	4	3	2	1	2	3	4	5	6	7	8	9	
D_1 基本养老保障不足																		D_3 家庭教育保障不足
D_1 基本养老保障不足																		D_4 医疗保障不足
D_2 饮水质量保障不足																		D_3 家庭教育保障不足
D_2 饮水质量保障不足																		D_4 医疗保障不足
D_3 家庭教育保障不足																		D_4 医疗保障不足

（14）在下列的风险因素中，您认为何者对"C_2 交通物流不便"较为重要？

强度比较因素: C_2 交通物流不便 指标	相对重要性程度																			强度比较因素: C_2 交通物流不便 指标
	非常重要							一样重要			非常重要								
	9	8	7	6	5	4	3	2	1	2	3	4	5	6	7	8	9	
A_1 家庭经济收入来源单一																		A_2 家庭抚养或赡养的负担重
A_1 家庭经济收入来源单一																		A_3 家庭因病的负担重
A_1 家庭经济收入来源单一																		A_4 家庭因残的负担重
A_1 家庭经济收入来源单一																		A_5 家庭还债的负担重
A_1 家庭经济收入来源单一																		A_6 家庭因意外的负担重
A_1 家庭经济收入来源单一																		A_7 家庭其他支出负担重

续表

强度 比较因素： C_2交通物流不便 指标	相对重要性程度																	强度 比较因素： C_2交通物流不便 指标
	非常重要						一样重要					非常重要						
	9	8	7	6	5	4	3	2	1	2	3	4	5	6	7	8	9	
A_2家庭抚养或赡养的负担重																		A_3家庭因病的负担重
A_2家庭抚养或赡养的负担重																		A_4家庭因残的负担重
A_2家庭抚养或赡养的负担重																		A_5家庭还债的负担重
A_2家庭抚养或赡养的负担重																		A_6家庭因意外的负担重
A_2家庭抚养或赡养的负担重																		A_7家庭其他支出负担重
A_3家庭因病的负担重																		A_4家庭因残的负担重
A_3家庭因病的负担重																		A_5家庭还债的负担重
A_3家庭因病的负担重																		A_6家庭因意外的负担重
A_3家庭因病的负担重																		A_7家庭其他支出负担重
A_4家庭因残的负担重																		A_5家庭还债的负担重
A_4家庭因残的负担重																		A_6家庭因意外的负担重
A_4家庭因残的负担重																		A_7家庭其他支出负担重
A_5家庭还债的负担重																		A_6家庭因意外的负担重
A_5家庭还债的负担重																		A_7家庭其他支出负担重

续表

比较因素 指标	强度 C_2交通物流不便	相对重要性程度																	强度 C_2交通物流不便	比较因素 指标
		非常重要				一样重要				非常重要										
		9	8	7	6	5	4	3	2	1	2	3	4	5	6	7	8	9	
A_6家庭因意外的负担重																			A_7家庭其他支出负担重
B_1思想观念落后																			B_2发展动力不足
B_1思想观念落后																			B_3专业技能缺乏
B_1思想观念落后																			B_4经营管理不善
B_1思想观念落后																			B_5文化知识不够
B_2发展动力不足																			B_3专业技能缺乏
B_2发展动力不足																			B_4经营管理不善
B_2发展动力不足																			B_5文化知识不够
B_3专业技能缺乏																			B_4经营管理不善
B_3专业技能缺乏																			B_5文化知识不够
B_4经营管理不善																			B_5文化知识不够
D_1基本养老保障不足																			D_2饮水质量保障不足
D_1基本养老保障不足																			D_3家庭教育保障不足
D_1基本养老保障不足																			D_4医疗保障不足
D_2饮水质量保障不足																			D_3家庭教育保障不足
D_2饮水质量保障不足																			D_4医疗保障不足
D_3家庭教育保障不足																			D_4医疗保障不足

(15) 在下列的风险因素中,您认为何者对"C_3 区位位置劣势"较为重要?

强度 比较因素: C_3 区位位置 指标 劣势	相对重要性程度																	强度 比较因素: C_3 区位位置 劣势 指标
	非常重要								一样重要			非常重要							
	9	8	7	6	5	4	3	2	1	2	3	4	5	6	7	8	9	
A_1 家庭经济收入来源单一																		A_2 家庭抚养或赡养的负担重
A_1 家庭经济收入来源单一																		A_3 家庭因病的负担重
A_1 家庭经济收入来源单一																		A_4 家庭因残的负担重
A_1 家庭经济收入来源单一																		A_5 家庭还债的负担重
A_1 家庭经济收入来源单一																		A_6 家庭因意外的负担重
A_1 家庭经济收入来源单一																		A_7 家庭其他支出负担重
A_2 家庭抚养或赡养的负担重																		A_3 家庭因病的负担重
A_2 家庭抚养或赡养的负担重																		A_4 家庭因残的负担重
A_2 家庭抚养或赡养的负担重																		A_5 家庭还债的负担重
A_2 家庭抚养或赡养的负担重																		A_6 家庭因意外的负担重
A_2 家庭抚养或赡养的负担重																		A_7 家庭其他支出负担重
A_3 家庭因病的负担重																		A_4 家庭因残的负担重
A_3 家庭因病的负担重																		A_5 家庭还债的负担重
A_3 家庭因病的负担重																		A_6 家庭因意外的负担重

续表

强度比较因素：指标	C_3区位位置劣势	相对重要性程度																	强度比较因素：C_3区位位置劣势	指标
		非常重要						一样重要						非常重要						
		9	8	7	6	5	4	3	2	1	2	3	4	5	6	7	8	9		
A_3家庭因病的负担重																			A_7家庭其他支出负担重	
A_4家庭因残的负担重																			A_5家庭还债的负担重	
A_4家庭因残的负担重																			A_6家庭因意外的负担重	
A_4家庭因残的负担重																			A_7家庭其他支出负担重	
A_5家庭还债的负担重																			A_6家庭因意外的负担重	
A_5家庭还债的负担重																			A_7家庭其他支出负担重	
A_6家庭因意外的负担重																			A_7家庭其他支出负担重	
B_1思想观念落后																			B_2发展动力不足	
B_1思想观念落后																			B_3专业技能缺乏	
B_1思想观念落后																			B_4经营管理不善	
B_1思想观念落后																			B_5文化知识不够	
B_2发展动力不足																			B_3专业技能缺乏	
B_2发展动力不足																			B_4经营管理不善	
B_2发展动力不足																			B_5文化知识不够	
B_3专业技能缺乏																			B_4经营管理不善	
B_3专业技能缺乏																			B_5文化知识不够	
B_4经营管理不善																			B_5文化知识不够	
D_1基本养老保障不足																			D_2饮水质量保障不足	

续表

强度 比较因素: C_3 区位位置 指标　　　　劣势	相对重要性程度																			强度 比较因素: C_3 区位位置 劣势　　　　指标
	非常重要					一样重要			非常重要										
	9	8	7	6	5	4	3	2	1	2	3	4	5	6	7	8	9	
D_1 基本养老保障不足																		D_3 家庭教育保障不足
D_1 基本养老保障不足																		D_4 医疗保障不足
D_2 饮水质量保障不足																		D_3 家庭教育保障不足
D_2 饮水质量保障不足																		D_4 医疗保障不足
D_3 家庭教育保障不足																		D_4 医疗保障不足

(16) 在下列的风险因素中,您认为何者对"C_4 环境卫生影响"较为重要?

强度 比较因素: C_4 环境卫生影响 指标	相对重要性程度																			强度 比较因素: C_4 环境卫生影响 　　　　指标
	非常重要					一样重要			非常重要										
	9	8	7	6	5	4	3	2	1	2	3	4	5	6	7	8	9	
A_1 家庭经济收入来源单一																		A_2 家庭抚养或赡养的负担重
A_1 家庭经济收入来源单一																		A_3 家庭因病的负担重
A_1 家庭经济收入来源单一																		A_4 家庭因残的负担重
A_1 家庭经济收入来源单一																		A_5 家庭还债的负担重
A_1 家庭经济收入来源单一																		A_6 家庭因意外的负担重
A_1 家庭经济收入来源单一																		A_7 家庭其他支出负担重

续表

强度 比较因素： C_4 环境卫生影响指标	相对重要性程度																			强度 比较因素： C_4 环境卫生影响指标
	非常重要								一样重要			非常重要								
	9	8	7	6	5	4	3	2	1	2	3	4	5	6	7	8	9	
A_2 家庭抚养或赡养的负担重																		A_3 家庭因病的负担重
A_2 家庭抚养或赡养的负担重																		A_4 家庭因残的负担重
A_2 家庭抚养或赡养的负担重																		A_5 家庭还债的负担重
A_2 家庭抚养或赡养的负担重																		A_6 家庭因意外的负担重
A_2 家庭抚养或赡养的负担重																		A_7 家庭其他支出负担重
A_3 家庭因病的负担重																		A_4 家庭因残的负担重
A_3 家庭因病的负担重																		A_5 家庭还债的负担重
A_3 家庭因病的负担重																		A_6 家庭因意外的负担重
A_3 家庭因病的负担重																		A_7 家庭其他支出负担重
A_4 家庭因残的负担重																		A_5 家庭还债的负担重
A_4 家庭因残的负担重																		A_6 家庭因意外的负担重
A_4 家庭因残的负担重																		A_7 家庭其他支出负担重
A_5 家庭还债的负担重																		A_6 家庭因意外的负担重
A_5 家庭还债的负担重																		A_7 家庭其他支出负担重

续表

强度比较因素：C_4环境卫生影响 指标	相对重要性程度																			强度比较因素：C_4环境卫生影响 指标
	非常重要								一样重要			非常重要								
	9	8	7	6	5	4	3	2	1	2	3	4	5	6	7	8	9	
A_6家庭因意外的负担重																		A_7家庭其他支出负担重
B_1思想观念落后																		B_2发展动力不足
B_1思想观念落后																		B_3专业技能缺乏
B_1思想观念落后																		B_4经营管理不善
B_1思想观念落后																		B_5文化知识不够
B_2发展动力不足																		B_3专业技能缺乏
B_2发展动力不足																		B_4经营管理不善
B_2发展动力不足																		B_5文化知识不够
B_3专业技能缺乏																		B_4经营管理不善
B_3专业技能缺乏																		B_5文化知识不够
B_4经营管理不善																		B_5文化知识不够
D_1基本养老保障不足																		D_2饮水质量保障不足
D_1基本养老保障不足																		D_3家庭教育保障不足
D_1基本养老保障不足																		D_4医疗保障不足
D_2饮水质量保障不足																		D_3家庭教育保障不足
D_2饮水质量保障不足																		D_4医疗保障不足
D_3家庭教育保障不足																		D_4医疗保障不足

附件 2　返贫风险要素识别调查问卷

（17）在下列的风险因素中，您认为何者对"C_5 自然灾害发生"较为重要？

强度 比较因素： C_5 自然灾害 发生 指标	相对重要性程度																	强度 比较因素： C_5 自然灾害 发生 指标
	非常重要								一样重要	非常重要									
	9	8	7	6	5	4	3	2	1	2	3	4	5	6	7	8	9	
A_1 家庭经济收入来源单一																		A_2 家庭抚养或赡养的负担重
A_1 家庭经济收入来源单一																		A_3 家庭因病的负担重
A_1 家庭经济收入来源单一																		A_4 家庭因残的负担重
A_1 家庭经济收入来源单一																		A_5 家庭还债的负担重
A_1 家庭经济收入来源单一																		A_6 家庭因意外的负担重
A_1 家庭经济收入来源单一																		A_7 家庭其他支出负担重
A_2 家庭抚养或赡养的负担重																		A_3 家庭因病的负担重
A_2 家庭抚养或赡养的负担重																		A_4 家庭因残的负担重
A_2 家庭抚养或赡养的负担重																		A_5 家庭还债的负担重
A_2 家庭抚养或赡养的负担重																		A_6 家庭因意外的负担重
A_2 家庭抚养或赡养的负担重																		A_7 家庭其他支出负担重
A_3 家庭因病的负担重																		A_4 家庭因残的负担重
A_3 家庭因病的负担重																		A_5 家庭还债的负担重
A_3 家庭因病的负担重																		A_6 家庭因意外的负担重

续表

强度 比较因素： C_5自然灾害发生 指标	相对重要性程度																		强度 比较因素： C_5自然灾害发生 指标
	非常重要							一样重要						非常重要					
	9	8	7	6	5	4	3	2	1	2	3	4	5	6	7	8	9		
A_3家庭因病的负担重																			A_7家庭其他支出负担重
A_4家庭因残的负担重																			A_5家庭还债的负担重
A_4家庭因残的负担重																			A_6家庭因意外的负担重
A_4家庭因残的负担重																			A_7家庭其他支出负担重
A_5家庭还债的负担重																			A_6家庭因意外的负担重
A_5家庭还债的负担重																			A_7家庭其他支出负担重
A_6家庭因意外的负担重																			A_7家庭其他支出负担重
C_1生态禀赋制约																			C_2交通物流不便
C_1生态禀赋制约																			C_3区位位置劣势
C_1生态禀赋制约																			C_4环境卫生影响
C_2交通物流不便																			C_3区位位置劣势
C_2交通物流不便																			C_4环境卫生影响
C_3区位位置劣势																			C_4环境卫生影响
D_1基本养老保障不足																			D_2饮水质量保障不足
D_1基本养老保障不足																			D_3家庭教育保障不足
D_1基本养老保障不足																			D_4医疗保障不足

续表

强度比较因素:C_5自然灾害发生 指标	相对重要性程度																			强度比较因素:C_5自然灾害发生 指标
	非常重要						一样重要			非常重要										
	9	8	7	6	5	4	3	2	1	2	3	4	5	6	7	8	9	
D_2饮水质量保障不足																		D_3家庭教育保障不足
D_2饮水质量保障不足																		D_4医疗保障不足
D_3家庭教育保障不足																		D_4医疗保障不足

（18）在下列的风险因素中，您认为何者对"D_2饮水质量保障不足"较为重要？

强度比较因素:D_2饮水质量保障不足 指标	相对重要性程度																			强度比较因素:D_2饮水质量保障不足 指标
	非常重要						一样重要			非常重要										
	9	8	7	6	5	4	3	2	1	2	3	4	5	6	7	8	9	
C_1生态禀赋制约																		C_3区位位置劣势
C_1生态禀赋制约																		C_4环境卫生影响
C_3区位位置劣势																		C_4环境卫生影响

（19）在下列的风险因素中，您认为何者对"D_3家庭教育保障不足"较为重要？

强度比较因素:D_3家庭教育保障不足 指标	相对重要性程度																			强度比较因素:D_3家庭教育保障不足 指标
	非常重要						一样重要			非常重要										
	9	8	7	6	5	4	3	2	1	2	3	4	5	6	7	8	9	
A_1家庭经济收入来源单一																		A_2家庭抚养或赡养的负担重
A_1家庭经济收入来源单一																		A_7家庭其他支出负担重

续表

指标 \ 比较因素: 强度 D_3家庭教育保障不足	相对重要性程度 非常重要　　　一样重要　　　非常重要 9 8 7 6 5 4 3 2 1 2 3 4 5 6 7 8 9	比较因素: 强度 D_3家庭教育保障不足 \ 指标
A_2家庭抚养或赡养的负担重		A_7家庭其他支出负担重
B_1思想观念落后		B_2发展动力不足
B_1思想观念落后		B_3专业技能缺乏
B_1思想观念落后		B_4经营管理不善
B_2发展动力不足		B_3专业技能缺乏
B_2发展动力不足		B_4经营管理不善
B_3专业技能缺乏		B_4经营管理不善
C_2交通物流不便		C_4环境卫生影响
D_1基本养老保障不足		D_2饮水质量保障不足
D_1基本养老保障不足		D_4医疗保障不足
D_2饮水质量保障不足		D_4医疗保障不足

（20）在下列的风险因素中，您认为何者对"D_4医疗保障不足"较为重要？

指标 \ 比较因素: 强度 D_4医疗保障不足	相对重要性程度 非常重要　　　一样重要　　　非常重要 9 8 7 6 5 4 3 2 1 2 3 4 5 6 7 8 9	比较因素: 强度 D_4医疗保障不足 \ 指标
A_3家庭因病的负担重		A_4家庭因残的负担重

（21）在下列的风险因素中，您认为何者对"E_1政策缺乏持续性"较为重要？

强度 比较因素: E_1 政策缺乏持续性 指标	相对重要性程度																	强度 比较因素: E_1 政策缺乏持续性 指标
	非常重要						一样重要			非常重要								
	9	8	7	6	5	4	3	2	1	2	3	4	5	6	7	8	9	
A_1 家庭经济收入来源单一																		A_2 家庭抚养或赡养的负担重
A_1 家庭经济收入来源单一																		A_3 家庭因病的负担重
A_1 家庭经济收入来源单一																		A_4 家庭因残的负担重
A_1 家庭经济收入来源单一																		A_5 家庭还债的负担重
A_1 家庭经济收入来源单一																		A_6 家庭因意外的负担重
A_1 家庭经济收入来源单一																		A_7 家庭其他支出负担重
A_2 家庭抚养或赡养的负担重																		A_3 家庭因病的负担重
A_2 家庭抚养或赡养的负担重																		A_4 家庭因残的负担重
A_2 家庭抚养或赡养的负担重																		A_5 家庭还债的负担重
A_2 家庭抚养或赡养的负担重																		A_6 家庭因意外的负担重
A_2 家庭抚养或赡养的负担重																		A_7 家庭其他支出负担重
A_3 家庭因病的负担重																		A_4 家庭因残的负担重
A_3 家庭因病的负担重																		A_5 家庭还债的负担重
A_3 家庭因病的负担重																		A_6 家庭因意外的负担重

续表

比较因素：强度指标 / E_1 政策缺乏持续性	相对重要性程度 非常重要 一样重要 非常重要 9 8 7 6 5 4 3 2 1 2 3 4 5 6 7 8 9																		比较因素：强度 E_1 政策缺乏持续性 / 指标
A_3 家庭因病的负担重																			A_7 家庭其他支出负担重
A_4 家庭因残的负担重																			A_5 家庭还债的负担重
A_4 家庭因残的负担重																			A_6 家庭因意外的负担重
A_4 家庭因残的负担重																			A_7 家庭其他支出负担重
A_5 家庭还债的负担重																			A_6 家庭因意外的负担重
A_5 家庭还债的负担重																			A_7 家庭其他支出负担重
A_6 家庭因意外的负担重																			A_7 家庭其他支出负担重
B_1 思想观念落后																			B_2 发展动力不足
B_1 思想观念落后																			B_3 专业技能缺乏
B_1 思想观念落后																			B_4 经营管理不善
B_1 思想观念落后																			B_5 文化知识不够
B_2 发展动力不足																			B_3 专业技能缺乏
B_2 发展动力不足																			B_4 经营管理不善
B_2 发展动力不足																			B_5 文化知识不够
B_3 专业技能缺乏																			B_4 经营管理不善
B_3 专业技能缺乏																			B_5 文化知识不够
B_4 经营管理不善																			B_5 文化知识不够
C_2 交通物流不便																			C_3 区位位置劣势
C_2 交通物流不便																			C_4 环境卫生影响

续表

强度 比较因素: E_1 政策缺乏持续性 指标	相对重要性程度																		强度 比较因素: E_1 政策缺乏持续性 指标
	非常重要								一样重要								非常重要		
	9	8	7	6	5	4	3	2	1	2	3	4	5	6	7	8	9		
C_3 区位位置劣势																			C_4 环境卫生影响
D_1 基本养老保障不足																			D_2 饮水质量保障不足
D_1 基本养老保障不足																			D_3 家庭教育保障不足
D_1 基本养老保障不足																			D_4 医疗保障不足
D_2 饮水质量保障不足																			D_3 家庭教育保障不足
D_2 饮水质量保障不足																			D_4 医疗保障不足
D_3 家庭教育保障不足																			D_4 医疗保障不足
E_2 政策缺乏执行性和有效性																			E_3 政策缺乏完备性和改进性

（22）在下列的风险因素中，您认为何者对"E_2 政策缺乏执行性和有效性"较为重要？

强度 比较因素: E_2 政策缺乏执行性和有效性 指标	相对重要性程度																		强度 比较因素: E_2 政策缺乏执行性和有效性 指标
	非常重要								一样重要								非常重要		
	9	8	7	6	5	4	3	2	1	2	3	4	5	6	7	8	9		
A_1 家庭经济收入来源单一																			A_2 家庭抚养或赡养的负担重
A_1 家庭经济收入来源单一																			A_3 家庭因病的负担重
A_1 家庭经济收入来源单一																			A_4 家庭因残的负担重

续表

强度 比较因素： E_2 政策缺乏执行性和有效性 指标	相对重要性程度																		强度 比较因素： E_2 政策缺乏执行性和有效性 指标
	非常重要							一样重要						非常重要					
	9	8	7	6	5	4	3	2	1	2	3	4	5	6	7	8	9		
A_1 家庭经济收入来源单一																			A_5 家庭还债的负担重
A_1 家庭经济收入来源单一																			A_6 家庭因意外的负担重
A_1 家庭经济收入来源单一																			A_7 家庭其他支出负担重
A_2 家庭抚养或赡养的负担重																			A_3 家庭因病的负担重
A_2 家庭抚养或赡养的负担重																			A_4 家庭因残的负担重
A_2 家庭抚养或赡养的负担重																			A_5 家庭还债的负担重
A_2 家庭抚养或赡养的负担重																			A_6 家庭因意外的负担重
A_2 家庭抚养或赡养的负担重																			A_7 家庭其他支出负担重
A_3 家庭因病的负担重																			A_4 家庭因残的负担重
A_3 家庭因病的负担重																			A_5 家庭还债的负担重
A_3 家庭因病的负担重																			A_6 家庭因意外的负担重
A_3 家庭因病的负担重																			A_7 家庭其他支出负担重
A_4 家庭因残的负担重																			A_5 家庭还债的负担重

续表

强度 比较因素: E_2 政策缺乏执行性和有效性 指标	相对重要性程度																			强度 比较因素: E_2 政策缺乏执行性和有效性 指标
	非常重要							一样重要			非常重要								
	9	8	7	6	5	4	3	2	1	2	3	4	5	6	7	8	9	
A_4 家庭因残的负担重																		A_6 家庭因意外的负担重
A_4 家庭因残的负担重																		A_7 家庭其他支出负担重
A_5 家庭还债的负担重																		A_6 家庭因意外的负担重
A_5 家庭还债的负担重																		A_7 家庭其他支出负担重
A_6 家庭因意外的负担重																		A_7 家庭其他支出负担重
B_1 思想观念落后																		B_2 发展动力不足
B_1 思想观念落后																		B_3 专业技能缺乏
B_1 思想观念落后																		B_4 经营管理不善
B_1 思想观念落后																		B_5 文化知识不够
B_2 发展动力不足																		B_3 专业技能缺乏
B_2 发展动力不足																		B_4 经营管理不善
B_2 发展动力不足																		B_5 文化知识不够
B_3 专业技能缺乏																		B_4 经营管理不善
B_3 专业技能缺乏																		B_5 文化知识不够
B_4 经营管理不善																		B_5 文化知识不够
C_2 交通物流不便																		C_3 区位位置劣势
C_2 交通物流不便																		C_4 环境卫生影响
C_3 区位位置劣势																		C_4 环境卫生影响

续表

强度 比较因素: E_2政策缺乏执行性和有效性 指标	相对重要性程度			强度 比较因素: E_2政策缺乏执行性和有效性 指标
	非常重要	一样重要	非常重要	
	9 8 7 6 5 4 3 2	1	2 3 4 5 6 7 8 9	
D_1基本养老保障不足				D_2饮水质量保障不足
D_1基本养老保障不足				D_3家庭教育保障不足
D_1基本养老保障不足				D_4医疗保障不足
D_2饮水质量保障不足				D_3家庭教育保障不足
D_2饮水质量保障不足				D_4医疗保障不足
D_3家庭教育保障不足				D_4医疗保障不足
E_1政策缺乏持续性				E_3政策缺乏完备性和改进性

（23）在下列的风险因素中，您认为何者对"E_3政策缺乏完备性和改进性"较为重要？

强度 比较因素: E_3政策缺乏完备性和改进性 指标	相对重要性程度			强度 比较因素: E_3政策缺乏完备性和改进性 指标
	非常重要	一样重要	非常重要	
	9 8 7 6 5 4 3 2	1	2 3 4 5 6 7 8 9	
A_1家庭经济收入来源单一				A_2家庭抚养或赡养的负担重
A_1家庭经济收入来源单一				A_3家庭因病的负担重
A_1家庭经济收入来源单一				A_4家庭因残的负担重

续表

强度 比较因素: E_3 政策缺乏完备性和改进性 指标	相对重要性程度																			强度 比较因素: E_3 政策缺乏完备性和改进性 指标
	非常重要								一样重要			非常重要								
	9	8	7	6	5	4	3	2	1	2	3	4	5	6	7	8	9	
A_1 家庭经济收入来源单一																		A_5 家庭还债的负担重
A_1 家庭经济收入来源单一																		A_6 家庭因意外的负担重
A_1 家庭经济收入来源单一																		A_7 家庭其他支出负担重
A_2 家庭抚养或赡养的负担重																		A_3 家庭因病的负担重
A_2 家庭抚养或赡养的负担重																		A_4 家庭因残的负担重
A_2 家庭抚养或赡养的负担重																		A_5 家庭还债的负担重
A_2 家庭抚养或赡养的负担重																		A_6 家庭因意外的负担重
A_2 家庭抚养或赡养的负担重																		A_7 家庭其他支出负担重
A_3 家庭因病的负担重																		A_4 家庭因残的负担重
A_3 家庭因病的负担重																		A_5 家庭还债的负担重
A_3 家庭因病的负担重																		A_6 家庭因意外的负担重
A_3 家庭因病的负担重																		A_7 家庭其他支出负担重
A_4 家庭因残的负担重																		A_5 家庭还债的负担重

续表

比较因素：强度 E₃政策缺乏完备性和改进性 指标	相对重要性程度																			比较因素：强度 E₃政策缺乏完备性和改进性 指标
	非常重要						一样重要			非常重要										
	9	8	7	6	5	4	3	2	1	2	3	4	5	6	7	8	9		
A₄家庭因残的负担重																		A₆家庭因意外的负担重
A₄家庭因残的负担重																		A₇家庭其他支出负担重
A₅家庭还债的负担重																		A₆家庭因意外的负担重
A₅家庭还债的负担重																		A₇家庭其他支出负担重
A₆家庭因意外的负担重																		A₇家庭其他支出负担重
B₁思想观念落后																		B₂发展动力不足
B₁思想观念落后																		B₃专业技能缺乏
B₁思想观念落后																		B₄经营管理不善
B₁思想观念落后																		B₅文化知识不够
B₂发展动力不足																		B₃专业技能缺乏
B₂发展动力不足																		B₄经营管理不善
B₂发展动力不足																		B₅文化知识不够
B₃专业技能缺乏																		B₄经营管理不善
B₃专业技能缺乏																		B₅文化知识不够
B₄经营管理不善																		B₅文化知识不够
C₂交通物流不便																		C₃区位位置劣势
C₂交通物流不便																		C₄环境卫生影响
C₃区位位置劣势																		C₄环境卫生影响

续表

强度 比较因素: E_3 政策缺乏完备性和改进性 指标	相对重要性程度																	强度 比较因素: E_3 政策缺乏完备性和改进性 指标
	非常重要						一样重要			非常重要								
	9	8	7	6	5	4	3	2	1	2	3	4	5	6	7	8	9	
D_1 基本养老保障不足																		D_2 饮水质量保障不足
D_1 基本养老保障不足																		D_3 家庭教育保障不足
D_1 基本养老保障不足																		D_4 医疗保障不足
D_2 饮水质量保障不足																		D_3 家庭教育保障不足
D_2 饮水质量保障不足																		D_4 医疗保障不足
D_3 家庭教育保障不足																		D_4 医疗保障不足
E_2 政策缺乏执行性和有效性																		E_3 政策缺乏完备性和改进性

附件 2-5　脱贫户返贫及边缘户致贫风险水平模糊评价调查问卷

您好！我们正在进行一项关于返贫风险预警的相关研究，需要对脱贫户返贫及边缘户致贫风险水平进行模糊评价，现诚挚地邀请您参与该问卷的填写。

问卷调查以匿名的方式进行，您填写的相关内容将会严格保密，并且仅用于学术研究，再次感谢！

一、您的相关背景资料（请您根据实际情况，在选定的"□"中打"√"）

1. 您所在的单位类型是？（可多选）

　　□ A. 政府机关　　□ B. 驻村扶贫干部　　□ C. 村干部

　　□ D. 农户　　□ E. 高校科研机构　　□ F. 其他（请注明）_____

2. 您从事相关工作的年限是？

　　□ A. 1 年及以下　　□ B. 2～5 年　　□ C. 5～10 年　　□ D. 10 年以上

3. 您的职称（职级）等级为？

□A. 初级　　□B. 中级　　□C. 高级　　□D. 其他（请注明）＿＿＿＿

4. 您是否参加过精准扶贫项目？

□A. 是　　□B. 否

5. 您是否对国家精准扶贫的政策比较熟悉和了解？

□A. 是　　□B. 否

二、脱贫户返贫及边缘户致贫风险水平模糊评价

根据每一个风险因素对脱贫户返贫及边缘户致贫的影响程度不同，利用模糊数学的方法建立风险评价集，将该项目的风险等级划分为5个等级，相应评价集为 $V=\{$ 低风险、较低风险、一般风险、较高风险、高风险 $\}$。评价集的隶属度 $=\{0.2、0.4、0.6、0.8、1\}$。风险评价集及其隶属区间如下表所示。

风险评价等级	主要表现	风险隶属区间
低风险	风险发生的概率十分小，损失及其微小	[0，0.2)
较低风险	风险发生的概率相对较小，损失轻微且可控	[0.2，0.4)
一般风险	风险发生的概率一般，会造成一定的损失，但影响不大	[0.4，0.6)
较高风险	风险发生的概率比较大，会造成较大的损失，影响比较难控制	[0.6，0.8)
高风险	风险发生的概率极其大，会造成不可估量的损失，需要重点防控	[0.8，1)

请您根据自己掌握的相关情况及本人工作实际，在您认为的该风险因素对应的风险水平（等级）下打"√"。

1. 一级风险指标模糊评价表

一级风险因素	风险水平（等级）				
	高风险	较高风险	一般风险	较低风险	低风险
A 收支型风险					
B 发展型风险					
C 环境型风险					

续表

一级风险因素	风险水平（等级）				
	高风险	较高风险	一般风险	较低风险	低风险
D 保障型风险					
E 政策型风险					

2. 二级风险指标模糊评价表

二级风险因素	风险水平（等级）				
	高风险	较高风险	一般风险	较低风险	低风险
A_1 家庭经济收入来源单一					
A_2 家庭抚养或赡养的负担重					
A_3 家庭因病的负担重					
A_4 家庭因残的负担重					
A_5 家庭还债的负担重					
A_6 家庭因意外的负担重					
A_7 家庭其他支出负担重					
B_1 思想观念落后					
B_2 发展动力不足					
B_3 专业技能缺乏					
B_4 经营管理不善					
B_5 文化知识不够					
C_1 生态禀赋制约					
C_2 交通物流不便					
C_3 区位位置劣势					
C_4 环境卫生影响					
C_5 自然灾害发生					
D_1 基本养老保障不足					
D_2 饮水质量保障不足					

续表

二级风险因素	风险水平（等级）				
	高风险	较高风险	一般风险	较低风险	低风险
D_3 家庭教育保障不足					
D_4 医疗保障不足					
E_1 政策缺乏持续性					
E_2 政策缺乏执行性和有效性					
E_3 政策缺乏完备性和改进性					

3. 您对脱贫户返贫及边缘户致贫风险评价的其他意见和建议。

_____
_____
_____
_____
_____
_____
_____
_____